本书系2012年度教育部人文社会科学研究青年
基金项目"日本建设个性化大学的政策研究"
（12YJC880045）的研究成果

国外大学研究论丛

日本大学办学
个性化研究

李　昕——著

Japanese University

南京师范大学出版社
NANJING NORMAL UNIVERSITY PRESS

图书在版编目（CIP）数据

日本大学办学个性化研究／李昕著．—南京：南京师范大学出版社，2016.6
（国外大学研究论丛）
ISBN 978-7-5651-2595-9

Ⅰ．①日… Ⅱ．①李… Ⅲ．①高等学校－办学模式－研究－日本 Ⅳ．①G649.313

中国版本图书馆CIP数据核字（2016）第070045号

书　　名	日本大学办学个性化研究
作　　者	李　昕
责任编辑	崔　兰
出版发行	南京师范大学出版社
地　　址	江苏省南京市宁海路122号（邮编：210097）
电　　话	（025）83598919（总编办）　83598412（营销部） 83598297（邮购部）
网　　址	http://www.njnup.com
电子信箱	nspzbb@163.com
印　　刷	南京玉河印刷厂
开　　本	710毫米×1000毫米　1/16
印　　张	15.5
字　　数	261千
版　　次	2016年6月第1版　2016年6月第1次印刷
书　　号	ISBN 978-7-5651-2595-9
定　　价	43.00元

出版人　彭志斌

南京师大版图书若有印装问题请与销售商调换
版权所有　侵权必究

序

20世纪90年代初开始的日本第三次高等教育改革,至今已有20余年。这20多年的改革给日本高等教育带来了深刻的变化。90年代初的日本高等教育改革发轫于1991年文部省(现为文部科学省)对《大学设置基准》的修改。《大学设置基准》修改的主要内容是"大纲化",所谓"大纲化"就是将设置基准的条文删繁就简,将有关大学办学的规定改细为粗。其中最突出之处是关于大学课程设置规定的修改,取消了关于课程种类的具体规定,代之以大学课程设置的方针,将课程设置的权限完全下放给各大学。《大学设置基准》修订及"大纲化"的目的是让大学在办学方面具有更多的灵活性,以适应社会变化的需要。同时,《大学设置基准》的"大纲化"也要求政府改变对大学的指导与管理方式,因此建立评价制度成为保证大学办学水平与教育质量之必须,这也成为90年代初以来日本高等教育改革的另一重要方面。日本的大学评价制度以各大学的自我评价和专门评价机构的外部评价相结合为基本特征。

20世纪90年代末开始启动、2004年正式实施的"国立大学法人化"将日本第三次高等教育改革推向了一个新的阶段。如果说20世纪90年代进行的改革主要是在教育领域,围绕着办学水平、教育质量而展开,那么21世纪初实施的"法人化"改革则是在管理领域,聚焦于管理体制而进行。有人将"国立大学法人化"称为"改变国立大学设置形态",这是19世纪末叶日本近代大学制度诞生以来的第一次。所谓"国立大学法人化",首先就是改变了国立大学的性质,使其从政府直接下属的机构转变成具有法人资格的独立机构。其次,就是建立了一个基于国立大学法人,由理事会、经营协议会、教育与研究评议会三者构成的新的大学内部治理体制。同时,政府的拨款机制、大学内部的管理运营等都发生了一些重要的改变。

20世纪90年代初以来的日本高等教育改革既反映了当代世界高等教育改革与发展的一些共同趋势,同时又具有应对日本社会发展变化的高等教育的特点。从20多年来的日本高等教育改革的目标、方向、内容中不难看出,大学办学的个性化是其改革的主要特点之一。在20世纪90年代初以来的日本高等教育改革中发挥重要咨询作用的大学审议会于1998年10月就21世纪的日本大学发展向文部科学省提交了一份咨询报告,题为"21世纪的大学形象与今后的改革方向——在竞争环境中闪耀个性色彩的大学",该咨询报告认为21世纪日本大学发展的基本理念之核心就是要创建一个个闪耀个性色彩的大学。国立大学法人化改革的必要性也是在于"使国立大学在更大的自主性、自律性与自我负责的基础上更有创意地开展高水平教育与研究活动,造就富有个性色彩的大学"。

从这个意义上来讲,李昕博士的这部著作《日本大学办学个性化研究》准确地把握住了20世纪90年代初以来日本大学改革与发展的主旋律。该著作的逻辑结构十分清晰,首先叙述了日本大学办学个性化的时代需求;接着阐述了日本大学办学个性化改革的理念与政策,理念与政策在现代大学改革中的先导作用是不容置疑的;继而从招生、课程、教师、质量等几个方面重点分析了日本大学办学个性化的具体内容与体现,如大学主导的入学考试多样化、富有大学个性色彩的课程设置改革、教师任期制的实施与卓有成效的教师发展、基于各大学办学目标与特色的大学评价、充分发挥各大学办学潜力的21世纪COE计划和高质量大学教育推进计划的实施等;最后概括出日本大学办学个性化建设的经验,得出个性化是大学发展的战略选择,学生、课程和教师是大学办学个性化的落脚点,政府适度参与是大学办学个性化的保障源,从模仿走向创造是大学办学个性化的关键等重要结论。

大学办学个性化,其实质就是形成、保持和充分发扬大学办学的特色。而形成大学办学特色正是当下中国高等教育发展与改革的重要目标与内容。教育部

2012年发布的《关于全面提高高等教育质量的若干意见》("高教30条")中的第二条即为"促进高校办出特色"。可以认为,李昕博士在这部著作中所阐释的日本大学办学个性化的政策、内容及其特点对促进中国大学特色办学是具有积极的借鉴意义的。

是为序。

胡建华

2015年4月

目录

序（胡建华） /001

导　论 /001

第一章　日本大学办学"个性化"政策的提出背景 /018
　第一节　20世纪90年代的日本大学 /018
　　一、战后改革与多样化、个性化的时代 /019
　　二、高等教育大众化的挑战 /021
　第二节　教育改革的发生条件 /023
　　一、大学的外部环境变化 /024
　　二、大学的自我变革努力 /028

第二章　日本大学办学"个性化"理念的形成过程 /031
　第一节　办学个性化理念的发展 /031
　　一、个性与大学的个性 /031
　　二、重视个性原则 /032
　　三、大学教育个性化 /035
　　四、创建个性化大学 /036
　第二节　审议会行政的政策制定与执行 /038
　　一、审议会行政的政策制定 /038
　　二、20世纪90年代的各种审议会 /042
　　三、个性化大学政策的形成 /047

第三章　学生：入学考试多样化 /049
　第一节　日本大学入学考试制度的变迁 /050
　　一、一般选拔的发展历程 /050
　　二、一般选拔的"效率"与"公平"问题 /054
　　三、"学历社会"及应试体制的形成 /055
　第二节　入学考试多样化制度的形成 /057

一、入学考试多样化的提出背景　/057
　　二、入学考试多样化制度的发展历程　/059
　　三、入学考试多样化的基本内涵　/061
　　四、入学考试多样化制度的意义　/063
　第三节　特殊选拔方式的个案研究　/065
　　一、推荐入学的发展及现状　/065
　　二、AO 入学考试的发展及现状　/068
　第四节　大学的学力问题及其应对机制　/073
　　一、美国大学的学力问题及应对机制　/073
　　二、日本大学的学力问题　/075
　　三、新的学力保证机制的引入与实施　/077

第四章　课程：尽显特色的理念与模式　/082
　第一节　一般教育和 20 世纪 90 年代以前课程模式的转换　/083
　　一、第二次世界大战以前的专业教育课程模式　/083
　　二、通识教育（General Education）理念的引入　/084
　　三、通识教育课程及实施体制的变革　/086
　　四、课程模式转换的特征与意义　/089
　第二节　设置基准大纲化与课程改革政策的演进　/090
　　一、设置基准大纲化　/091
　　二、课程改革政策的演进　/093
　　三、院校水平课程改革的启动　/096
　　四、课程改革的具体内容　/097
　第三节　院校水平课程改革的实施状况　/099
　　一、名古屋大学的课程改革　/099
　　二、琉球大学的课程改革　/103
　　三、比较与分析　/107
　第四节　课程改革的效果、问题与趋势　/109
　　一、课程改革的效果　/109
　　二、课程改革的问题　/112
　　三、课程改革的趋势　/115

第五章　教师：聘任制与卓有成效的 FD　/118
　第一节　日本的大学教师及其任期制的引入　/118

一、日本大学教师的特征 /118
　　二、任期制的引入与制度化 /122
　　三、"公务员"身份的终结 /123
　第二节　大学教师聘任制的实施 /125
　　一、任期制的实施状况 /125
　　二、任期制的基本环节 /127
　　三、任期制的成效与问题 /130
　第三节　FD 的引入与制度化历程 /133
　　一、日本引入 FD 的背景 /133
　　二、日本 FD 概念的形成 /135
　　三、FD 的制度化历程 /137
　　四、FD 机构及其实践 /139
　第四节　大学 FD 活动的发展与问题 /143
　　一、FD 活动的发展历程 /143
　　二、FD 活动的内容与形式 /145
　　三、FD 活动的效果与问题 /147
　第五节　大学 FD 活动的个案研究 /150
　　一、山口大学的 FD 活动 /150
　　二、庆应义塾大学的 FD 活动 /154
　　三、比较与分析 /158

第六章　教育质量保证 /160
　第一节　日本的大学评价及其论争 /161
　　一、大学评价的发展历程 /161
　　二、大学评价的论争 /165
　第二节　"教育学"标准的认证评价 /169
　　一、认证评价的发展历程 /169
　　二、NIAD-UE 的认证评价 /172
　　三、NIAD-UE 认证评价的特征与意义 /175
　第三节　国立大学法人评价 /177
　　一、国立大学法人化 /177
　　二、国立大学法人评价的实施 /179
　　三、国立大学教育研究评价的实施 /180
　　四、国立大学法人评价的意义 /182

第七章　经济激励 /184

　第一节　21世纪COE计划 /185
　　一、"21世纪COE计划"的提出背景 /185
　　二、COE的申请和审批 /186
　　三、"21世纪COE计划"的意义 /187

　第二节　高质量大学教育推进计划(教育GP) /189
　　一、教育GP的提出背景 /189
　　二、教育GP的发展历程 /190
　　三、教育GP的审批机制 /193
　　四、教育GP的特征与意义 /194

　第三节　专业研究生院及其高级专业人才培养推进计划 /197
　　一、专业研究生院制度的设立 /198
　　二、专业研究生院的认证评价 /200
　　三、高级专业人才培养推进计划的实施 /202

　第四节　教育GP的个案研究 /206
　　一、教育课程改善方面:以玉川大学为例 /207
　　二、教育方法改善方面:以京都精华大学为例 /210
　　三、比较与分析 /213

第八章　日本大学办学个性化的特征与启示 /215

　第一节　改革的"倾向性"特征 /215
　　一、改革目的:对能力与自由的追求 /216
　　二、改革内容:强烈的市场化倾向 /218
　　三、改革方式:政策指导与自主实施相结合 /220

　第二节　对中国大学办学个性化的启示 /221
　　一、个性化是大学发展的战略选择 /222
　　二、学生、课程和教师是大学办学个性化的落脚点 /223
　　三、政府适度参与是大学办学个性化的保障源 /225
　　四、从模仿走向创造是大学办学个性化的关键 /227

主要参考文献 /229

后记 /235

图表目录

表 1.1　第二次世界大战后大学改革的时代划分　/020
表 2.1　文部科学大臣对大学审议会提出的咨询请求　/044
图 2.1　大学审议会的改革建议　/045
表 3.1　战后经济、社会与大学入学考试　/051
表 3.2　能研测试的实施情况(1963—1968)　/052
表 3.3　入学考试多样化制度的形成过程　/059
图 3.1　国、公、私立大学多元评价的引入状况　/061
表 3.4　平成 26 年(2014)不同选拔方式的入学人数　/062
表 3.5　实施推荐入学的大学数、学部数及入学人数(2004—2014)　/067
表 3.6　实施 AO 入学考试的大学数、学部数及入学人数(2003—2014)　/069
表 4.1　新制大学本科教育的课程框架　/086
表 4.2　一般教育实施体制的 6 种类型　/087
表 4.3　《大学设置基准》主要事项修订前后对比　/092
表 4.4　大学审议会等有关课程改革的建议　/094
表 4.5　国立大学教养部的变革形式　/096
表 4.6　课程改革的具体内容　/098
表 4.7　名古屋大学由"一般教育"向"全校通识教育"的转换　/100
表 4.8　名古屋大学由"全校通识教育"向"全校教育"的课程转换　/102
表 4.9　名古屋大学通识教育课程及实施体制的变革　/103
表 4.10　20 世纪 90 年代以前琉球大学课程结构　/104
表 4.11　琉球大学课程结构及学分规定　/106
表 4.12　原教养部教师承担通识教育的科目数　/107
表 4.13　学生对大学教育的意识调查(2003)　/110
表 4.14　教养教育课程的开发情况(2003)　/116
表 5.1　14 个国家和地区大学不同年龄教师流动情况(人次)　/120
表 5.2　教师任期制引入的基本历程　/123

表 5.3　学校实施任期制的具体理由　/126

表 5.4　任期制的具体应用范围　/127

表 5.5　不同年龄段教师的流动　/130

表 5.6　大学间教师流动情况　/130

表 5.7　FD 制度化历程　/138

图 5.1　关西地区 FD 联络协议会组织框架及会员校分工　/142

表 5.8　关西地区 FD 联络协议会的 FD 活动　/142

表 5.9　FD 活动的发展阶段　/145

表 5.10　FD 活动的主要内容(2011)　/146

表 5.11　山口大学全校性 FD 研修会情况　/151

表 5.12　2008 年以后山口大学的全校性 FD 活动　152

图 5.2　SFC-SFS 科目整体评价示意图(1994—2001)　/157

表 5.13　学生对"学生评教"的评价　/158

表 5.14　不同设置者 FD 的实施情况及其变化　158

表 6.1　大学评价制度化历程　161

表 6.2　认证评价机构一览表　164

表 6.3　NIAD-UE 的大学评价标准　/173

图 6.1　国立大学法人评价示意图　/178

表 6.4　国立大学法人教育研究评价的基本项目　180

图 6.2　国立大学法人教育研究评价委员会评价活动示意图　/181

表 6.5　2008 年度国立大学法人教育研究评价日程安排　/182

表 7.1　"21 世纪 COE 计划"申请及审批情况(2003—2005)　/187

表 7.2　2007 年度教育 GP 的申请及审批流程　/193

表 7.3　申请教育 GP 的学校数(2003—2007)　/194

表 7.4　教育 GP 选定的项目数(2003—2007)　/194

表 7.5　2008 年教育 GP 选定项目数　/195

表 7.6　国立、公立、私立院校教育 GP 的申请及选定数(2003—2008)　/195

表 7.7　专业学位课程与学术学位课程的区别　/199

表 7.8　专业学位各领域的大学数、专业数及入学规定人数　/200

表 7.9　专业学位各领域的认证评价机构　/201

表 7.10　2008 年度"高级专业人才培养推进计划"选定情况　/204

表 7.11　"专业研究生院项目"和"产学合作项目"的申请及选定情况　/204

表 7.12　玉川大学"一年级习明纳"计划的内容　/209

导论

一、问题的提出及研究意义

大学办学个性化是近年来世界高等教育发展的一大趋势,特别是在采取集权式高等教育管理的国家。因为在像美国这样的采取放任式高等教育管理的国家中,大学除了受国家有关法律约束之外,一般很少受政府的行政干预,具有高度的办学自主权,个性化是这些国家大学系统的主要特征之一。而在那些采取集权式高等教育管理的国家,政府的行政指导在大学办学中发挥重要作用,大学办学步调统一,少有个性,如何实现大学办学个性化就成为这些国家大学改革的主要发展方向。① 日本就是这样的国家,是需要为实现大学办学个性化而不断努力的国家,也是正在以"个性化"和"特色化"为目标进行高等教育改革的国家。

自中世纪大学产生以来,"改革"就一直伴随着大学始终。19世纪初,德国柏林大学的建立,开创了大学的研究职能,也标志着近代大学制度的确立。19世纪中后期,以威斯康星大学改革为代表的"大学为社会服务"的理念和实践,为大学的发展注入了新的活力。20世纪50年代中国的"院系调整"以及日本"新制大学"制度的建立,使高等教育系统在结构上发生了巨大的变化。"变革一直在塑造着大学,并赋予它特有的风格,同时大学也在寻求保留和传播其学术成就、文化观念和人类文明的价值。"②"没有改革的国家是世界的败者,没有改

---

① 胡建华.大学办学个性化的内涵、必要性及条件[J].高等教育研究,2001(1).69.
② [美]詹姆斯·杜德斯达.21世纪的大学[M].刘彤,屈书杰,刘向荣,译.北京:北京大学出版社,2005.7.

革的大学也终将成为败者",这在今天已经成为世界的共识。①

20世纪90年代以来,世界主要国家都已经进入高等教育大众化的成熟阶段,高等教育毛入学率超过30%,甚至向40%、50%逼近。大学生人数的剧增以及成人学习者人数不断增长的学习需求,要求传统的教育模式必须发生变化。同时,各国在进入高等教育大众化阶段后,都无可幸免地面临着"质量危机",也实施了各种旨在维持和改善教育质量的措施。正是在这一时期,包括中国在内的很多国家开始出现大学评估制度。迈克尔·富兰(Michael Fullan)深有感触地说:"在走向20世纪90年代之际,我们正处于一种教育改革运动中,而这场运动的趋向是我们从未遇见过的。这一次的改革努力更为综合并得到更多资源的支持和后续行动的跟进。"②

虽然各个国家存在着经济状态、社会文化的差异,进而也有大众化发展阶段的差异,但各国都在进行着关于教育—学习的改革。③ 而且,各国也出现了越来越多的趋同的政策和制度,这在很大程度上受到新自由主义思潮的影响。新自由主义继承了资产阶级古典自由主义的自由经营、自由贸易等思想,并走向极端,大力宣扬"三化",即自由化、私有化、市场化。"自由化"认为自由是效率的前提;"私有化"认为只有私有制才能够以个人的身份来决定我们要做的事情;"市场化"认为离开市场无法有效配置资源,反对任何形式的国家干预。

20世纪80年代末、90年代初世界范围内的大学改革此起彼伏,本书将研究的对象定位为日本,研究其"办学个性化"。这主要基于以下几个原因:

一是日本明确提出"大学教育个性化""建设个性化大学",这也是目前中国大学改革的基本追求。在经济全球化、教育国际化的今天,大学之间在人才、资金、生源方面的竞争日益加剧,从"985工程"3期各个大学经费额度的差距到网络上疯传的高校明争暗夺抢生源状态,毫不客气地说,这种竞争的结果就是优胜劣汰的自然选择。要想在竞争中获得生存和发展,大学必须个性化办学。

二是20世纪90年代以来日本建设个性化大学的改革努力实际上也是在

---

① 鳥居泰彦.大学改革の歴史と未来[A].大学審議会全28答申・報告集——大学審議会14年間の活動の軌跡と大学改革(上)[M].東京:ぎょうせい,2002.1.

② [加]迈克尔·富兰.教育变革新意义(第3版)[M].赵中建,陈霞,李敏,译.北京:教育科学出版社,2005.16.

③ 有本章.二十一世紀の大学改革と戦略的マネジメントの比較研究——6カ国学長サミットの枠組み[J].大学論集(第30集),1999.6.

"给大学松绑",这对中国扩大和落实高校办学自主权具有借鉴意义。1998年公布的《中华人民共和国高等教育法》明确规定,高等学校拥有七个方面的自主权,时至今天,关于落实高校办学自主权的呼声仍然不绝于耳。是法律规定的自主权"落而不实",还是高校需要新的自主权?这些问题既需要政府和大学思考,当然更可以参考日本在"设置基准大纲化"之后是如何"放权"于大学的。

三是为了实现"个性化"的目标,日本运用的改革举措和政策工具颇有成效,值得研究和借鉴。"个性化"是很多大学的追求,中外大学皆是如此。但如何形成"个性化"或者说如何让自己的大学更具"个性化"却没有固定的答案。从整体上讲,日本为建设个性化大学,其改革举措是系统的、全面的,在院校层面进行了学生、课程和教师等主要要素的改革,在政府层面运用了质量保证和经济激励等政策工具。虽然还不能说日本的大学办学就是个性化的,但其已经在实现"个性化"的路上迈出了坚实的一步。

2003年,中国高等教育毛入学率达到17%;[①]2014年,中国高等教育毛入学率达到37.5%,已经进入高等教育大众化的行列。然而与欧美等高等教育大众化的国家相比,中国的高等教育大众化明显地带有以下三个方面的特征:①起步较晚。美国在1950年左右,进入高等教育大众化阶段。其他国家,如日本以及欧洲的比利时、丹麦、法国、荷兰、瑞典等,也在20世纪70年代以前完成了从精英高等教育向大众高等教育的过渡。[②] ②具有较强的目标导向。1999年发布的《中共中央、国务院关于深化教育改革,全面推进素质教育的决定》中明确指出,到2010年,中国同龄人口的高等教育入学率要从现在的9%提高到15%左右。[③] 此后,为了实现这一目标,中国开始了连续几年的大幅度扩招,从而在2003年提早实现了这一目标。③物质准备和精神准备均显不足。在物质上,我们并没有为高等教育大众化的到来准备好相应的办学条件、师资力量;在精神上,我们忽略了高等教育制度建设的深层次问题,即高等教育大众化不仅仅是一个简单的数量扩充问题,更重要的,它是要建立一个新型社会发展关系和构建一个更合理

---

① 2003年全国教育事业发展统计公报[EB/OL].中华人民共和国中央人民政府,http://www.gov.cn/test/2005-06/29/content_10935.htm,2005-06-29.
② 潘懋元,罗丹.多国高等教育大众化模式比较研究[J].高等教育研究,2007(3).3.
③ 中华人民共和国教育部.深化教育改革:全面推进素质教育[M].北京:高等教育出版社,1999.5.

化的高等教育制度。① 作为高等教育大众化起步较晚的国家,我们完全有理由借鉴日本等先于中国进入大众化阶段的国家的经验与教训,充分发挥"后发"优势。

中国高等教育体制是建立在计划经济基础上的,是以中央或地方政府集中统一管理与指导为基本特征,高等学校缺乏办学自主权。自1985年中国颁布《中共中央关于教育体制改革的决定》以来,政府先后通过《关于国家直属高校深化改革,扩大办学自主权的若干意见》(又称"高校16条",1992年)、《中华人民共和国高等教育法》(1998年)等不断明确要求扩大和落实高校办学自主权。在《中华人民共和国高等教育法》中甚至明确规定高等学校七个方面的自主权。② 2013年11月,中国人民大学、东南大学、东华大学、上海外国语大学、武汉理工大学、华中师范大学六所高校章程作为教育部首批核准的大学章程,正式向全社会公布。这标志着高校章程建设工作取得了实质性进展,对于推进落实高校办学自主权也具有里程碑意义。可以说,中国在扩大和落实高校办学自主权道路上走了30年,这30年也是中国高等教育迅猛发展的30年。遗憾的是,至今也没有谁能够认可"高校已经拥有了充分的办学自主权";可喜的是,我们已经能够深刻认识到高校的趋同现象和缺乏个性的事实。虽然各高校都有较明确的愿景,但学校定位和战略选择经常趋同,在特殊的重大使命上经常阙如,大学办学已失去了个性和特色。③

日本和中国一样,在1956年制定的《大学设置基准》的框架下,对高等学校的课程、教学、学分、校舍、设备等做出详细的规定,严重限制了大学的自主性。更有学者认为,《大学设置基准》是造成日本20世纪60年代大学危机的一个重要原因。④ 1991年,日本全面修改《大学设置基准》,明确提出将教育改革的基本理念确定为"个性化"。"个性化"改革目标的提出,不仅解决了政府放权后高等

---

① 王洪才.大众高等教育论[M].广州:广东教育出版社,2004.48-49.
② 七个方面的自主权主要指:一是制定招生方案,自主调节系科招生比例。二是自主设置和调整学科、专业。三是自主制定教学计划、选编教材、组织实施教学活动。四是自主开展科学研究、技术开发和社会服务。五是自主开展与境外高等学校之间的科学技术文化交流与合作。六是自主确定教学、科学研究、行政职能部门等内部组织机构的设置和人员配备。七是对举办者提供的财产、国家财政性资助、受捐赠财产依法自主管理和使用。
③ 李姝辄,张蔚,柳礼泉.大学个性化生存与发展之路[J].清华大学教育研究,2013(6).121.
④ 天野郁夫.日本の大学改革[J].高等教育ジャーナル(北大),1998,第3号.61.

教育系统如何发展的问题,而且也为大学的发展指明了方向。这和中国学者所提的"大学要办出特色"如出一辙,但如何实现大学的个性与特色呢？20 世纪 90 年代以来日本大学所走过的改革和发展之路正是对这一问题的回答。

　　20 世纪 90 年代的教育改革,是日本教育发展史上最剧烈也最为全面的一次变革。日本学者天野郁夫认为,"20 世纪末的最后 10 年,对于日本大学来说,是'改革的 10 年',在这 10 年里所发生的变化,要远远超过之前的几十年"。学者有本章也表示,以"设置基准大纲化"为首,拉开了日本大学改革的序幕,1991 年也可以称为"教育改革元年",从 1991 年到 2006 年,日本大学按照法律要求实施了各种改革,是继第二次世界大战结束后的又一次大规模的教育改革,从这一意义上来说,也可以将此次改革称为一次"教育革命"。① 然而,从目前国内的有关研究成果来看,对此次"教育革命"并没有给予系统而深入的研究,更多的研究停留在国立大学法人化、FD 制度、课程改革等方面。但毫无疑问,此次"教育革命"涉及教育、研究、管理等几乎是高等教育的所有领域。由此,笔者试图以"个性化"为主线,对 20 世纪 90 年代以来日本的大学改革进行一种阐释性认识。一般来讲,阐释性认识的方法论多年来以这样一种两分法为特征:一方面倾向于寻求放之四海而皆准的对于教育与社会的关系的解释,另一方面则倾向于发现和理解教育、文化及社会模式中的独特性。② 由于中国和日本经济、政治及文化传统的差异,寻找一种关于教育改革的相对真理显然是不现实的。所以,笔者只能是在试图通过分析特定社会模式下的、特定时期的日本大学教育改革,来阐释其在推进大学教育个性化、创建个性化大学方面的独特做法,进而为分析和研究中国大学教育改革提供一点思考。中国和日本同属儒家文化圈,两国有漫长的文化交流史、有长期的政府对大学的集权式管理、有 20 世纪 90 年代以来政府对大学的"放权",这些奠定了两个国家高等教育的可比性基础。20 世纪 90 年代以来日本对个性化大学的探索,可以为中国的教育改革以及建设特色大学提供必要的借鉴意义。

---

　　① 有本章.21 世纪型高等教育システム構築と質的保証:FD・SD・教育班の報告[M].広島:広島大学高等教育研究開発センター,2007.96.

　　② [加]许美德.中国大学 1895—1995:一个文化冲突的世纪[M].许洁英,主译.北京:教育科学出版社,1999.2.

二、国内外研究现状

在高等教育研究的一般认识中,"高等教育"与"大学教育"经常被混淆使用。"高等教育"这一术语仅仅是一种独特的教育事业产生的众多语言的一分子。学生、讲稿、研究班(tutorial)、讨论会(seminar)、学位(学士、硕士、博士)、课程、交叉学科、学术自由、研究与学术共同体等语词并不仅仅是语言游戏的一部分。它们还承载并象征着源自中世纪的系列传统,且已流布世界。① 而本书特别强调"大学教育",主要考虑到本书的研究重点,以及符合日本学者的通常理解。

在日本的官方统计中,高等教育的范围包括大学教育(大学院②、学部)、短期大学教育、高等专门学校教育。③ 从理论上来讲,"大学教育"实则包括本科教育和研究生教育。但由于20世纪90年代以前,日本并没有发展起大规模的研究生教育,每1 000个居民中有研究生半个人,而英国每1 000个居民中有研究生1个人,美国有5个人(是日本的10倍)。对教育的追求,远没有达到博士学位就停止了,在人文学科甚至没有达到硕士学位就停止了,高等教育是以本科为中心的。④ 所以在实践上,"大学教育"主要指本科教育。本书中的"大学"也主要指4年制的大学。据文部科学省2015年的统计,日本的4年制大学共779所(国立86所、公立89所、私立604所),私立大学占大学总数的77.5%。⑤ 另外,为实现"大学教育个性化"和"建设个性化大学"的目标,日本政府的改革举措也主要在本科层面进行。

在日语中,本科教育也被称为"学部教育"或"学士课程教育"。大学审议会在其多份报告中提及的"大学教育个性化"亦指本科教育的个性与特色。关于"学部",日本的法令并没有对其进行明确规定,主要是行政上的一种传统习惯,指具备下述两种职能的组织:①某一特定的学问领域,具有与完成大学的目的相

---

① [英]罗纳德·巴尼特.高等教育理念[M].蓝劲松,主译.北京:北京大学出版社,2012.12.
② 日本的大学院相当于我国的研究生院,与学部进行本科生教育相对,主要是进行研究生教育的组织,在大学院内部设各种研究科。
③ 関正夫.大学教育に関する研究——回顧と展望[J].大学論集(第22集),1993.13.
④ [美]伯顿·克拉克.探究的场所——现代大学的科研和研究生教育[M].王承绪,译.杭州:浙江教育出版社,2001.192-193.
⑤ 平成27年度学校基本调查[EB/OL]. http://www.e-stat.go.jp/SG1/estat/List.do? bid=000001061947&cycode=0.[2015-08-06].

适应的、高度的教育职能和研究职能;②教职员和学生所属的组织机构,在教育研究等所有方面都是大学管理运营的基础单位。① 这一组织所开展的教育就是我们所言的本科教育,通常也称为"学部教育"。中国很多大学也设立了学部,比如北京大学有理学部、信息与工程科学部、人文学部、社会科学部、医学部。但与日本相比,中国的学部通常是虚体设置。

20世纪90年代以来,随着世界各国将"学习成果"作为质量保证的重点,日本政府也开始要求所有本科生在获得学士学位之前必须具备相应的能力,这时"学士课程教育"开始受到关注。学者有本章指出:"在由学士课程教育和大学院课程教育组成的大学教育中,学士课程教育相当于我们经常所说的'学部教育'"。② 日本教育制度学会也明确表示,学部教育本来就是取得学士称号的学士课程教育。③ 由此,日本大学本科教育也被称为"学士课程教育"。

1987年,文部科学省接受临时教育审议会的建议,设立了专门讨论大学问题的大学审议会。之后,文部科学大臣盐川正十郎向大学审议会提出了第一份咨询请求——"关于大学教育研究的高度化、个性化、活性化的具体方案"。此后,文部科学大臣又先后提出了包括2份追加请求在内的共计5份咨询请求。针对这些咨询请求,大学审议会在其存在的14年(1987年7月—2000年12月)时间里,共向文部科学大臣递交了28份审议报告,这些审议报告成为指导20世纪90年代大学改革的基本依据。报告主要围绕着三大主题而展开,即"教育研究高度化""大学教育个性化"和"组织运营活性化"。"教育研究高度化"主要指加强研究生教育、提高研究生培养质量。具体的改革措施包括扩大研究生招生数量,创设重点研究基地并给予资助,研究生制度弹性化(增设大学院大学和函授制研究生教育,放宽研究生入学资格和修业年限),引入专业学位研究生教育制度,加强共同研究、委托研究等。"大学教育个性化"主要指大学如何办出自己的特色。它是与"高度化"所强调的研究生教育相对的,主要指向本科教育。在这方面日本采取的改革措施包括学生入学考试方法多样化、以教养教育为目标的课程改革、引入和实施FD制度、高质量大学教育推进计划(教育GP)等。"组织运营活性化",主要指在大学管理运营中如何改变过去的僵硬模式,采取比较

---

① 黒羽亮一.大学政策改革への軌跡[M].町田:玉川大学出版部,2002.217.
② 有本章.教養的教育からみた学部教育改革——広島大学の学部教育に関する基礎的研究(4)[J].広島:広島大学高等教育研究開発センター,1998.1.
③ 日本教育制度学会.教育改革への提言集.第1集[M].東京:東信堂,2002.104.

灵活的方式。其主要的改革措施包括引入大学评价系统、教师组织方式改革、教师聘任制、简化大学设置审查手续等。毫无疑问,本书研究"日本大学办学个性化"就是要深入地研究和分析"大学教育个性化"这一主题。

(一)主要文献梳理

1991年,日本以全面修改《大学设置基准》为首,拉开了20世纪90年代大学改革的序幕,不论是中国还是日本,对此的研究成果非常丰富。在日文著作方面,直接的研究成果有:《从教养性教育看学部教育改革》(有本章,1998);《学部教育改革的展开》(有本章,2000);《大学课程改革》(有本章,2003);《学士课程教育的改革》(绢川正吉,2004);《大纲化以后学士课程改革——国立大学的案例》(有本章,2004)等。间接的研究成果有:《平成的大学改革》(清水一彦,1998);《大学改革的现在》(有本章,2003);《大学改革的方向:从模仿到创造》(天野郁夫,2006);《FD的制度化和质量保证》(有本章,2007);等等。从这些著作的内容来看,其关于大学教育改革的研究,主要是以课程改革为主,这与"设置基准大纲化"首先是课程设置的自由化有关。具体来说,日本通过修改《大学设置基准》,撤销"各个大学教学科目分为一般教育科目、外语科目、保健体育科目、专业教育科目"的规定,而要求各个大学根据本校的教育理念、目标,系统地编制教育课程。所以,很多研究成果在探讨课程改革。

与日本相比,中国的相关著作则比较少。《战后日本大学史》(胡建华,2001)详细梳理了第二次世界大战以后日本大学的发展史。因为该著作的时间跨度基本截止于20世纪90年代中后期,所以,关于教育改革仅介绍和分析了由1991年"设置基准大纲化"而引发的本科生课程改革。[①]《当代外国教育改革著名文献(日本、澳大利亚卷)》摘录了日本临时教育审议会的4份咨询报告、美国对日本教育的研究报告、21世纪教育新生计划。《日本高等教育评价制度研究》(徐国兴,2007)介绍和分析了日本的私立大学评价、国立大学评价、专业教育评价以及大学排名。然而,对于与该书几乎同时问世的国立大学法人教育研究评价却没有涉及。《21世纪的日本教育改革:中日学者的视点》(田慧生,田中耕治,2009)从中日学者角度分别对政策法规、基础教育、高等教育、终身教育等八个专题进行了分析和探讨。但在高等教育部分,仅探讨了世界一流大学人才培养、制

---

① 胡建华.战后日本大学史[M].南京:南京大学出版社,2001.258-273.

度保障、体制创新等。此外,《美国、德国、法国、日本当代高等教育思想研究》(陈学飞,1998)、《国际高等教育发展与改革比较》(于富增,1999)以及分别由黄福涛、贺国庆等主编的两本《外国高等教育史》(2003),都没有直接涉及教育改革,仅能为我们理解20世纪90年代教育改革提供某些思想基础。

与著作相比,学者们的研究论文则比较丰富,在日文的研究论文方面,主要搜集了广岛大学的《大学论集》(1973年以来);名古屋大学的《名古屋高教研究》(2001年以来);北海道大学的《高等教育杂志》(1996年以来);国立大学财务中心的《大学财务经营研究》(2004年以来);日本教育学会的《教育学研究》(1990年以来);日本教育社会学学会的《教育社会学研究》(1953年以来)。此外还有独立行政法人媒体教育开发中心的 NIME(National Institute of Multimedia Education)研究报告以及各个大学的自我评价报告、认证评价报告、国立大学法人中期目标、中期检查报告等。这些杂志及报告对日本大学改革都给予了必要的关注,并产生了大量的研究成果。与日本相比,在中国的《教育研究》《高等教育研究》以及《清华大学教育研究》等杂志上,也存在一部分相关的研究成果,如《大学审议会与日本高等教育改革》(胡建华,2001);《面向21世纪中日本科课程改革的比较研究》(黄福涛,2001);《本科教育质量保证研究》(黄福涛,2008)。此外,还有部分与此相关的学位论文,如《大学通识教育课程研究——日本通识教育的历史与模式》(杨颉,2003),等等。这些研究成果主要集中在课程改革、评价改革,少量地涉及入学考试以及 FD 制度,而对高质量大学教育推进计划(教育GP)基本没有论及。

(二)关于研究内容的考察

大学是遗传和环境的产物,它一方面固守着从过去继承而来的传统的自我本质,另一方面又适应历史环境的变化追求革新。改革就是使与大学相关的某些既有制度、职能、机构等部分地或整体地适应新出现的历史情境,以特定的理念为基础进行的,有意识、有计划地改造,在古老的大学中更新生命的社会性努力。① 因为改革是有意识的社会性努力,所以,改革必然内在地包含着:①改革目的。改革的基本指导思想、改革的哲学基础以及改革要达到什么样的目标等。②改革主体。由谁进行改革,是政府部门、大学自身还是第三方机构。③改革内

---

① 喜多村和之.现代大学の変革と政策——歴史的・比較的考察[M].町田:玉川大学出版部,2001.11-13.

容。改革了什么,是学生、教师还是教育过程,改革前与改革后发生了哪些变化。④改革方式。改革是如何进行的:是强制性的,还是诱致性的?是突变式的根本性变革,还是渐进式的累积性改革?笔者试图从上述四个方面考察国内外的研究状况。

1. 改革目的

教育改革并不是孤立地进行,而是与政治、经济等领域的整体改革相伴而行的,教育改革是社会整体改革当中的一个组成部分。它一方面受到整体改革的指导思想和基本路线的影响,另一方面也通过教育改革的侧面,忠实地反映出整体改革的趋势和特点。在这个意义上,有学者认为,日本教育改革受到新自由主义与新保守主义的影响。[①] 学者有本章认为,20 世纪 90 年代的大学改革主要源于"外部压力",是社会的变化导致高等教育系统必须发生与之相应的变化,社会的变化主要表现在以下五个方面:①知识社会。日本从 20 世纪 60 年代开始,以知识为基础建设和发展知识社会,到 20 世纪 90 年代,知识经济、知识社会已经成为世界的主要动向之一。②全球化。20 世纪 80 年代,继政治、经济领域之后,全球化进一步影响到文化、教育领域。全球化使各个国家、社会的文化及个性逐渐被埋没。③市场化。以"供给和需求"为特征的经济逻辑逐渐渗透到其他领域,迫使文化、教育领域也开始追求合理化、效率化。④适龄人口的减少。这给高等教育带来了从未有过的结构变革。⑤终身学习。适龄人口的 50%在大学(包括短期大学)中就读,同时,大量的社会人要求再次进入大学学习,使高等教育近乎发挥义务教育的作用。[②]

中国学者认为,日本改革大学教育的努力主要来自三个方面的要求和期待:①在迅速发展的社会中,大学在发展文化、学术研究等已有成绩的基础上,如何走一条适合日本国情的道路,使社会所有领域都充满活力,为世界作出新的贡献,以培养人才和振兴学术为己任的大学势必承担着越来越重要的任务。②特别是从大学教育职能的观点出发,大学既要致力于继承学术文化,又要适应学术

---

① 李协京.新自由主义和新保守主义路线指导下的日本教育改革[J].教育研究,2005(8).83.

② 広島大学高等教育研究開発センター.21 世紀型高等教育システム構築と質的保証——COE 最終報告書第 1 部(上)[M].広島:広島大学高等教育研究開発センター,2007.1-2.

发展、技术革新的国际化、信息化以及产业结构的变化,因此,要求大学在教学计划、教学内容及方法、教学组织等方面不断进行检查和改进,努力培养能适应社会各领域的需要、适应时代发展变化和具有创新能力的人才。③随着国民求知意识的增强、生活的多样化以及社会教育的扩大,国民对大学提供多种形式学习机会的要求日益强烈。①

教育改革在"外部压力"的包围下进行,也是应这些"外部压力",日本政府首先修改了《大学设置基准》,简单说来,就是对大学"放权"。那么,获得自主权之后的大学要如何发展、要以什么样的理念指导各自的改革呢? 为此,1991年,大学审议会在《关于改善大学教育》的审议报告中明确提出"大学教育个性化"的理念。继之1998年,大学审议会又在《21世纪的大学和今后的改革方案》的审议报告中,明确提出了"创建个性化大学"的目标。不难看出,"创建个性化大学"是"大学教育个性化"理念的进一步发展,日本政府希望通过"大学教育个性化"实现"个性化大学"。由此可以看出,"个性化"是20世纪90年代以来日本大学教育改革的基本理念,但从目前国内的有关研究成果来看,似乎大部分研究者并没有意识到这一点。

2. 改革主体

理解教育变革,一方面我们需要明确与具体教育变革相联系的价值、目标及结果,另一方面我们也需要把教育变革理解成一种社会政治过程。这一过程涉及产生相互影响的所有个人的、课堂的、学校的、地方的、地区的和国家的各种因素。②而主导这些因素的各种各样的参与人员就构成了改革主体。它是在任何一项改革的启动和运行中的一个重要因素,改革主体决定了改革措施的效力和改革所能涉及的范围的深度和广度。根据改革主体的不同,一些学者将大学改革分为几种不同的类型:

(1)日本学者喜多村和之将其分为三种类型,即国家主导型、大学主导型和关系调整型。③ 国家主导型以纳粹德国时期的大学改革以及法国拿破仑时期的

---

① 杨勇.日本改善大学教育的思路与措施[J].高等工程教育研究,1991(4).89.
② [加]迈克尔·富兰.教育变革新意义(第3版)[M].赵中建,陈霞,李敏,译.北京:教育科学出版社,2005.9.
③ 喜多村和之.現代大学の変革と政策:歴史的・比較的考察[M].町田:玉川大学出版部,2001.13-19.

大学改革为代表,因为改革主体是国家或政府部门,改革在一定程度上带有强制性,且较为剧烈,涉及范围比较广泛。大学主导型主要以盎格鲁—萨克逊国家为代表,这些国家具有长期的大学自治传统,大学改革多是院校层次的小规模的、渐进式的。而日本的大学改革是典型的以审议会作为改革主体的关系调整型。所谓关系调整型,即作为改革主体的并不是单纯的政府或者大学,而是各种委员会、审议会或咨询机构等参与其中,并发挥主导作用。这种类型改革的主要特点是有效地缓解了国家对大学的直接控制。

(2)谢尔斯基(Helmut Schelsky)在考察历史上德国实行的大学改革时指出,从改革主体的视角可以将大学改革分成三类:①以特定的思想对国民进行强制教化,通过国家努力来改革大学、学校制度的"教条主义国家的大学改革"。②在大学内部发生的,由不受国家约束的大学自治团体或者学者集体所主导的"团体式大学改革"。③国家文化的主导权和学者们的理念是一致的,是以此为基础的"文化国家的大学改革"。①

具体到20世纪90年代以来日本以"个性化大学"为目标的改革,很少有学者将其界定为国家主导型、大学主导型或者关系调整型改革。但从喜多村和之的研究可以看出,关系调整型改革似乎已经是日本大学改革的带有"模式"性的特征。中国学者胡建华在《大学审议会和日本高等教育改革》一文中指出:"20世纪80年代末90年代初以来,日本现代高等教育发展进入战后第三个改革时期。这一时期改革的策动、改革政策的制定等都与大学审议会这一文部科学省的咨询机构有着密切的关系。而且可以说,90年代出台的大学改革政策与措施都是在大学审议会的咨询报告的基础上形成的。"②也就是说,20世纪90年代以来的大学改革是在大学审议会的建议及指导下进行的。大学审议会在改革的启动阶段发挥了重要作用,甚至在一定程度上决定了改革的方向。按照大学审议会的建议,具体实施改革的则是日本的各个大学和作为政府部门代表的文部科学省。尽管在日本学者看来,文部科学省只不过是站在政治上的立法者和第三方权力之间危险的平衡上的"随风摆动的芦苇"。③ 但由于大学审议会的组成人

---

① 喜多村和之.现代大学の変革と政策:歴史的・比較的考察[M].町田:玉川大学出版部,2001.13.
② 胡建华.大学审议会与日本高等教育改革[J].中国高等教育,2001(12).41.
③ 喜多村和之.現代大学の変革と政策:歴史的・比較的考察[M].町田:玉川大学出版部,2001.13.

员包括大学校长、政府官员以及各个领域的专家、学者。这种特殊的组合方式使大学审议会既能够代表各方利益,以协调一致和避免冲突,同时又能够使其建议达至大学及政府层面,并在这两个层次上获得认可和实施。20 世纪 90 年代以来日本建设个性化大学政策的形成也正是因为有大学层面和政府层面的协同作用,才使其改革成果具有更为深远的社会意义。

3. 改革内容

20 世纪 90 年代以来,日本在大学教育领域,究竟进行了哪些改革?哪些改革又直接指向"办学个性化"呢?这可以从两个角度来考察,一是大学审议会所建议改革的内容,即大学审议会向文部科学省提交的各种审议报告中所写明的、建议各个大学改革的内容。这些改革建议通常被文部科学省接受,并作为政策颁布执行。当然,如果改革内容只限定于此,那么只要详查大学审议会的相关审议报告便可一目了然,但事实上,各个大学的实际改革内容又何止于此。二是各个大学为改善本校教育而实际实施的各项改革。对于此项内容的考察,则既要了解大学审议会所建议的改革内容,同时又要结合全国水平的或院校水平的改革的实际情况。从目前中国学者的主要研究成果来看,采取第一种研究取向或者主要侧重于第一种研究取向的成果比较多。如果可以把前者称为政策层面的改革内容,把后者称为院校层面的改革内容,那么,要想做到全面而客观地研究"日本大学办学个性化"则必须是两者的有机结合。

构成教育活动的基本要素是:教育者、受教育者、教育内容和教育物资。[①] 教育物资是指进入教育过程的各种物质资源。根据这些物质资源在教育中的不同作用,可以把它分为教育的活动场所与设施、教育媒体以及教育辅助手段三大类。[②] 由于它是教育活动中物的因素,其发挥作用带有很大的依附性。所以,真正对教育改革或政策启动发挥重要作用的核心要素是学生(受教育者)、课程(教育内容)和教师(教育者)。日本学者有本章在其论文《本科教育改革的理念与现状——理念、课程、学生、教师》中,便以理念、课程、学生和教师作为基本分析视角。在他看来,理念、课程、学生和教师不仅是教育改革的重点,而且,真正推进

---

① 叶澜.教育概论[M].北京:人民教育出版社,1991.11.
② 叶澜.教育概论[M].北京:人民教育出版社,1991.18-19.

大学教育必须总体地把握四者之间的相互关系。① 20 世纪 90 年代以来日本以"大学教育个性化""创建个性化大学"为基本改革理念,围绕着教师、学生和课程推进改革。但从现有的研究成果来看,学者过分地关注了对某一要素的改革,而缺乏整体把握和分析,这正如特罗(Martin Trow)所言的,高等教育的增长不仅给教育制度,而且也给社会自身带来了各种各样的问题。比如,教育财政;管理运营;学生的招收和选拔;课程和教学方法;教师的任用、培养和社会化;学生的住宿、就业;教育和研究的关系;等等。数量增长对高等教育的每一个活动和现象都产生了影响,但近年来大多数有关高等教育的著作都孤立地看待这些问题。② 所以,我们希望在两个维度上对"日本大学办学个性化"进行分析。一是理念、教师、学生、课程这些直接发生变革的各个要素;二是上述四个要素在大学层面和政府层面的不同表现,即将政策的研究贯穿于大学和政府两个层面。

通常在高等教育领域中,政府的政策工具包括经济激励、质量保证机构以及对将学生看作一种市场力量的理解。③ 为了创建个性化大学,日本文部科学省主要运用了前两种工具:即经济激励以及质量保证机构。经济激励主要指文部科学省于 2003 年开始实施的一系列竞争性资助计划,包括"21 世纪 COE"、"高质量大学教育推进计划"(教育 GP)、"专业研究生院高级专业人才培养推进计划",等等。质量保证机构主要是文部科学省认可的第三方评价机构,包括大学评价学位授予机构(NIAD - UE)、大学基准协会(JUAA)、短期大学基准协会(JACA)、日本高等教育评价机构(JIHEE)等等。这些评价机构经过文部科学省的认可,对各级各类高等教育机构进行评价。

"个性化大学"要求大学不仅是个性化的和有特色的,而且是高质量的。经济激励与质量保证机构的双重监控措施主要是日本文部科学省接受大学审议会的咨询报告——《21 世纪的大学与今后的改革方案》(1998 年 10 月)的建议,为"创建个性化大学"而在政府层面进行的实践努力。从目前国内的有关研究成果来看,在大学层面,为实现"大学教育个性化"而开展的学生、课程以及教师改革

---

① 有本章. 教養的教育からみた学部教育改革——広島大学の学部教育に関する基礎的研究(4)[M]. 広島:広島大学高等教育研究開発センター,1998.1-12.

② マーチン・トロウ. 高学歴社会の大学[M]. 天野郁夫,喜多村和之,記. 東京:東京大学出版会,1976.55.

③ [英]玛丽·亨克尔,布瑞达·里特. 国家、高等教育与市场[M]. 谷贤林,等,译. 北京:教育科学出版社,2005.25.

有一定的研究,但对政府层面的经济激励和质量监控则关注不够。

4. 改革方式

大学自中世纪产生以来,"改革"就伴随着其发展的始终,小到课程、计划的调整,大到制度的存废、政策的推行等等。所以,研究者关于改革的过程和方式产生了很多研究成果。莱文(Arthur Levine)认为,变革的过程存在四个阶段:①认识到改革的必要性;②计划和构思解决方案;③着手实施改革计划;④实施的计划被制度化或终止。经济合作与发展组织(OECD)的教育革新研究中心(CERI)的 P－R－D－D(Planning-Research-Development and Diffusion model)模式,提出了变革的七个阶段:明确问题的所在;制定变革计划;变革程序的开发;实验;评价和修正;传统与生成;实施。[①] 同样地,迈克尔·富兰(Michael Fullan)指出:"大多数研究者均发现了存在三个比较宽泛的变革阶段:第一个阶段——有着各种各样的标签,如启动、发动、采纳——包括导致做出一个采纳某项变革或继续某项变革的决定的过程;第二个阶段——实施计划的前两三年——牵涉尝试将某种思想或改革付诸实践的最初经验;第三个阶段——被称为继续、包容、常规化或制度化——是指变革是否深入并成为系统的组成部分,或指变革因决定废除或自身消耗而消失。"[②]也就是说,任何一项政策的推行或教育改革都是有过程的。

改革以怎样的方式和过程来进行,直接取决于改革主体。由国家主导的大学改革,以德国、法国等欧洲大陆型国家为代表。改革的发生通常是以战争、危机性的混乱以及社会问题为契机。陈学飞认为,社会问题能够进入政府议事日程的引发机制一般有:①权力精英的创议;②例行的政府政党会议和重大纪念活动;③危机或突发事件;④广泛的民意;⑤社会精英的主张和建议;⑥新闻媒体的报道。[③] 如果这些问题一旦成为政策课题,那么,中央政府就会强制推行制度改革,所以,这种改革也是根本性的和剧烈的。比如,拿破仑政权下,对法国帝国大学制度的改革;比如,日本明治维新时期以及第二次世界大战结束之后对学校制

---

① 喜多村和之.现代大学の変革と政策:歴史的·比較的考察[M].町田:玉川大学出版部,2001.27－28.

② [加]迈克尔·富兰.教育变革新意义(第3版)[M].赵中建,陈霞,李敏,译.北京:教育科学出版社,2005.52.

③ 陈学飞.理想导向型的政策制定——"985工程"政策过程分析[J].北京大学教育评论,2006(1).147－148.

度的改革。而与此相反,由大学主导的改革以英国、美国等具有较强的大学自治传统的盎格鲁—萨克逊国家为代表,这种改革方式通常以小规模的、累积式的变革为主要特征。与剧烈性的变革经常会由于冲击而残存后遗症相比,这种改革方式是为了保持大学长久的健康,而采取的渐进的、持续的变革。具体来说,这种改革通常以三种方式进行:①在既成的大学制度中,为导入新的理念或刺激革新而"创设模式大学"的方式;②否定既成大学的旧体制,迅速完成方向转换的"根本性的自我变革"的方式;③在既成的大学内部逐渐加入新的机能,同时去除旧机能的"渐进性累积式变革"的方式。①

在复杂化与民主化的现代社会,无论多么强力的国家,由国家主导强制推行大规模制度改革都变得越来越困难。日本自第二次世界大战以后,相继建立的教育刷新委员会、中央教育审议会、临时教育审议会和大学审议会等咨询机构在大学改革过程中发挥了主导性作用。这些机构参与和主导大学改革的基本过程是:国家(或政府首脑)向咨询机构提交咨询请求→咨询机构进行调查、审议→听取国民的意见→政府颁布政策→大学自主实施。

（三）对相关研究方法的考察

从国际范围来看,在过去的 30 年中,政策研究是社会科学研究中发展最快的领域;而自 20 世纪 80 年代之后,教育政策研究也呈现出了同样的发展势头。但就国内而言,尽管近些年政策研究已经逐渐引起人们的关注,也有若干研究成果面世,但总的来说,无论是公共政策研究还是具体的教育政策研究,基本上都还处于酝酿和起步阶段。梳理国内关于日本大学改革的各类文献,不难发现很多研究是以文本研究为主,即通过大学审议会的各种审议报告及文部科学省的相关法律修改等内容,来分析和评价改革的发生背景、发生过程等。这对于研究日本的教育改革政策当然是必要的,但同时又不得不承认,政策上明明白白"写"的和大学实实在在"做"的是存在一定距离的。所以,国内的相关研究成果多了政策上"写"的内容,而缺少了来自大学层面的"做"的内容。而与此相比,日本目前的研究成果则更倾向于后者,比如在课程改革方面,《大纲化以后的本科生课程改革》(有本章,2004)主要介绍了北海道大学、信州大学、筑波大学等 16 个大学在"设置基准大纲化"以后所实施的本科生课程改革状况。在 FD 制度研究方

---

① 喜多村和之.现代大学の変革と政策:歴史的・比較的考察[M].町田:玉川大学出版部,2001.16.

面,《FD 制度化和质量保证(后编)》详细介绍并分析了北海道大学、神户大学、名古屋大学等 12 所大学的 FD 制度化的历程及其在何种程度上促进了该校的质量改善。另外,一项改革政策的成败与否,也许需要交由时间来回答。要全面而客观地把握日本大学办学个性化的政策和举措,既要掌握文本上"写"的内容,又要兼顾大学"做"的内容。为此,本书将充分利用日本文部科学省、广岛大学高等教育研究开发中心以及各研究团体的实证调查开展具体的研究。

第一章 日本大学办学"个性化"政策的提出背景

大学是极其保守的组织体,特别是在平常,极少依靠自己的力量从内部进行改革。多数情况是通过来自外部的压力,即与入学人数、财政、就业机会的变化等(大学的)——公的生活有关的侧面的变化引起的。① 而且,研究现在的教育改革要比以往困难得多,原因在于:①以往的教育改革主要是学校制度改革,通过学校制度改革,大多数问题都能够得到解决。②在以往的制度改革时,从事教育工作的人和接受教育的人的数量都要比现在少得多。也就是说,其利益相关者的数量是有限的。③改革向哪个方向或者应该向哪个方向推进,没有现在这么多的意见分歧和对立。② 基于这样的原因,有必要从更广阔的视角对日本大学办学个性化的社会背景,包括20世纪90年代日本大学的基本状况、改革的条件、改革理念与举措等作必要的介绍和分析。

第一节　20世纪90年代的日本大学

日本大学的历史跨越了120多年,大致可以分为三个阶段:学院创建(1870—1910年)、系统整合(1910—1950年)、战后改革与大众化(1950—1990年),每个阶段大约持续40年。③ 而"创建个性化大学"这一政策的提出,正是在战后改革与大众化基础上进行的。

---

① 天野郁夫.高等教育的日本模式[M].北京:教育科学出版社,2006.252.
② 天野郁夫.教育改革を考える[M].東京:東京大学出版会,1985.94-95.
③ [美]菲利普·G.阿特巴赫,[日]马越彻.亚洲的大学——历史与未来[M].邓红风,主译.青岛:中国海洋大学出版社,2006.75-76.

一、战后改革与多样化、个性化的时代

日本学者山本真一在其著作《大学的结构转换和战略》一书中,将第二次世界大战以后日本大学的发展与政治、经济等社会的变化联系起来考虑,认为日本的社会发展以 15 年为一个发展周期,大学的发展也体现了这种周期变化。他将第二次世界大战以后日本大学的发展划分为四个时代,即"政治的时代"(1945—1960 年);"经济的时代"(1960—1975 年);"计划的时代"(1975—1990 年);"多样化、个性化的时代"(1990 年以后)。[①]

第二次世界大战结束之后,包括教育在内,接近崩溃边缘的整个日本社会进入了前所未有的"低谷期"。然而就在此后的几年中,美国的扶持和改造使"元气大伤"的日本迅速获得恢复。日本的经济从 20 世纪 50 年代后期开始,特别是 60 年代在政府的"国民所得倍增计划"[②](1960 年 12 月)的指导下,进入了一个高速成长期。在这一时期,日本的经济以近 10% 的年平均增长率迅速发展。1968 年,日本的国民生产总值达到 1597 亿美元,超过当时的法国、英国和联邦德国,成为仅次于美国的世界第二经济大国。经济的高速成长,使日本政府和企业界对高等教育人才培养的需求越来越强烈,再加上,第二次世界大战之后出生的第一代适龄青年开始进入大学,大学入学人数急剧增加。这样,在高等教育领域出现了两种政策导向:一是大量增加理工科人才的培养,以缓解企事业单位对专业技术人才的需求;二是放宽大学的设置认可标准,一些私立大学纷纷建立,而私立大学又扩大了社会科学方面的人才培养。两种政策的直接后果就是日本开始进入高等教育大众化阶段。

如果按照时代来划分的话,20 世纪 60 年代以前,由于战后不久的制度改革以及由此产生的教育系统的混乱和调整,可以称为"政治的时代"。之后的 15 年,日本已经全面摆脱美国的控制,开始思考第二次世界大战之后美国导入的各种制度是否适合日本的问题。再加上经济的高速成长,迫切需要大量接受过高等教育的人才,由此,按照经济逻辑迅速扩张高等教育的时期,自然被冠以"经济的时代"。

---

① 山本眞一. 大学の構造転換と戦略[M]. 東京:ジアース教育新社,2002.41-42.
② 国民所得倍增计划是 1960 年日本池田勇人内阁计划并实施的一个长期经济计划。该计划规定:自 1961 年起,日本的年经济增长率达到 11%,用 10 年的时间让日本的国民生产总值增加到 26 兆日元。然而计划实施后,日本经济取得了奇迹般的成长,仅用 6 年的时间,国民所得就达到了倍增计划的目标。

在这个过程中,不仅本科生数量增加,研究生的培养也开始获得前所未有的发展。所有的大学原来主要以本科教育为中心,现在要开始协调教育职能与研究职能。1971年,中央教育审议会提出《今后学校教育综合扩充完善的基本措施》的报告(也被称为"四六报告")。该报告首次提出从国家、社会的高度,有计划地构筑高等教育系统。1976年开始,日本政府开始对高等教育进行五年规划,形成了一连串相对独立的发展阶段:1976—1981年;1981—1986年;1986—1991年……这些"五年规划"先后实施了"补助私立大学""创设专修学校制度""创建新构想大学"等一系列改革措施,使高等教育进入到一个"计划的时代"。① 社会结构—从计划阶段进入到完全组织化状态,以及所有或大多数在斗争中产生的历史力量一旦通过战略得到控制,这种管理便出现了。当然,有可能的是,紧随计划时代而来的将是纯粹管理的时代,还有可能的是,在后一阶段,所有我们现在称之为历史的那一切,即未受控的社会力量的、不可预见或命中注定的支配,都将告终。② 也许现有的研究还无法确定促使计划、管理的时代告终的力量究竟是什么?但20世纪90年代的大学改革却在"多样化、个性化"的"带领"下姗姗而来。

20世纪90年代以后,在临时教育审议会及大学审议会的推动下,各项改革正围绕着大学的多样化和个性化而展开。参考山本真一的研究,特整理成表1.1。

表1.1 第二次世界大战后大学改革的时代划分

时代划分	政治的时代(1945—1960年)	经济的时代(1960—1975年)	计划的时代(1975—1990年)	多样化、个性化的时代(1990年以后)
社会特征	战后复兴期	经济高速成长期	经济稳定成长期	重点充实期
高等教育特征	入学率10%左右;开放高等教育机会	入学率10%~38%;大学大众化和大学纷争	入学率35%~36%;控制大学规模;保证教育质量	入学率36%~50%;规模再扩大;努力促进多样化、个性化
改革主体	美国教育使节团、文部科学省	中央教育审议会	临时教育审议会	大学审议会
改革措施	制定《大学设置基准》;短期大学制度……	私学扩张;放宽设置认可;专门学校制度……	私学补助;控制大学规模;共通一次考试……	"设置基准大纲化";入学考试多样化……

---

① 山本真一.大学の構造転換と戦略[M].東京:ジアース教育新社,2002.41-42.
② [德]卡尔·曼海姆.重建时代的人与社会——现代社会结构研究[M].张旅平,译.南京:译林出版社,2011.143.

二、高等教育大众化的挑战

20世纪80年代前后,日本进入后工业化福利社会,并开始出现高龄少子化倾向。一般来讲,大学发展进程除受社会、政治、经济等因素影响外,还受制于18岁人口指数的高等教育人力供给资源的影响。依据马丁·特罗(Martin Trow)的推断,如以18岁人口大学入学率为标准,15%以下为精英化阶段,再以50%为界,线下为大众化阶段,线上则为普及化阶段。日本的18岁人口自1992年达到250万人顶峰后,1993年起开始骤减,2001年为150万人。而且,随着高中教育的高度普及,高等教育超大众化初露端倪。2003年,高中入学率达到97.3%,大学入学率为49.8%。如果将远程教育正规课程和高等专修学校专业课程算在内,日本高等教育入学率已经达到74.1%。这不但会使高等教育作为初等、中等教育的延伸逐步转化为普及教育,同时高等教育机构会出现供给过剩问题。换言之,大学间的生源争夺战及生存竞争会变得激烈。对于日本而言,调整教育人力资源供求关系已成为非常迫切的问题。①

不管政治制度、经济发展水平和教育观念如何,高等教育的扩张已经成为世界范围内的一种最重要的趋势。② 自20世纪50年代,美国首先进入高等教育大众化之后,日本、加拿大、澳大利亚以及欧洲各国的高等教育也在70年代以前完成了由精英阶段向大众阶段的过渡。在特罗(Martin Trow)看来,随着高等教育进入新的发展阶段,学生入学人数的扩张先于高等教育制度的扩张。由此,高等教育制度必须进行适当的改革。同时,随着入学人数的增加,学生的入学意识、入学选拔原理、大学内部组织、大学与社会的关系以及整个高等教育系统都在发生性质及结构的变化。③ 20世纪70年代中期,日本大学(包括短期大学)的入学率达到了38%,但受到国际石油危机的影响,国际性的经济不景气,"大学过剩论"一度升温,日本也对高等教育采取了抑制政策,大学入学率出现过一段时间的停滞。但进入20世纪90年代以后,大学的入学率再次急剧上升,这对于

---

① 吕可红.日本新一代大学启动——当代日本大学改革初探[J].外国教育研究,2004(9).6.

② [美]菲利普·G.阿特巴赫,等.21世纪的美国高等教育——社会、政治、经济的挑战(第2版)[M].施晓光,蒋凯,译.青岛:中国海洋大学出版社,2007.15.

③ マーチン·トロウ.高学歴社会の大学[M].天野郁夫,喜多村和之,記.東京:東京大学出版会,1976.84-91.

日本而言,大众化阶段的问题尚未解决,又迎来了由大众化向普及化阶段过渡的时期。问题或者说挑战主要来自三个方面:金字塔式的高等教育等级结构、陈旧的大学管理运营方式以及不断下滑的本科教育质量。1991年大学审议会提交了《关于改善大学教育》的审议报告,这预示着日本政府和大学开始对大学"潜在结构"进行变革。

(一)金字塔式的高等教育等级结构

随着高等教育大众化的进展,就读于高等教育机构的学生人数非常多。适龄人口的40%集中在4年制大学,另外有30%就读于各种短期大学和专门学校。在数量上,日本高等教育(即中等后教育机构,包括4年制大学、短期大学、高等专门学校、专修学校、广播电视大学、成人教育等)已经进入到普及化阶段。而且,在4年制大学中,3/4的学生集中在私立大学,大部分的短期大学以及专门学校也是私立的。所有的大学形成一个金字塔,处于塔尖的特定的大学对学生的选拔非常严格,围绕着这些特定的大学的入学竞争也非常激烈。因为毕业于这些大学就意味着将来可以就职于待遇丰厚的大企业。对于所有的入学竞争者以及他们的父母而言,好的大学与好的企业之间已经形成一种根深蒂固的联系。事实上,我们通常所称的"考试地狱"主要是针对这部分大学而言的。

(二)陈旧的大学管理运营方式

与大学入学人数的急剧增长相比,日本大学的管理运营方式,教师、学生等固有的价值观以及高等教育体制等的变化却相当缓慢。学者金子元久将其称之为"潜在结构"。[①] 在这里,支配大学的最终权力在各个学部的教授会。这些大学教授们,受欧洲大学尤其是强调研究的德国模式的影响仍然很大,他们专注于各自的研究领域,并认为这就是教育。学生们不管将来从事什么职业,都以学习专业化的知识为目的,当然这也是本科教育的最终目的。然而,随着高等教育大众化的到来,尤其是本科生入学人数的越来越多,这种潜在结构开始出现不适应。首先,学生对学习缺乏积极性,很多学生的所学专业与就职岗位没有直接联系。本科教育的理念和训练对学生来说也是不适当的。其次,作为评价教师的重要手段——科研成果仍然保持着至高无上的地位,教师们也很少花心思用于

---

① 金子元久.日本の高等教育における構造的変化:現在と未来[J].高等教育ジャーナル—高等教育と生涯学習,1999,第5号.145.

本科教育。造成这些问题的根本原因,也许就是特罗所言的,量的扩大的同时,必须伴随着结构的变化。而在结构的变化上,日本显然要缓慢得多。"创建个性化大学"实则也是使大学的"潜在结构"发生与规模成长相适应的改革。

(三) 本科教育质量下滑

教育扩张所带来的最为严重的影响当属本科教育质量问题。20世纪60年代以后,社会需要大学扩大招生人数,工业界需要低成本的掌握熟练技能的人力。为了满足这些要求,文部科学省的政策有意识地鼓励私立大学扩大招生量,结果对教育质量带来了灾难性的影响。[①] 进入90年代,适龄人口减少促使一些学力较差的学生进入大学,但此时的大学教师依然遵循传统的教育观念进行教学。随着越来越多的学生进入大学,学生总体的学习能力和心理状态发生了显著的变化。而且,大学间出现了明显的"层次"问题,位于底层的院校、教职人员与学生都显得士气低落。而名校也有自己的问题,学生明白他们将来会受聘于大的商业公司并不是因为他们在大学中学到了什么,而是基于他们的入学考试成绩,因此学习的动力不足,教职人员也觉得没有什么必要在教育上投入更多的时间和精力。[②] 由此,教师和学生的固有观念与日本特有的劳动力市场的结合,对提高教育质量形成了结构性的障碍。

第二节 教育改革的发生条件

改革为什么会发生?是什么促使了改革的发生?在高等教育的公开讨论中,我们看到的大多是有关高教系统的规模或成本的交流。高教系统变革的正当理由隐含在经济需求和个人利益当中。[③] 高等教育越来越成为现代社会的支柱产业之一,高等教育的变革已经被赋予了更多的政治意义和社会意义。具体到日本大学来说,是大学外部环境以及大学自我变革的努力引发了20世纪90年代的大学改革,而将改革的基本理念指向"个性化"则是高校与政府、学者与社

---

① [加]约翰·范德格拉夫.学术权力——七国高等教育管理体制比较研究[M].王承绪,译.杭州:浙江教育出版社,1989.145.
② [美]菲利普·G.阿特巴赫,[日]马越彻.亚洲的大学——历史与未来[M].邓红风,主译.青岛:中国海洋大学出版社,2006.86.
③ [英]罗纳德·巴尼特.高等教育理念[M].蓝劲松,主译.北京:北京大学出版社,2012.9.

会的博弈冲突和相互调和的结果。

一、大学的外部环境变化

大学作为一个组织,改革的一个重要动因就是组织环境的变化。一般来讲,组织的外部环境包括一般环境和管理环境。一般环境又具体包括:①技术环境;②经济环境;③法律、行政环境;④社会文化环境;⑤国际环境;⑥自然环境。管理环境也具体包括确定的工作环境和不确定的工作环境。[①] 而诱致日本启动大学改革的环境主要包括:新自由主义思潮的影响以及日本国内的经济、行政政策和 18 岁人口减少等因素。

(一) 新自由主义的影响

说到新自由主义思潮,有必要对自由主义及其在教育领域的表现作一说明,自由主义主要是藉由经济学对教育理念、教育目标产生影响。它主要包含以下五个突出的特征或因素:第一,不同于传统的教育模式,在杜威的影响下,变成了以学生为中心的体验式教育,而非抽象的认知。第二,进步主义关注社会福利,并相信有必要将资本主义社会潜在的破坏性力量驯化为促进整体平等和公正的力量。第三,借用启蒙主义的逻辑,教育的目标是培养人性、理性和解决冲突的能力。第四,教育是公共政策培养民主和公民意识的核心和有机连接。第五,教育政策应促进社会流动和加强社会凝聚力。个人和社会的教育支出不仅应被看作一种开支,更应被当作一种投资。在 20 世纪 50 年代和 60 年代早期的教育扩张阶段,这种观点开始受到重视。[②] 而进入 20 世纪 90 年代,自由主义开始被新自由主义取代,深刻地影响社会和教育政策。"自由化""私有化"和"市场化"通常被认为是新自由主义的核心特征。

"自由化"即强调自由是效率的前提,有自由就有效率。事实上,市场、自由、效率之间有着非常密切的关系,自由作为人类社会不断追求的价值目标,在市场经济中得到了最充分的实现。自由竞争是市场经济最重要的条件,正是在自由的前提下,市场经济为人类社会创造了前所未有的财富。有自由就有效率,自由

---

① 関正夫.日本の大学教育の改革方法に関する一考察——組織変革論と経営システム論からのインプリケーションを求めて[J].大学論集(第 18 集),1988.4.
② [美]卡洛斯·阿尔伯托·托里斯.新自由主义常识与全球性大学:高等教育中的知识商品化[J].许心,译.北京大学教育评论,2014(1).8.

的缺失就是效率的缺失,自由和效率是一体的。20世纪80年代以来,日本从中曾根政权开始就大力放宽政府控制,进行结构改革。改革的对象不仅包括经济领域,而且也包括教育领域。财界及政界人士一致认为,文部科学省放宽乃至放弃对学校和大学的严格规制是必要的。

"私有化"的概念作为自由市场的一部分被大加追捧。这意味着对于竞争带来效率的绝对信心。因为公共和政府部门常常被认为效率低、生产率低、浪费社会资源。与之相对的,私有部门常常被认为有效率、生产率高和反应积极。在福利国家,政府行使权力维持劳动与资本之间的社会契约,与这种模式相反,新自由主义国家坚持支持商业、支持企业的需求。①

"市场化"这个词用来形容在高等教育中所存在的竞争日益激烈的发展环境。在制度层面上,它是指建立一种类似市场文化和资源分配体制的管理决策机制;在教育机构层面上,它是指在机构与机构之间以及机构内部受到激励而产生的竞争行为等。② 20世纪80年代中期,日本的中曾根政权和英国的撒切尔政权、美国的里根政权一样,主张新自由主义政策,放宽政府的限制,通过自由竞争促进经济的发展。③ 与日本和英国相比,美国的高等教育系统是从私立机构开始发展起来的,私立机构处于优势地位,后来又产生了州立大学,各大学之间围绕着学生、教师和资金等资源的分配和获得而相互竞争,早就有了"市场化"经验。然而日本的大学,虽然在美国的占领下进行了一系列的改革,但与欧美各国特别是与美国相比,政府对大学的规制要强大得多。政府的规制同时也意味着庇护。规制和庇护妨碍了自由竞争,不可能形成灵活的、开放的系统,进而妨碍教育研究水平的提高。④ 20世纪90年代以后,由于适龄人口的减少,大学之间在招生方面的竞争越来越激烈。尤其是90年代末期,随着国立大学独立行政法人化的进程,所有大学将针对学生、资金等各种资源展开竞争。

---

① [美]卡洛斯·阿尔伯托·托里斯.新自由主义常识与全球性大学:高等教育中的知识商品化[J].许心,译.北京大学教育评论,2014(1).8.
② [英]玛丽·亨克尔,布瑞达·里特.国家、高等教育与市场[M].谷贤林,等,译.北京:教育科学出版社,2005.17.
③ 天野郁夫.日本の高等教育システム:変革と創造[M].東京:東京大学出版会,2003.275.
④ 天野郁夫.日本の高等教育システム:変革と創造[M].東京:東京大学出版会,2003.276.

（二）全球化的挑战

全球化使世界趋于同质化却又同时走向分化,这一进程也影响着教育领域。① 由普林斯顿大学出版社出版的《伟大的智力竞争:全球性大学如何重塑世界》一书为我们提供一个清晰的高等教育全球化的视角。该书作者韦达夫斯基(A. Wildavsky)通过分析目前出现的许多新现象指出了高等教育参与全球化的若干重大变革。这些重大变革包括:世界范围的人才竞争、跨国界的分校建设、对世界一流的追求、全球化大学排名、营利性机构的全球扩张和智力的自由贸易等内容。通过对这些问题的讨论,作者认为高等教育如同其他行业一样已经在很大程度上全球化了。②

本·戴维(Joseph Ben David)提出了"学术中心转移说"。该学说认为,寻求最先进的知识、学问的学生和学者,是跟着成为"中心"的国家的大学转移的。不仅如此,他们在回国后,还会将自己曾经学习过的大学理想化,并以此为模式来设计和革新本国的大学。如今,美国已经成为名副其实的"中心",英语正在成为一种世界语,各国的优秀研究者和学生也汇集到美国。就像以前德国的大学那样,美国起到了向世界提供最先进的大学模式的作用。③ 2010 年,全球约有 370 万的学生和学者在国外学习或进修,这样大规模的学生和学者流动在高等教育史中是前所未有的。但是,目前的国际学生和学者的流向与以前相比没有什么太大的变化,仍然是欧美发达国家。其中,在美国的国际学生就有 723 277 人,占国际学生和学者总数的 20%,英国为 12%,法国为 8%,德国为 7%,加拿大为 5%。④ 今天,无论是大学还是研究者或学生,都是在以美国为中心的全球化中,编织成知识的交流网络。即使是各个大学所提供的教育课程,不管它是否愿意,也都在寻求教育的全球性标准。高等教育领域的"全球化"在一定意义上也是"美国化"。日本在第二次世界大战以后,被迫按照美国模式对本国高等教育进

---

① [美]卡洛斯·阿尔伯托·托里斯. 新自由主义常识与全球性大学:高等教育中的知识商品化[J]. 许心,译. 北京大学教育评论,2014(1). 3.
② 马万华. 全球化时代的研究型大学——美英日德四国的政策与实践[M]. 北京:教育科学出版社,2013. 6.
③ [美]詹姆斯·杜德斯达. 21 世纪的大学[M]. 刘彤,屈书杰,刘向荣,译. 北京:北京大学出版社,2005. 16.
④ 马万华. 全球化时代的研究型大学——美英日德四国的政策与实践[M]. 北京:教育科学出版社,2013. 7.

行改造。在经历了半个多世纪之后,今天的日本大学将进入"第二次美国化"时期。① 然而与第二次世界大战结束之后的改革不同,这次的"美国化"却是在全球化的名义下,自发地主动推进的。

(三)日本国内经济和人口的变化

1991年日本泡沫经济正式开始崩溃,经济团体及企业界再次将经济腾飞的希望寄托于大学的教育和研究。在教育方面,他们希望大学能够培养具有适应信息化和全球化时代的创新型人才;在研究方面,他们改变以往轻视大学的基础研究和开发研究的做法,而开始讨论产、学合作或官、产、学合作。加之经济的不景气,企业再也无力维持其长期存在的"企业内教育",而开始要求大学能够培养直接胜任工作岗位的人才,强调大学教育的"附加价值"。与此同时,自20世纪70年代末期以来,大学系统内部的竞争及财政危机,使大学自身也产生了改革的需求。经济界和大学界之间的认识和期待基本上达成了一致,这是以前从没有过的现象。

日本学者天野郁夫直言:"现在,日本高等教育发生了很大的结构性变化,而引起这一变化的最大原因就是18岁人口的减少。"②日本的18岁人口,在20世纪80年代曾经达到160万人左右,1992年迅速增加到205万。但以此为顶点,此后不断下降,2000年下降到151万人,2010年下降到120万人,减少近40%。如果大学的升学率保持现状,则大学入学人数也将减少40%。这对日本大学以及整个教育系统产生了极大的冲击。

经济合作与发展组织(OECD)国家人口由于生育率的下降和人们寿命的延长而呈现出老龄化趋势,2005年到2030年,这些国家65岁以上的人口所占总人口的百分比将平均从14%增加到21%,其中一些国家现在已经超过18%(德国、希腊、意大利和日本)。③ 根据联合国的人口预测(于2006年修改),18~24岁年龄段的人群比例到2025年将平均下降9%。从2005年到2025年,在OECD国家中,有两个国家18~24岁年龄段人群增幅超过10%(丹麦和卢森堡

---

① 天野郁夫.日本の高等教育システム:変革と創造[M].東京:東京大学出版会,2003.279.
② 天野郁夫.大学改革:秩序の崩壊と再編[M].東京:東京大学出版会,2004.45.
③ 杨天平,王宪平.OECD展望:高等教育至2030(第一卷:人口)[M].重庆:重庆大学出版社,2011.29.

公国),预计有10个国家的年轻人口下降幅度超过15%(澳大利亚、捷克共和国、德国、希腊、匈牙利、日本、韩国、波兰、斯洛伐克共和国和西班牙)。① 日本18岁人口的减少,对所有的大学都提出了挑战,正如有学者指出的,越来越多的日本大学,将从"大学选择学生"的时代向"学生选择大学"的时代过渡,从而进入到所谓生存竞争的时代。②

二、大学的自我变革努力

高等教育只有在外部力量的推动下才会发生大的改变,在美国如赠地大学的演变、第二次世界大战以后高等教育的发展,以及研究型大学的变化等都是受到了强大的外部力量和国家重要政策的影响。③ "高等教育的历史,很多是由内部逻辑和外部压力的对抗谱写的,高等教育从来没有完全自治过"④。"外部力量"为高等教育改革提供了必要性,当然,"外部力量"也只是引发大学改革的条件之一,而另外一个重要条件就是大学自我变革的努力。根据马利斯(Marris)的观点:"不管变革是人们所追求的还是抵制的,不管变革是偶然发生的还是计划出现的,不管人们是站在改革者或操纵者的立场上,还是站在个人的或机构的立场上看待改革,他们对改革的反应具有矛盾特征"⑤。一方面传统的学术自由使大学教师具有强烈的维持现状的保守性,另一方面现实的压力又使大学教师必须作出选择。大学外部的环境是不断变化的,但并不是每次变化都会引发大学自我变革的努力。例如,20世纪60年代日本的大学纷争曾一度使大学深刻认识到改革的必要,以东京大学的大学改革筹备调查会为首,全国大部分大学都致力于改革方案的审议,并成立了众多的改革委员会,发表了无数的改革文件。据统计,从1967年到1971年的5年时间里,有超过39个校外团体的100余项,

---

① 杨天平,王宪平.OECD展望:高等教育至2030(第一卷:人口)[M].重庆:重庆大学出版社,2011.30.
② 関正夫.日本の大学教育の現状と課題——歴史の国際的観点からの考察[M].広島:広島大学高等教育研究開発センター,1995.104.
③ [美]詹姆斯·杜德斯达.21世纪的大学[M].刘彤,屈书杰,刘向荣,译.北京:北京大学出版社,2005.227.
④ [美]克拉克·克尔.高等教育不能回避历史——21世纪的问题[M].王承绪,译.杭州:浙江教育出版社,2001.5.
⑤ [加]迈克尔·富兰.教育变革新意义(第3版)[M].赵中建,陈霞,李敏,译.北京:教育科学出版社,2005.31.

至少94个国、公、私立大学的400余项,合计500余项改革文件出台或者发表。①但事实上,改革行动却远没有改革建议那样热火朝天。随着1969年《大学运营临时措施法》的出台,来自大学内部的自主改革的积极性也逐渐平稳下来。正如日本学者黑羽亮一所言,"大学纷争有多种原因,'大学人'缺乏负责的态度,虽然频繁地论及'大学改革',但实际实施的改革却很少,几年以后又回到了原点。"②学者有本章也表示,由高等教育大众化所带来的量的发展和质的发展的冲突,变得严重起来是在20世纪60年代,并直接导致"大学纷争",可是实际上,大学改革的真正着手是在进入90年代以后。③那么,为什么真正的大学改革实践,要经过了临时教育审议会以及大学审议会的重申,迟至20世纪90年代初才真正启动呢?

这完全可以用资源依赖理论作出解释。资源依赖理论是一种以开放系统框架为基础的理论,该理论认为没有任何一个组织是自给自足的,组织为了生存和发展,必须与环境中的其他组织进行交换,以获取必要的资源。获取资源的需求产生了组织对外部的依赖,而资源的重要性和稀缺性则决定了组织依赖性的本质和范围。大学和多数的商业组织、政府组织一样,很少能够通过机遇的动力和刺激来进行彻底的转变,只有危机才能使组织决心改革,有时候甚至还不够。④葡萄牙社会学家博阿文图拉·德索萨桑托斯(Boaventura de Sousa Santos)观察到大学正面临着三种迫切的危机:霸权危机、合法性危机、体制危机。霸权危机是不断增长的大学的知识剥夺的结果,因为大学越来越多地被号召生产商业性知识,而牺牲其他形式的知识生产。合法性危机是大学系统日渐分割和大学文凭逐步贬值的结果。体制危机是由于政府支持的削减,以及大学尤其是公立大学传统意义上为公共利益服务的使命的弱化。⑤如果说上述危机是全球大学都不可幸免的,那么,对于日本大学来说,还有一个"生存危机",即由18岁人口减

---

① 喜多村和之.现代大学の変革と政策:歴史的·比較的考察[M].町田:玉川大学出版部,2001.56.

② 黒羽亮一.大学政策改革への軌跡[M].町田:玉川大学出版部,2002.26-27.

③ 有本章.学部教育改革の展開[M].広島:広島大学高等教育研究開発センター,2000.1.

④ [美]詹姆斯·杜德斯达.21世纪的大学[M].刘彤,屈书杰,刘向荣,译.北京:北京大学出版社,2005.228.

⑤ [美]卡洛斯·阿尔伯托·托里斯.新自由主义常识与全球性大学:高等教育中的知识商品化[J].许心,译.北京大学教育评论,2014(1).11.

少以及经济不景气所引发的财政紧缩。

"大学有着自身的管理风格,这种管理风格更善于保护传统,而不是为未来做准备"①。要使大学自我变革的努力真正实现,还必须具备一定的条件:①改革要有必要的精神及物质资源(社会的支持和财源),这些资源是由大学外部提供的;②出现倡导改革的领导者,"改革的倡导者"通常是大学外部的"新来者";③大学自身的开放的结构。所谓开放的结构是指在大学内部存在着"能够从外部引入不同经验、不同价值观的人员交换机制"。当这3个条件结合在一起时,大学的自我变革就实现了。② 不管我们承认与否,大学改革的实际发生是有条件的。与以往相比,20世纪90年代的日本大学受到某些变量(教师、社会压力、资金)尤其是大学教师的影响,因为教师没有理由去相信强加式的变革的价值观,也很少有冲动去了解一种变革的结果是否有价值,但"设置基准大纲化",确实为教师提供了更多创新的舞台。而且在大学中开始出现:①外部提供的资源(财政投入之外的竞争性分配的资金);②改革的领导者(内阁、文部科学省);③人员交流机制(大学教授市场的流动性加快)。当这些外部资源一齐涌向大学,足以为大学积累起自我变革的信心。于是,当外部环境压力与大学自我变革的努力结合在一起时,改革的发生便是一种历史必然。

---

① [美]詹姆斯·杜德斯达.21世纪的大学[M].刘彤,屈书杰,刘向荣,译.北京:北京大学出版社,2005.55.

② 関正夫.大学教育改革の方法試論——自己改革の条件の検討[J].大学論集(第17集),1987.4.

第二章 日本大学办学"个性化"理念的形成过程

任何一项改革，都是在特定的理念指导下进行的。1984年成立的临时教育审议会将教育改革的理念与基本方向确定为"个性化"，但在临时教育审议会撤销后成立的专门讨论大学问题的大学审议会，则将大学改革具体定位于研究生教育、本科教育及管理运营三个领域，并分别以"高度化""个性化""活性化"作为改革的指导理念。由此，个性化实际上也成为了本科教育改革的指导理念。当然，后来随着对"个性化"本身认识的深入，"个性化"逐渐作为一种理念在整个大学办学中弥散开来。

第一节 办学个性化理念的发展

个性化作为20世纪90年代以来日本大学的重要改革导向，从认识过程来讲，经历了"重视个性原则""大学教育个性化"和"创建个性化大学"三个阶段。

一、个性与大学的个性

个性是心理学的概念，是指"个人的独特的精神面貌，是个人的一些意识倾向与各种稳定而独特的心理特征的统一体"。在高等教育领域中，"个性化"至少存在三个层次：①高等教育系统的个性化；②一所大学的个性化；③学生的个性化。而本书所关注的主要是第二层次的"个性化"，即大学的个性，中国有很多学者称之为大学的特色。大学特色是指一所大学在长期的发展历程中，形成的比较持久稳定的专有性或显著性发展方式和被社会公认的、独特的、优良的显著特征，是一所大学赖以生存与发展的生命力，是一所大学的优势所在。大学特色具备独特性、稳定性、持久性和发展性。① 从本质上看,大学个性是大学在办学过程中,自身独特的办学理念的表征。② 理念又是什么呢？它意味着一种固有的目的,它深深地根植于大学之中,而且也许还根植于其历史之中——但这一点往往并不能通过争论来获得定论。一种"理念"也是一种基因码,能够决定一所大学随后的发展；但就像所有遗传因素一样,其特征并不总是能被识别出来。③

当然,不论是个性还是理念,它并不能表征自身,而必须通过学生、课程和教师来表征。在丁学良看来,当今世界上几个高等教育发达国家中对研究型大学使用的重要衡量标准有9项,其中位居前3位的是：①教员整体素质；②学生的素质；③常规课程的丰富程度。④ 由此可见,学生、课程和教师既是大学个性或特色的重要表征,当然也应该成为大学实现个性或特色的重要抓手。没有优秀的生源、称职的教师和设计合理的课程,独特的办学理念无法实现,高质量的教育也无从谈起。当然,学生、课程和教师的改革能够在多大程度上实现大学的个性和特色,政府的关注和支持是必不可少的。为此,本书在结构安排上,首先介绍和分析各个大学在学生、课程和教师方面的改革举措,然后说明政府的政策工具。

二、重视个性原则

"个性"及"个性化"作为改革理念被首次提出,是在1984年临时教育审议会的第一份审议报告中。该报告指出,今天的教育改革是按照《教育基本法》的精神进行的。按照这一宗旨,审议会希望把"尊重个人的尊严、创造个性丰富的文化"的理想的教育变成现实的教育。同时,继承传统文化,以培养自立的日本人和能够为国际社会作贡献的国民为目标。为了实现这一目标,基本的理念是：①重视个性的原则；②重视基础、基本；③培养学生的创造性、思考能力、表现能力；④扩大选择机会；⑤教育环境人文化；⑥向终身学习体系过渡；⑦适应国际化；⑧适应信息化。其中"重视个性原则"是本次教育改革最为重视的,也是贯穿所有

---

① 刘尧.大学特色的形成与发展[J].清华大学教育研究,2004(6).87.
② 刘继青,邓薇.大学个性与大学核心竞争力[J].教育理论与实践,2003(9).29.
③ [美]谢尔顿·罗斯布莱特.现代大学及其图新——纽曼遗产在英国和美国的命运[M].别敦荣,译.北京:北京大学出版社,2013.1.
④ 丁学良.什么是世界一流大学[M].北京:北京大学出版社,2004.16-18.

原则的基本。①

其实,在临时教育审议会提交第一份审议报告之前,围绕着改革理念与改革的基本方向,在审议会内部以及审议会和文部科学省之间进行了激烈的争论。审议会内部的争论主要在第一分会和第三分会之间进行,第一分会以教育改革的长期展望为任务,热衷于将"自由化"作为改革的基本方向。而第三分会主要负责审议初、中等教育的方式,他们将防止教育现场的混乱作为重点,对自由化持消极的态度。② 当时的自由化论者以香山健一③为首,他指出:"为了继承近代的成果,并超越它的局限性,应该基于新的人类观、社会观、历史观,打破划一性、封闭性、非国际性,21 世纪的教育必须实现自由化、多样化、信息化、人性化。"④

在听取文部科学省意见时,时任文部科学省初、中等教育局长的高石提出了明显的反对意见,他着重指出三点:①如果任何人都可以自由地设立学校,教育水平的维持就会产生问题。以营利为目的以及经营基础薄弱的学校也有可能设立。放宽限制必须是在不损害学校的公共性、继承性、稳定性的范围内讨论。②取消学区就近入学的限制,自由地选择学校,学生自然会集中到特定学校,这样,有计划地完善教育设施就会非常困难。而如果要限制计划入学人数,那么,就会在义务教育阶段激化竞争,也会给未达心愿的父母、子女带来不自由感。③学校教育在儿童的成长过程中是一次性的,所以,不应该大胆地进行"试错式"的改革,而应该是渐进性的、有弹性的,但也必须对特殊情况,如考试等持慎重的态度。⑤ 在之后的听证会上,全日本小学校长会、日本教职员组织等也陈述了反对"自由化"的观点,最终,冈本道雄会长在会见记者时不得不表示:"自由化的建议是很好,可是要实现确实存在很多问题。"

针对这些批判和反对意见,第一分会又进行了为期 3 天的集体合议。最终在公布的审议笔记中指出:"这次改革的基本方向是从划一主义向个性主义,大胆而细心地过渡,这是在改革中予以明确的。"另外,第一分会会长天谷直弘也表

---

① 臨時教育審議会.教育改革に関する答申[M].東京:大蔵省印刷局,1988.12 - 16.
② 内田健三.臨教審の軌跡——教育改革 1100 日[M].東京:第一法規出版株式会社,1987.44.
③ 香山健一,日本著名的自由主义教育论者,著有《为了自由的教育改革》,1990 年被翻译成中文,由高等教育出版社出版。
④ 黒羽亮一.大学政策改革への軌跡[M].町田:玉川大学出版部,2002.147 - 148.
⑤ 黒羽亮一.大学政策改革への軌跡[M].町田:玉川大学出版部,2002.150 - 151.

示:所谓自由化,主要的意思就是在审议笔记中所说的打破划一性、僵直性,尊重个性主义,有时教育的自由完全被理解成其他的意思,所以,用"个性主义"更为适当。由此,在第一份审议报告中,没有出现"自由化",取而代之的就是"尊重个性原则"。从20世纪80年代中后期开始,关于改革的讨论中的关键词就是"个性",它占据着绝对地位,对此提出异议的人则被贴上顽固不化的保守主义者或不想理解学生痛楚的权威主义者的标签。[①]

在临时教育审议会的第一份审议报告中对"重视个性原则"作了如下解释:"打破以往我国教育的根深蒂固的划一性、僵硬性、封闭性、非国际性。确立个人的尊严、个性的尊重、自由自律、自我负责的原则。"[②]进而在第二份审议报告中,将"个人的尊严、个性的尊重、自由自律、自我负责原则"具体解释为三点:①把"个人的尊严、个性的尊重"放在个人和集体、社会、国家的均衡关系、相互关系上来考虑;②所谓个性,不只是个人的个性,还意味着家庭、学校、地区、企业、国家、时代的个性;③所谓自由,与放弃、无秩序、不负责、无规律完全不同,自由伴随着责任。在今天这个选择自由不断扩大的社会中,人们在享受自由的同时,自身的责任也在增大。由此,个人的尊严、个性的尊重、自由自律、自我负责是密不可分的统一体。[③]

这里的"个性"也是对日本第一次教育改革和第二次教育改革的继承和发展。日本自1872年颁布《学制》建立近代学校教育制度(第一次教育改革)以来,虽然曾在教育领域强调极端国家主义,但整体上来讲,教育发展的基本理念仍然是通过个人的自立,来促进国家与产业社会的发展,进而实现现代化。第二次世界大战结束之后的教育改革(第二次教育改革)更是通过排除国家主义,将人格完善、个性尊重、教育机会均等作为发展教育的基本理念。所以,从日本教育发展史上看,临时教育审议会提出的"尊重个性"既不是"舶来品"也不是"横空出世"。在学者天野郁夫看来,现在被大家公认并广泛使用的"个性化",其实早在高中教育进入普及化的20世纪60年代中后期就以"多样化"来表述,例如,1966年中央教育审议会《后期中等教育的扩充完善》的报告指出:"教育的内容及形式要适合每个人的兴趣、能力、出路和环境,同时考虑社会要求的多样化。"虽然每

---

① [日]藤田英典.走出教育改革的误区[M].张琼华,许敏,译.北京:人民教育出版社,2001.42.
② 臨時教育審議会.教育改革に関する答申[M].東京:大蔵省印刷局,1988.12.
③ 臨時教育審議会.教育改革に関する答申[M].東京:大蔵省印刷局,1988.62.

个人的需要与社会的要求并列,但实际则强调社会的要求。不管是多样化还是个性化,站在个人的角度来考虑,重要的是选择的自由。① 从这里可以看出,与今天大学审议会所强调的"大学"的个性化不同,20 世纪 60 年代中后期日本政府重在强调"学生"的个性化。当然另一方面也不得不承认,20 世纪 90 年代,当"个性化"作为改革理念被正式提出时,也是基于时下的各种各样的教育问题。正如临时教育审议会所指出的,通过第一次教育改革和第二次教育改革构筑起来的教育,在取得成绩的同时也出现了各种问题,如:考试竞争愈演愈烈;欺辱、拒绝上学、校内暴力、青少年犯罪等"教育荒废"现象比比皆是;创造性、个性的尊重、高等教育国际性等严重不足;制度的划一性、僵硬性;否定传统文化、轻视德育;权利意识和责任意识不平衡等等。②

三、大学教育个性化

从心理学对个性的界定来看,个性是指一个人的整个心理面貌,即具有一定倾向的各种心理特征的总和。在教育学领域,一般认为,个性是类特性、民族性、阶级性、地区和社区特点、教育性和时代特性在具体个体身上的独特组合。在某一个人身上,它有不同的组合,不同的组合方式形成了不同的个性。这里应特别强调的是,个性不等于特性,个性是共性和特性的统一。特性是一个人区别于其他人的特征,是人的生命属性。任何事物都有特性,没有特性就不能跟其他事物区分。共性是人类群体在生理、心理和社会等方面所具有的共同典型特征,如人性、民族性、阶级性等。只有特性和共性相结合,才能形成个性。人的个性是在先天自然素质的基础上,通过后天的学习、教育与环境的作用,在个体生活过程中逐渐形成的。因此,个性是可以认识、把握的,个性是可以改变的,个性修养和教育是无止境的。这就奠定了高等学校个性化教育的可行性。个性化教育是面对独特的生命个体,通过适合每个独特生命的手段,发掘个体生命的潜能,促进个体生命自由发展的教育。与个性化教育相对应的是划一性教育,即千篇一律的、模式化的教育。它无视或忽视受教育者的个性,力图以统一的要求、统一的标准、统一的教育内容、统一的教育形式和方法,塑造同一规格的人。③

---

① 天野郁夫.かわる社会、かわる教育[M].東京:東信堂,1989.115 - 116.
② 臨時教育審議会.教育改革に関する答申[M].東京:大蔵省印刷局,1988.10.
③ 刘献君.高等学校个性化教育探索[J].高等教育研究,2011(3).4.

如果说个性化教育是指向不同的学生个体,那么,"大学教育个性"则是指向不同的大学,要求每所大学根据本校的实际情况开展教育活动,形成各自的特色。当然,大学个性或者特色是一个集合概念,反映的是学校各方面工作特色的集合。大学积极发展各方面的特色,应该是大学特色追求上的一个总的指导思想。大学特色的作用力产生于各种具体特色的作用力所形成的合力:大学目标的特色产生导向力;大学学科的特色产生生长力;大学模式的特色产生发展力;大学环境的特色产生吸引力;大学校长的特色产生感召力;大学教师的特色产生影响力;大学学生的特色产生竞争力。① 为了实现"大学教育个性化",日本各个大学围绕着学生、课程和教师进行了各具特色的改革。而今天日本各个大学在教育方面所追求的特色,与其说是日本大学在面对危机时的生存需要,不如说是适应时代发展要求的战略选择。大学最基本的职能是教育职能,大学最基本的活动是由学生、课程和教师所组成的"教与学"的活动,日本正是抓住了这一点,所以在发展战略上将"办学个性化"的基础定位为"大学教育个性化"。

按照临时教育审议会"重视个性原则"的改革构想,大学审议会将"个性化"确定为改革的基本理念。但同时大学审议会也充分意识到,要实现"个性化",则必须要求政府对大学"放权"。1991 年,大学审议会在《关于改善大学教育》的审议报告中,针对如何实现"大学教育个性化"提出两点建议:一是"设置基准大纲化";二是引入自我评价。根据大学审议会的建议,1991 年 6 月,日本政府全面修改《大学设置基准》。因为改革的基本原则是删繁就简,撤销了很多对大学课程、教学时间等具体细节的规定,所以又被称为"设置基准大纲化"。"设置基准大纲化"首先扩大了各个大学在课程设置以及课程实施方面的自主性。毫无疑问,这是实现"大学教育个性化"的基础和前提。

四、创建个性化大学

1998 年,大学审议会向文部科学大臣提交了《21 世纪的大学和今后的改革方案》的审议报告,该报告的副标题为"在竞争环境中闪耀个性的大学"。这个副标题非常具有深意,它向各个大学预示着,由于 18 岁人口的减少,大学有可能面临淘汰的危险。在知识转型的时代,各个大学不可能进行划一的教育,也不可能获得同等的发展,所以,个性化将是大学改革的基本方向。18 岁人口的减少以

---

① 刘尧.大学特色的形成与发展[J].清华大学教育研究,2004(6).88.

及学生消费主义时代的到来,大学从"卖方市场"向"买方市场"转换,顾客需求的异质性,也要求大学的服务必须是个性化的。这份报告以"创建个性化大学"为目标,提出了大学改革的四个基本理念:第一,培养问题探究能力,提高教育研究质量(教育研究指的是教育和研究——笔者注);第二,通过教育研究体系的软结构化,保证大学自治;第三,以负责的决策体制和执行体制为目标,完善组织运营体制;第四,建立多元化评估体系,不断促进大学的个性化。[1] 也就是说,为了创建个性化的大学,日本首先确立起一种新的人才教育观,即培养学生的问题探究能力,而培养问题探究能力的基础是提高教育和研究的质量。与此同时,保证大学自治、完善组织运营体制、建立多元评估制度也是实现大学个性化的重要保障。

个性化大学的提出,意味着日本政府向大学界宣布一个"差异化竞争"时代的到来。差异化竞争是经济学、管理学的一个用语,主要指两个以上的生产同质产品的厂商,以不变的规模收益生产同类产品,以边际成本销售,会失去获利空间。那么一个重要的解决办法就是产品差别化,产品差别化可以降低产品间的替代性,在一部分消费者眼中变成"不同"的产品,面对具有不同偏好的消费群体,可以制定不同的价格,从而获得生存的空间。这样的时代要求大学充分发挥和运用其教育教学或服务不同于其他大学的教育教学或服务的优势,保证大学持续稳定地发展。与临时教育审议会不同,这里的个性化显然是针对一所大学而言的,为一所大学的发展指明了方向,即各个大学为提高教育质量而采取的措施、手段的差异化,进而形成本校的个性与特色。

那么,如何实现办学个性化呢? 对此,2005年1月,中央教育审议会出台了《我国高等教育的未来》的审议报告,该报告指出:高等学校为了切实满足学习者的多样化需求,必须对本校的职能进行更准确的定位,并在此基础上展开教育和研究。整体上来说,大学可以承担的职能主要有:①世界性的教育、研究基地;②培养高级专门职业人才;③培养广博型的职业人才;④综合性的教养教育;⑤特定的专业教育(艺术、体育等);⑥地区的终身学习基地;⑦社会贡献职能(为地区服务,产、学、官联合,国际交流等)。各个大学可以选择一项或几项作为本校的主要职能。也就是说,文部科学省并没有为如何创建个性化大学提出具体的改

---

[1] 日本高等教育研究会.大学審議会全28答申・報告集——大学審議会14年間の活動の軌跡と大学改革(上)[M].東京:ぎょうせい,2002.52.

革建议,而是说明大学有很多职能,并不是每所大学都必须承担所有的职能,各个大学要根据自身的风格和特点,选择本校适合的职能,并根据本校的职能定位来开展教育研究活动。

第二节　审议会行政的政策制定与执行

一、审议会行政的政策制定

在个性化理念的指导下,日本政府及各个大学在教育领域进行了一系列的改革,并形成了相应的政策。但在介绍这些政策之前,有必要对日本教育政策制定类型进行简要介绍。受政治结构、文化传统以及教育体制的影响,每个国家都有自己特定的政策制定类型。比如陈学飞认为中国公共教育政策的制定大体有两种类型(理想导向型和问题导向型)。而日本在教育政策制定方面,最显著的特征就是审议会行政。

（一）审议会行政的发展历程

"审议会行政"的政策制定方式,是日本进入20世纪以来制定公共教育政策最主要的方式。具体到高等教育改革政策来说,这种政策制定方式是按照内阁总理大臣(或文部科学大臣)提出咨询请求→咨询机构审议并提出建议→政府修改法律→各大学自主实施这一顺序展开的。说到底,审议会行政的政策制定方式是介于国家主导型改革和大学主导型改革之间,以各种审议会作为改革主体的一种方式。

审议会最早出现在1850年,是英国议会为改革牛津大学和剑桥大学而设立的敕定委员会。此后,各个国家均不同程度地采用各种委员会或审议机构来为教育改革提供建议、制定改革计划等。19世纪80、90年代,森有礼和井上毅曾先后担任日本的文部科学大臣,他们利用个人的行政权力代表国家意志强制推行改革,对这种改革方式,当时的日本大学一直存在着抵触情绪。例如,森有礼建议在帝国大学原有的法、文、理、医四个学部之外再增设工、农两个学部,遭到帝国大学方面的抵抗,以至于大学评议会的委员纷纷提出辞职。[①] 鉴于这一事

---

① 喜多村和之.現代大学の変革と政策:歴史的・比較的考察[M].町田:玉川大学出版部,2001.15.

件的影响,日本政府开始认识到,今后不能由文部科学省单方面决定政策,而应通过某种形式的审议会决定文教政策。于是,1896年12月,在文部科学省内部建立了日本历史上第一个审议会——高等教育会议(1896—1913年)。虽然高等教育会议在当时的条件下并没有发挥其应有的作用,但却为后来的临时教育会议(1917—1919年)等各种审议会的建立提供了参考。自此以后,在日本的行政组织中开始出现大量的审议会。如为了加强天皇对军队的统率权,1914年成立"防务会议",该会议组织一直延续到了1922年;1916年和1918年相继成立的"经济调查会"和"临时国民经济调查会",目的是研究经济政策和解决经济问题;1917年成立"临时外交调查委员会"应对外交问题,制定外交政策;1919年又成立了"临时法制审议会",研究法制所面临的问题。上述各种审议机构的名称前几乎都冠以"临时"二字,实际上正如左藤秀夫所说,"这里所谓的临时并不仅仅是一时之意,而是应该隐含着面临重要的历史转折期而设置这些机构的意思"①。据统计,光在文教行政领域,从1896年到1942年所设置的有关学校教育制度的审议会就有10个之多。这些审议会重在调整国家、社会以及大学之间的利害关系,而且,主要由一些具有专业知识的人士组成。② 由于审议会行政,日本高等教育发展史,实际上也是不同时期各种审议会串联起来的历史。

(二)审议会行政的案例:临时教育会议

临时教育会议成立于1917年,它也是日本历史上第一个直属于内阁、由内阁总理大臣直接领导的教育咨询机构。其主要任务是重新审查和修订明治时期所确立的教育制度和教育内容,为教育的进一步发展出谋划策。1917年9月21日,以第152号天皇令的形式颁布《临时教育会议官制》。该官制的颁布标志着临时教育会议的正式产生。其内容如下:

临时教育会议官制(大正六年九月二十一日公布敕令第一百五十二号)
——《官报》第一千五百四十三号

观中外之形势,虑国家之未来,认为有必要设委员会于内阁,审议教育相关制度,以谋求教育之振兴,兹批准成立临时教育会议并公布其官制。

---

① 张如意.临时教育会议与日本私立大学的发展[D].河北大学博士学位论文,2009. 31.
② 喜多村和之.現代大学の変革と政策:歴史的・比較的考察[M].町田:玉川大学出版部,2001.49.

第一条：临时教育会议在内阁总理大臣监督下调查审议教育相关的重要事项。

第二条：临时教育会议应内阁总理大臣的咨询陈述意见。

第三条：临时教育会议可以向内阁总理大臣提出建议。

第四条：临时教育会议设总裁一人、副总裁一人，委员40人以内。在有必要调查审议特别事项的时候，可以设置临时委员会。

第五条：总裁和副总裁人选根据内阁总理大臣的奏请由天皇任命，委员及临时委员根据内阁总理大臣的奏请由内阁任命。

第六条：总裁管理会务并负责向内阁总理大臣报告会议决议。总裁出现事故时由副总裁代理其职务。

第七条：总裁可在会上陈述意见并参与表决。

第八条：总裁可根据需要从委员中选定主审委员并任命其审查。

第九条：文部大臣可出席会议并陈述意见。内阁总理大臣根据需要或应总裁邀请，可以使各省大臣及其他适当人员出席会议并陈述意见。

第十条：与临时教育会议相关的议事规则由内阁总理大臣决定。

第十一条：临时教育会议设干事长和干事。干事长由文部省副官担任，接受总裁、副总裁指挥，掌管一般事务。

第十二条：临时教育会议设置书记并由内阁任命。书记接受上司指挥，从事一般事务。

附则：本令自公布之日起实行。废止教育调查会官制。[①]

临时教育会议存在1年零8个月的时间，其间召开各种规模和形式的会议80余次。对包括小学教育、中学教育、高中教育、大学和专门教育、师范教育、职业教育、社会教育、女子教育、学位制度、视学制度在内的所有领域进行了审议。临时教育会议下设专门委员会，并责成专门委员会或小委员会就各个领域的改革问题提出方案，然后交由全体委员会讨论，最后表决通过，形成决议，以审议报告书并附理由书的形式交付内阁总理大臣。临时教育会议不单单是一个内阁总理大臣直属的教育问题咨询机构，而且是一个教育政策的制定和决策机构，它对明治以来的教育进行了全盘的检查，提出了一系列的改革新方案，这些改革方案

---

① 张如意.临时教育会议与日本私立大学的发展[D].河北大学博士学位论文,2009.36-37.

经过研究和表决通过,直接成为教育改革的新政策,或以法令的形式固定下来,为教育改革提供了政策和法律保障。① 指导日本 20 世纪上半叶教育发展的各种政策法令,如《高等学校令》《大学令》《修改小学校令》《中学校令》和《高等女子学校令》,都是根据临时教育会议的建议颁布实施的。

临时教育会议议事规则

(大正六年九月二十五日内阁总理大臣决定,同日向临时教育会议总裁传达)

第一条:总裁在认为有必要或有 5 名以上委员请求下召集会议。

第二条:总裁担任会议议长,总结整理议事。

第三条:在总裁出现事故时,由副总裁担任临时议长。

第四条:在总裁、副总裁同时出现事故时,由总裁提名委员担任临时议长。

第五条:议席以抽签的形式决定。

第六条:会议非公开。

第七条:发言者应得到议长许可,发言时应在议席上起立。

第八条:在需要总结或归纳议事的时候,议长可制止发言或停止议事。

第九条:在议长陈述意见时,应坐回议席。

第十条:提出建议案者应准备好建议案并由 5 名以上赞成者共同署名向总裁提出。

第十一条:提出修正动议者应准备议案向议长提出,但议案简短者可口头陈述。

第十二条:动议没有赞成者不可作为议题。

第十三条:议事由出席委员及临时委员的过半数来决定,总裁、副总裁在参与表决时,可看作委员。

第十四条:表决采取起立形式,但根据决议也可采取记名投票或不记名投票形式。

第十五条:主审委员通过互选设置委员长。主审委员长应向会议报告审查经过及结果。主审委员会参照本规则的规定。

第十六条:根据临时教育会议官制第九条规定,出席会议陈述意见或提出建议案及修正案者可以出席主审委员会陈述说明意见。②

---

① 张如意.临时教育会议与日本私立大学的发展[D].河北大学博士学位论文,2009.29.
② 张如意.临时教育审议会与日本私立大学的发展[D].河北大学博士学位论文,2009. 42-43.

二、20世纪90年代的各种审议会

20世纪90年代以来,主导大学教育改革的主要审议会是临时教育审议会、大学审议会和中央教育审议会。大学审议会是在临时教育审议会的建议下,于1987年9月设立的。而且,大学审议会的改革方向及改革建议也是基于临时教育审议会的审议报告作出的。从这个意义上来说,临时教育审议会为大学办学个性化政策的形成,发挥了先导性的作用。

(一)临时教育审议会

1982年,中曾根康弘就任日本首相,提出了"战后政治总决算"的口号,在教育领域开始对"从教育敕语到教育基本法"的教育理念以及"6334"学制进行根本讨论。1984年8月设置了直属于内阁的、专门讨论教育改革的临时教育审议会。临时教育审议会以冈本道雄①为会长,以中山素平、石川忠雄为副会长,除会长、副会长外共有委员41人。下设4个分会,各个分会都有自己的职责和基本课题:第1分会是"展望21世纪的教育方式、教育理念",第2分会是"社会教育职能的活性化、学历社会的讨论、终身学习社会的构筑",第3分会是"初等、中等教育改革",第4分会是"高等教育改革"。同时,在各个分会之外还设有事务局,由38人组成,其中24人来自文部科学省。②

据日本教育社会学家新堀通也的理解,此次的临时教育审议会具有6个方面的特征③:①它抛开文部科学省附属机构——中央教育审议会而设立。当时,中央教育审议会的改革建议陆陆续续地进行着,但没有取得大的效果,使人们认识到教育改革不能只委任于文部科学省,而必须上升到内阁的层面上。中曾根

---

① 冈本道雄,1913年11月25日在京都府舞鹤市出生。京都帝国大学医学系毕业。京都帝国大学院特别研究生修业完成(脑神经解剖学)。曾任三重县立医科大学教授、神户医科大学教授。1959年任京都大学教授,1973年任总长。之后任京都造形艺术大学校长。历任国际高等研究所所长、临时教育审议会会长、医道审议会会长、科学技术会议议员、京都文化博物馆馆长等职务。现在除了担任京都大学医学系名誉教授,亦担任京都造形艺术大学名誉校长、国际高等研究所特别顾问、神户市立中央市民病院名誉院长、日德文化研究所理事长与所长等职务。2004年11月,就任特定非营利活动法人日本政策前缘最高顾问。受颁勋一等旭日大绶章及德国功劳勋章大功劳十字星章。

② 黑羽亮一.大学政策改革への軌跡[M].町田:玉川大学出版部,2002.142-144.

③ 広島大学大学教育研究中心.臨教審と高等教育改革[J].大学研究ノート,(第73号),1989.1-4.

正是抓住了这一有利时机,设立临时教育审议会,并自称"工作师",意气风发地进行"战后政治总决算"。②委员大多为"烈马"。临时教育审议会的委员大多是经济界人士,而且多是中曾根喜欢的人或中曾根幕僚,用中曾根自己的话来说,就是有很多"烈马"。正是因为临时教育审议会中"烈马"很多,所以其审议过程也与其他审议会不同。③委员中乐天派人士居多。极端地说,就是认为 21 世纪是日本的世纪,在委员中"日本大国论"的思想非常浓厚,而这一思想的基础就是日本经济的高度增长,用中曾根自己的话来说就是"民族主义"和"国家主义"。④以往的审议会一般是事务局筹备草案,委员们以此为基础进行调整、修改,可是在这次审议会上,诸如此类的事务却成了"工作师"的工作,并没有依托事务局,而是由中曾根康弘自己推进工作并采取行动。⑤积极地通过听证会、广报、《临时教育审议会信息》等进行宣传活动,尤其是《临时教育审议会信息》甚至成了市面上销售的定期杂志,这是以往的审议会所没有的。⑥因为注重情报信息工作,过于关注各种利害相关者的意见,所以,临时教育审议会不得不对非常细小的问题进行讨论,结果常常陷入"四方讨好、八面玲珑"的境地。临时教育审议会在推动各项教育改革上,态度积极、步骤细密,成立的第一年就召开 24 次全体委员会,委员会下设的 4 个分会,每个分会每年也至少开会 24 次,这在日本历史上是非常少见的。

  临时教育审议会在第一份审议报告中明确提出了"21 世纪社会对教育的要求",报告中指出:"明治、大正、昭和时期的日本赶超型现代化,在成功中结束了其百余年的历史使命。人类正在从现代工业社会向 21 世纪的高度信息化社会转换。模仿、物量、划一的时代结束了,创造力、充实质量、发挥个性是新时代的要求,而教育必须适应这一要求。"①在高等教育领域,临时教育审议会认为,日本的大学教育并不是个性化的,教育研究大多不被国际认可,大学总体上是封闭性、职能僵化的,不能充分满足国际及社会的要求,以大学为主的高等教育存在种种问题。所以,必须整合大学设置审议会和私立大学审议会的一部分职能,设立大学审议会。从根本上审议日本的高等教育方式,为大学提供必要的建议及帮助,作为常设机构,具有对文部科学省的劝告权。② 文部科学省接受这一建

---

  ① 内田健三. 臨教審の軌跡——教育改革 1100 日[M]. 東京:第一法規出版株式会社,1987.63.
  ② 臨時教育審議会. 教育改革に関する答申:臨時教育審議会第一次~第四次(最終)答申[M]. 東京:大蔵省印刷局,1988.120.

议,修改《学校教育法》,于 1987 年 9 月正式设立了大学审议会。

(二) 大学审议会

根据《学校教育法》的规定,大学审议会的性质、权限及任务可以归纳为:①大学审议会是文部科学省的常设咨询机构;②大学审议会拥有向文部科学大臣的建议权;③大学审议会的主要任务是调查、审议大学问题;④大学审议会具有收集并提供大学情报的功能;⑤大学审议会参与制定政府的大学发展计划。第一届大学审议会共有委员 23 人,根据《大学审议会令》的规定,大学审议会的委员任期两年。第一届大学审议会会长由庆应义塾大学校长石川忠雄担任,作家三浦忠门和秩父水泥公司总经理诸井虔担任副会长。在 23 位委员中,大学校长、教授 9 人,文化、教育、研究机构代表 7 人,企业界代表 7 人,充分体现了广泛的社会代表性。① 2000 年,随着中央省厅的改革,大学审议会被撤销,其职能由中央教育审议会大学分科会继承下来。在大学审议会成立的 14 年里,共向文部科学大臣提交了 28 份审议报告,成为 20 世纪 90 年代以来日本大学改革的基础,也为"办学个性化"政策的启动和实施提供了基本依据。

就在大学审议会成立不久的第二次会议上,当时的文部科学大臣盐川正十郎提出了"关于大学教育研究的高度化、个性化及活性化的具体方案"的咨询请求。这样,高度化、个性化及活性化就成为 20 世纪 90 年代以来日本大学改革的指导理念。此后,文部科学大臣共向大学审议会提出了包括 2 份追加请求在内的共计 5 份咨询请求(见表 2.1):

表 2.1 文部科学大臣对大学审议会提出的咨询请求

	时间	名称
1	1988 年 12 月 29 日	关于大学教育研究的高度化、个性化及活性化的具体方案
2	1989 年 2 月 7 日	追加请求
3	1989 年 3 月 14 日	追加请求
4	1998 年 10 月 31 日	21 世纪的大学和今后的改革方案
5	1999 年 11 月 18 日	全球化时代的高等教育方式

根据高等教育研究会对大学审议会 28 份审议报告的研究总结,针对各项改

---

① 胡建华. 战后日本大学史[M]. 南京:南京大学出版社,2001.244.

革理念,主要改革建议如下①:

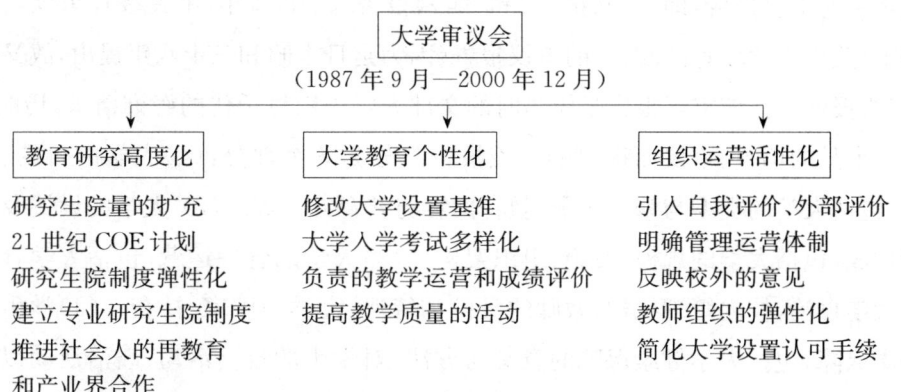

图 2.1 大学审议会的改革建议

从图 2.1 中可以看出,针对文部科学大臣的咨询请求,大学审议会的改革建议是全面的,涉及日本高等教育从本科生教育到研究生教育再到管理运营的方方面面。现在看来,这些改革建议已经成为 20 世纪 90 年代日本政府制定大学改革政策的主要依据。

(三)中央教育审议会

中央教育审议会成立于 1952 年 6 月,是应文部大臣的咨询请求,对重要事项进行调查、审议,并向文部大臣建议的审议会性质的常设机构。也许在 20 世纪 90 年代日本大学教育改革以及重大教育政策的形成过程中,大学审议会起到了重要的作用,但与大学审议会这种临时性质的审议机构不同,中央教育审议会的作用则更为平稳和持久。其在存在至今的 60 多年的时间里,为日本教育、学术、文化等的重要改革和立法作出了重要贡献。

中央教育审议会成立至今已经向文部科学省提交了近百份咨询报告,这些报告包括义务教育、中等教育、高等教育、教育制度、社会教育、终身学习等方方面面的内容。其专门针对大学教育的审议报告并不多,尤其是在大学审议会成立的 14 年时间里,中央教育审议会几乎没有出台关于大学教育的报告。但在大学审议会成立以前和撤销之后,却有一些非常有价值的相关审议报告,是由中央教育审议会提出的,并成为政策改革的重要依据。

---

① 日本高等教育研究会.大学審議会全 28 答申·報告集——大学審議会 14 年間の活動の軌跡と大学改革(上)[M].東京:ぎょうせい,2002.4.

1987年，大学审议会设立以前，中央教育审议会关于高等教育改革有两份最重要的审议报告，即"三八报告"和"四六报告"。1963年，中央教育审议会提交了《关于大学教育的改善》的审议报告（因为是日本昭和三十八年提出，故又称"三八报告"）。该审议报告是应当时的文部大臣松田竹千代的咨询请求，历时2年8个月的调查、审议而提出的。该报告共分为6个部分：(1)大学的目的、性质，包括大学的类型与修业年限、教育内容与教育方法等。(2)大学的设置及组织构成，包括大学的规模、设施、组织架构。(3)大学的管理运营，包括大学管理和大学自治，校内管理机构，教师的身份和待遇，大学与国家、社会。(4)学生的健康保障，包括大学健康保障的意义与方法，对学生的自治活动、政治活动以及其他社会活动的教育指导与管理，学生健康保障的组织管理。(5)大学入学考试，包括大学入学选拔制度的现状与问题，大学入学选拔制度的考察，大学入学选拔制度的改善方案。(6)大学的财务，包括针对教育研究长期计划的预算配置，预算执行上的弹性管理，教育研究经费的扩充，行政拨款的接收与使用。[①]《关于大学教育的改善》的审议报告第一次全面系统地研究了大学教育，为日本大学此后的改革指明了方向，在日本高等教育发展史上具有里程碑的意义。1971年，中央教育审议会提交了《今后学校教育综合扩充完善的基本政策》的审议报告（因为是日本昭和四十六年提出，故又称"四六报告"）。该报告全面分析讨论了在迅速变化的社会环境中学校教育的发展方向和教育改革的整体构想。"四六报告"第一编第三章专门讨论了高等教育改革的基本构想。高等教育的迅速普及和社会的高度复杂化对高等教育提出了以下一些方面的要求：①高等教育的大众化和学术研究的高度化；②教育的专门化与综合化；③学术研究的自由与有效的管理；④大学自主性的确保与闭锁性的排除；⑤尊重大学的自身努力与国家有计划的支持与调整。以应对这些要求为出发点，"四六报告"提出13条高等教育改革的基本构想：高等教育多样化；课程改革；教育方法改革；开放高等教育与资格认证制度；教育组织与研究组织功能分离；研究院的组织形式；高等教育机构的规模与管理运营体制的合理化；教师人事制度与教师待遇的改善；解决与国、公立大学设置形态有关的问题；国家财政援助、受益者负担以及奖学金制

---

① 広島大学高等教育研究開発センター.中央教育審議会と大学改革[M].広島：広島大学高等教育研究開発センター，1999.31-32.

度的改善;高等教育的充实调整;学生生活环境的改善;大学入学考试制度的改革。①

2001年,大学审议会结束历史使命,退出历史舞台。大学审议会的职能由中央教育审议会大学分科会取代,此后,中央教育审议会陆续出台了一些关于大学教育的审议报告,光是在2002年一年的时间里就出台了5份报告:《法科研究生院的设置标准》《大学质量保证体系的构筑》《大学设置标准的修订》《大学接收社会人的推进政策》《新时代的教养教育方式》。

《法科研究生院设置标准》指出,将法学教育、司法考试和司法见习有机结合,设立法科研究生院。法科研究生院要有实际从事过法律工作的教师,而且这一教师比例不得低于教师总数的20%。法科研究生院除在设立时进行必要的审查外,还要定期进行第三方评价,以保证和提高教育质量和人才培养水平。《大学质量保证体系的构筑》指出,日本行政体系正在由"事前控制型"向"事后检查型"转变,"设置基准大纲化"的同时,政府要引入和完善第三方评价,即由国家认证的评价机构根据自己制定的评价标准对大学进行定期评价并公开评价结果,以接受社会的监督。《新时代的教养教育方式》主要解决了"为什么需要教养""新时代需要什么样的教养"以及"如何培育人的教养"这些教养教育的根本问题。物质的极大丰富带来了人们价值观的多样化、相对化,随着泡沫经济的崩溃以及国际化、信息化的加速推进,人类社会共通的目的、目标开始缺失。教养教育要特别重视两点:一是通过教养教育,要培养人们学习以及更好生活的主体性态度和积极性。二是教养的"养"字主要是对接触不同的文化发挥作用。

从上述几份报告的内容可以看出,报告的建议为日本高等教育改革指明了方向,并确立了很多制度框架。比如《大学质量保证体系的构筑》指明了今后保证大学质量的基本举措,并确立了目前认证评价制度的基本框架;《法科研究生院设置标准》虽然只提到了设立法科研究生院,但实际上也为后来经营、管理、会计、教育等各个专业研究生院的设立提供了示范,并确立了专业研究生院必须进行认证评价的基本制度要求。

三、个性化大学政策的形成

"大学教育个性化"即大学如何在教育教学领域办出各自的特色。第二次世

---

① 胡建华.战后日本大学史[M].南京:南京大学出版社,2001.192-195.

界大战结束以后,日本高等教育机构"一元化"改革以及大学办学被严格限制在《大学设置基准》的框架内,使得日本的大学封闭、僵化,缺乏个性。所以,临时教育审议会明确提出指导大学改革的基本理念是"个性化"。然而,要使大学真正实现个性化,则政府必须对大学"松绑"。于是,1991年,文部科学省修改《大学设置基准》,首先从课程设置的自由开始,促使大学教育向着个性化的方向发展。如图2.1所示,为实现"大学教育个性化",大学审议会的改革建议为"修改大学设置基准""大学入学考试多样化""负责的教学运营与成绩评价""提高教学质量的活动"。结合这些建议,文部科学省修改相关法令,各个大学实施了各具特色的改革。将理念融入实践是一个远比人们所想象的更为复杂的过程。从临时教育审议会将大学改革的理念确定为"个性化"到大学审议会将本科教育改革的理念确定为"个性化",改革者根据自己的目的接受了这些变革,并相应地制定出对自己有利的变革规则,尽管这可能需要经过几个月甚至几年的时间来分析和争论。[①]

　　日本学者矢野真和在20世纪90年代初指出,日本呈现出空前的大学改革热。我们期待大学变得更好,为了大学改革的成功,以下三个条件是至关重要的:第一个条件是改革的"理念"。教育不仅受到市场力量的驱动,同时还受到各种利益集团、政治力量的影响,调节这种种力量的就是理念和价值观。适应社会需要的个性化改革的言论随处可见,但实际的改革几乎都是整齐划一的,很难有说服力。第二个条件是"学生"。几乎所有的学生都对目前的大学改革持漠不关心的态度,但我们不能因此而无视他们的存在。我们不应该忘记,最终决定教育系统性质的,不是教师或政府,而是学生的意识和行动。第三个条件是资金的筹措方式,即财政以及教育费用存在的方式。如果强调社会必要,这种改革必须配置公共资金,而如果强调个人需求,就必须在教育价格以及升学需要的基础上描绘大学的未来。不用说,必须通过各个大学的努力,实现学校内部系统的效率化。[②] 也许日本政府以及大学也意识到了这一点,"办学个性化"突出对招生及资金援助进行了改革,这是以往的教育改革中很少见到的。

[①] [加]迈克尔·富兰.教育变革新意义(第3版)[M].赵中建,陈霞,李敏,译.北京:教育科学出版社,2005.31-32.

[②] [日]矢野真和.高等教育的经济分析与政策[M].张晓鹏,等,译.北京:北京大学出版社,2006.12-13.

第三章 学生：入学考试多样化

　　大学生活的一切都要仰仗参与者的天性，一所大学的性格是由它们的教授所决定的。然而，大学生活对学生的仰仗并不少于教授。在一所学生资质不佳的学校里，最好的教授都会举步维艰。所以，一切都还得要看年轻人，他们理所当然地应该具备学习的能力。他们必须表现得不辜负按照他们的最大可能性而赋予他们的特权。一个人能否进入大学，必须通过某种选拔程序来决定。① 在日本，一直以来通用的选拔程序是以笔试为主的学力考试，从明治时代（1868—1912年）开始的学力考试已经有100多年的历史了。它因其在保证社会公平和效率方面的作用而一直持续至今。这种公平和效率主要表现在以下三个方面：①英、美等国通用的"资格考试"是由各个学校选择适合接受教育并具备一定学力的入学者，而"学力考试"则选拔具有某种学力标准以上的入学者，这使得入学后的教育更加容易。②对于考生来说，在学力考试中失败的人，大多数将考试失败的原因归结为本人学力不足，进而有一种公平感，而学力以外的因素，如父母的职业、经济状态等对选拔没有影响，也使其产生一种安心感。③对于实施学力考试的学校来说，笔试时很多学生一齐进行，比较节省人力和费用，当然试题的制作、答案的评分等也需要相当多的人力和费用，但与面试等相比，特别是在考生多的情况下，其人力和费用是非常少的。② 中国的高考虽然一直以来为人们所诟病，并有"千军万马过独木桥"之称，大致也是由于上述三个原因，在很大程度上体现着"公平"和"效率"而持续至今，并成为

---

　　① ［德］卡尔·雅斯贝尔斯.大学之理念［M］.邱立波，译.上海：上海人民出版社，2007.147.
　　② 中島直忠.日本・中国高等教育と入試——二十一世紀の課題と展望［M］.町田：玉川大学出版部，2000.62－63.

最主要的招生选拔方式。

20世纪90年代以来,日本社会出现了18岁人口不断减少、学生数量则进一步增长的情况,这一方面促使各个大学尤其是私立大学为了生存,而将学生作为资源展开竞争,另一方面也使更多的具有多样性需求以及学力不足的学生进入大学。正如特罗(Martin Trow)指出的,高等教育扩张后,几乎在所有情况下,学生数量的增长都先于其他方面的变化。[①] 所以,由学生数量增长而引发的入学考试与学力保证的改革,也成了20世纪90年代大学改革的导火线。

第一节 日本大学入学考试制度的变迁

日本近代学校教育制度主要是模仿欧美各国,当时的大学之中不存在入学考试制度,而是由作为预备教育机构的旧制高中承担选拔功能。高中对全国各地的学生进行严格选拔,以便让那些将来能够成为精英的学生入学。同时,大学对旧制高中以外的中等教育机构的毕业生也是封闭的。[②] 高中毕业生只要具备毕业资格,便能够无条件进入大学。当入学志愿者过多时,各个大学才通过学力考试等方式进行选拔,但实际上,由于符合入学条件的志愿者人数有限,所以,除帝国大学及一部分公立大学外,大部分大学并没有进行入学考试等相应的选拔。第二次世界大战结束之后,由于不断增加的适龄人口及其旺盛的入学需求,日本各个大学才开始实施入学考试。与此同时,日本政府按照美国教育使节团的建议,于1947年引入了美国的入学适应性检查(Scholastic Aptitude Test,SAT),从而在全国范围内首次发展起统一入学考试。此后,以"入学适应性检查"为首的统一入学考试在考试内容、考试方法等方面几经变革。在日本,这种以"学力考试"来确定学生录取与否的方法,也被称为"一般选拔"。

一、一般选拔的发展历程

从经济、社会发展及其教育政策来考察,日本大学的"一般选拔"可以分为四个阶段(见表3.1)。

---

① マーチン・トロウ.高学歴社会の大学:ユリーかろムス[M].天野郁夫,喜多村和之,記.東京:東京大学出版会,1976.54.

② 金子元久,小林雅之.教育の政治経済学[M].東京:放送大学教育振興会,2000.44.

表 3.1　战后经济、社会与大学入学考试①

时间划分	经济、社会	教育政策课题	统一入学考试制度
1945—1962 年	战后复兴期	学制改革	入学适应性检查(1947—1954)
1963—1969 年	经济高速成长期	人力资源计划	能研测试(1963—1968)
1970—1989 年	产业结构转换期	考试竞争激烈	共通一次考试(1979—1989)
1990 年以后	战后体制改造	纠正偏差值教育	大学入学考试中心考试(1990—)

（一）入学适应性检查(1947—1954 年)

入学适应性检查是在美国教育使节团的强烈建议下，于 1947 年开始运用在日本大学招生上。据统计，1950 年参加入学适应性检查的人数为 13 万人、1951 年为 19 万人、1952 年为 25 万人、1953 年为 29 万人、1954 年为 32 万人。② 入学适应性检查只作为判定学生的学术倾向性之用，不取代各个大学单独举行的入学考试。1952 年年末，全国高中校长协会以及国立大学协会、日本学术会议等相继表示要废止入学适应性检查，原因是入学适应性检查在原来大学入学考试的基础上加重了学生的负担。同时，由于财政艰难，文部科学省也苦于每年要拿出 2500 万日元作为实施经费。由此，入学适应性检查在 1954 年被撤销。从 1954 年以后，大学招生考试只有各个大学的入学选拔考试。可以说，入学适应性检查是以政府的名义被强行推入大学的改革举措之一，所以，就在"旧金山条约"生效之际，它也随着美国对日本统治的结束而终结。

（二）能研测试(1963—1968 年)

能研测试是 1963 年文部科学省接受中央教育审议会的建议设立的、能力开发研究所开发的，旨在对高中毕业生的学力、入学适应性及职业倾向性进行检查的统一考试制度。由于这种测试是由能力开发研究所开发的，所以，也被称为"能研测试"，遗憾的是，该测试只实施到 1968 年就结束了。

---

① 中島直忠. 日本・中国高等教育と入試——二十一世紀の課題と展望[M]. 町田：玉川大学出版部，2000. 81.

② 胡建华. 战后日本大学史[M]. 南京：南京大学出版社，2001. 219 - 220.

表 3.2　能研测试的实施情况（1963—1968）①

		1963 年	1964 年	1965 年	1966 年	1967 年	1968 年
考试人数	学力测试	322 690	226 639	264 068	222 642	159 779	100 237
	入学适应性	280 876	322 877	257 132	258 380	188 183	126 922
	职业适应性		282 410	259 850	237 499	166 831	109 472
	合计	603 566	831 926	781 050	718 521	514 793	336 631
利用的大学数	国立			1(1)	1(1)	3(2)	2(1)
	公立				1(1)	3(1)	4(1)
	私立			1	16	31(3)	19(2)
	合计			2(1)	18(2)	37(6)	25(4)

注：( )中的数字为将此项测试作为进入大学的必要条件的大学、短期大学数

从实施情况（见表 3.2）可以看出，考试人数以 1964 年为顶峰、利用的机构数以 1967 年为顶峰，此后不断减少。这与当时的社会背景有关，首先，大学对当时的教育投资论以及人力资本政策持否定态度，因而对能研测试也采取不信任的态度，很多大学并没有把能研测试作为进入大学的必要条件。其次，中央教育审议会的审议报告将此项测试包括在改善大学管理运营的条款之中，审议报告整体上透露着对大学的不信任感，而招致大学的强烈不满，并对这项测试采取了消极态度。所以，就在"大学纷争"达到顶峰之际，能研测试也宣告结束了。

（三）共通一次测试（1979—1989 年）

随着能研测试的结束，日本又开始了对统一入学考试的新的探索，然而这一探索却是慎重而持久的（约 10 年的时间）。1969 年 10 月，东京大学改革筹备调查会发表了《入学考试制度问题》的报告，建议东京大学采用两次入学考试的方法。第一次为学力测试，考试科目为语文、数学、外语、社会和理科 5 门。第一次考试的合格者有资格参加第二次入学考试。次年，作为大学学术局局长咨询机构的大学入学考试改善会议与东京大学方面交换意见，正式开始对第一次学力测试进行讨论，并先后提交了"关于改革大学入学者选拔方法"（1971 年）和"关于统一国立大学入学考试时间"（1975 年）的审议报告。这两份报告指出，大学体制正在朝着多样化的方向发展，大学在进行入学选拔时不应只注重入学考试成绩，还要关注高中校长提出的学生调查书、面试、技能测试以及健康检查等信

---

① 黒羽亮一.大学入学者選抜における統一試験の役割に関する歴史的考察[J].大学論集（第 14 集），1985.60.

息,对学生进行综合判定。同时,撤销原来的以考试时间来划分的"一期校""二期校",统一国立大学入学考试时间。

文部科学省接受了这些建议,于1975年在东京大学内设立了国立大学入学考试改善调查机构,用以推进共通一次学力考试。1976年,文部科学省又修改《国立学校设置法》,设立了大学入学考试中心,开始准备实施第一次学力考试,并任命原东北大学校长加藤陆奥雄为首任考试中心负责人。这样,大学入学考试中心于1979年1月实施了全国第一次学力考试。由此,国立、公立大学的入学考试就分为两次,第一次为大学入学考试中心主持的统一的学力测试,第二次为各大学单独组织实施的入学考试。第一次学力测试的考试科目为语文、数学、外语、社会和理科,第一次考试合格者方可参加由各大学、学部组织的第二次考试。

(四)大学入学考试中心考试(1990年以后)

1984年,在临时教育审议会"关于教育改革"的第一份审议报告中,针对大学入学选拔提出了如下建议:为了纠正过于偏重偏差值以及激烈的入学考试竞争的弊端,要求各个大学进行自由的、个性化的入学选拔,取代现行的国、公立大学共通一次学力考试,设立新的所有国、公、私立大学自由利用的"共通考试"。①1988年,文部科学省接受了这一建议,修改《国立学校设置法》,变更了大学入学考试中心的职能,将大学入学考试中心作为承担大学入学考试所有业务的机构,而且各大学可根据自身的特色,灵活运用该中心的考试及科目。这样,1990年,该中心实施了第一次大学入学考试中心考试。据统计,当时除全部国、公立大学外,有16所私立大学的19个学部也利用了该中心的考试。从考试科目的利用情况来看,采用5个学科的国、公立大学为114所大学379个学部,占总数的80%,由于利用的方法弹性化,采用4个及以下学科的为62个大学115个学部。同时,利用大学入学考试中心考试的私立大学也不断增加,到1993年时,已经发展为56所大学85个学部。②

与之前的国家强制要求的共通一次学力考试不同,大学入学考试中心考试以判定大学入学志愿者高中阶段的基础学习程度为目的,国、公、私立大学在自

---

① 臨時教育審議会.教育改革に関する答申[M].東京:大蔵省印刷局,1988.28.
② 文部省.学制百二十年史[M].文部科学省ホームページ,http://www.mext.go.jp/b_menu/hakusho/html/others/detail/1318394.htm.[2014-02-12].

行判断的基础上自由利用,以全面地判定学生是否具备接受大学教育的能力和适应性。① 大学入学考试中心于1992年4月至7月对高中就业指导教师的调查表明,整体上来说,大学入学考试中心的考试比共通一次学力考试更受欢迎和好评。② 由此,大学入学考试中心的考试成为一直持续至今的日本最主要的大学入学考试方法。

二、一般选拔的"效率"与"公平"问题

(一)一般选拔的"效率"问题

入学考试的基本功能可以认为是选拔适合接受一定教育机构教育内容的个体。学校要使学生掌握一定的知识、技能,换言之,被学生吸收了的知识、技能可以说是学校的产品。其产量既取决于学校这一生产组织的投入,即教师授课或学校设施,也受到作为教育对象的学生本身素质的影响,即适合学校教育目的及教育内容的学生吸收的知识、技能就多,反之,不适合的学生其吸收量就少。因此,对于一所学校来说,适合性强的学生比例越大,这所学校的产量就越高,即生产率就越高。在这种意义上,大学入学考试可以视为提高学校效率的手段。③ 一直以来,在有限的资源及高涨的升学需求下,"学力"被视为是否适合接受大学教育的唯一判定标准,统一入学考试也以其强有力的筛选功能而被大学视为高效的选拔手段。

第二次世界大战结束以后,为了将有限的资源配置到最需要的地方,日本政府在高等教育领域采取了资金集中投入的政策。即在战后复兴期以及经济高速成长期,为了大量培养用于经济建设的理工人才,日本政府将资金重点投向了国立大学理工科,进而发展起一批高选拔性的大学。这些高选拔性大学的毕业生几乎都被大企业录用,成为担负日本工业化的核心人才。然而,要想进入大企业首先必须通过大学入学考试,入学考试除了测定教育效果之外,还在一定程度上发挥着阶层选拔的功能。当然,在大学升学可能性只限于少数学生,并且中等教

---

① センター試験の仕組み・運営[EB/OL].大学入試センター,http://www.dnc.ac.jp/center/shiken_gaiyou/index.html.[2015-03-11].
② 日本高等教育研究会.大学審議会全28答申・報告集——大学審議会14年間の活動の軌跡と大学改革(下)[M].東京:ぎょうせい,2002.407.
③ [日]金子元久.高等教育的社会经济学[M].刘文君,编译.北京:北京大学出版社,2007.125.

育在制度上明确分为升学和非升学两部分的情况下,这种阶层选拔的效果并不显著。但随着日本经济的起飞,大学升学机会至少作为可能,对于大部分高中生来说都是敞开着的。在这种状况下,结果是包括不升学的学生在内,大学入学考试成为巨大的学习动机。① 这样的入学考试不论对教育系统还是对社会来说,无疑都是高效率的。

(二)一般选拔的"公平"问题

即使在高等教育普及化的美国,也并不是每个学生都能完全均一(平等)或根据个人所需地接受大学教育,入学选拔一定程度上承担着分配教育机会的作用。日本大学的统一入学考试,它在教育机会的分配上是否是公平的呢?这里所谓的公平,主要考虑以下几点:第一,至少任何人都不能被剥夺接受这种分配的可能性,即竞争的"参与"应受到保证,而且所有的人都了解分配的原则,换言之,应具有"透明性";第二,分配的基准必须在某种程度上反映个人的努力,即不单是由天生的能力、容貌或体格等决定,而是由于所付出代价的不同,进而能够激发个人的努力;第三,分配必须反映对生产贡献的大小,换言之,必须与生产率有某种程度的关系。② 如果从这三个方面来考察,第二次世界大战以来的日本大学入学考试是比较公平的制度:第一,虽然入学考试的竞争越来越激烈,但参与入学竞争的机会是对所有青年开放的,而且,考试分数作为判定学生录取与否的主要标准,它是客观的、明确的;第二,入学考试的成绩不是取决于学生与生俱来的"能力",而是反映着学生为准备入学考试而付出的努力;第三,入学选拔的录取者均为入学考试高分者,它反映了学校和学生在学习上的高效率。从这个意义上可以说,日本大学入学选拔也在一定程度上发挥着保证社会公正的作用。

三、"学历社会"及应试体制的形成

日本大学的入学选拔在一定程度上是公平的和高效的,但这并不意味着,它不存在矛盾与问题。正是因为它在维持社会公平和效率方面发挥着重要的作

---

① [日]金子元久.高等教育的社会经济学[M].刘文君,编译.北京:北京大学出版社,2007.126.

② [日]金子元久.高等教育的社会经济学[M].刘文君,编译.北京:北京大学出版社,2007.128.

用,所以,这种入学考试,在日本经济发展过程中,不仅仅是一种制度,而且已经形成了日本特色的"应试体制"。

自明治时期开始,为了确保国家所需要的人才以及让国民相信教育的价值,日本政府对大学毕业生给予了特别优厚的待遇。首先,帝国大学法科和文科出身者不经过考试,直接录用为国家公务员。在医生、教师等的职业资格上,也只承认特定学校的毕业生。这种根据"出身校"来决定录用和晋升的制度也逐渐扩大到民间企业,特别是以大企业为中心普及开来,这就是日本人通常所谓的"学历社会"。今天,这种过度强调"学历"的情结,似乎已经受到一定的冲击,但并没有发生本质的变化。当然,根据"学历"来决定录用、晋升的制度,在其他国家也是存在的,可是在日本却异常地根深蒂固,不同出身校之间的差异非常显著,这是日本的特征。[①] 对于学生而言,"学历社会"的生存法则就是力争进入到所谓的一流高中或一流大学。由此,大学的入学选拔变得异常激烈。

在雅斯贝尔斯看来,大学的直接选拔可以通过考试、个人选拔和大多数人的投票选举这三种方式中的任何一种来进行。而毫无疑问,日本选择了第一种方式。那么,接下来问题就出现了。首先,当考试成为唯一标准的时候,成功就变成一个考察掌握规定的事实体系的问题了。因此,在那些利用自己的空闲时间已经成功地做好了进入大学的准备,甚至已经在从事博士或博士后阶段工作的成年人里面,仍会有这样一些人,他们从来没有超越过机械记忆的层次。因为他们不遗余力地努力,只是为了取得考试成功,他们已经把自己整个人变成了实现那个目的的工具。[②] 从这个意义上来看,学力考试已经演变成对学生"应试能力"的测试,结果扭曲了中等教育的本质。其次,入学考试对任何人都是公平的,并且根据考试成绩进行客观选拔,这是构成该制度公平的一个重要因素,但是入学考试所测试的学习实力本身却与家庭收入有很大的相关性。日本大学的学费,从国际上来看也是极为昂贵的,而且给学生的奖学金的数额很低,直截了当地说,学生接受高等教育是以家庭的资助为前提的。大学入学竞争非常激烈,如果缺少从初等教育阶段就开始接受特别的准备教育之资金与收入的话,要想进入有实力的大学是很困难的,即使从大学整体来看,低收入家庭的子女上大学也

---

① 金子元久,小林雅之.教育の政治経済学[M].東京:放送大学教育振興会,2000.46.
② [德]卡尔·雅斯贝尔斯.大学之理念[M].邱立波,译.上海:上海人民出版社,2007.147.

是很困难的。① 在这种意义上,社会的公平性受到很大的限制。再次,在支撑日本经济社会发展方面,考试制度所发挥的机制无所取代,但是以单一尺度对成长过程中的个体进行衡量,孩子们被迫为此付出巨大的努力,这是将应该在成年人之间进行的关于获取社会机会的竞争,提前到青少年时代进行了。对此,社会不能不感觉到极大的不安和罪恶感,这种情感以各种形式表现出来。青少年犯罪、教育荒废、逃学、以强凌弱等,每当报道这些事件时,人们首先将入学考试制度作为批判的对象。②

进入20世纪70年代以后,日本经济发展达到了一定的程度,社会关注点由经济发展的成果转变为生活的充实。与此同时,对这种应试体制的批判也达到顶峰,结果导致了1979年共通一次学力考试的实施。但尽管如此,这种应试体制的崩溃仍然是在进入20世纪90年代以后,随着18岁人口的不断减少,以及入学考试方法多样化政策的实施才开始的。

第二节 入学考试多样化制度的形成

以学力考试为重要标准的一般选拔制度,有力地促进了日本经济与社会的发展。虽然受到各种各样的批判,但因其在保证社会公平及效率方面具有很强的说服力而得以持续下来。然而进入20世纪90年代以后,一些新的变化,开始动摇和冲击这种应试体制,最终的结果是多样化入学考试取代了原来的仅以学力为标准的一般选拔。

一、入学考试多样化的提出背景

一直以来,日本大学的入学选拔,主要依据文部科学省每年下发的《大学入学选拔实施要领》来进行。该实施要领具体规定了各个大学在进行入学选拔时的基本方针、选拔方法、考试时间、考试机会等。而入学考试的"多样化"这一用语首先就出现在1988年5月文部科学省下发的《1989年度大学入学选拔实施

---

① [日]关正夫.日本高等教育的改革动向[M].陈武元,译.厦门:厦门大学出版社,1991.169-170.
② [日]金子元久.高等教育的社会经济学[M].刘文君,编译.北京:北京大学出版社,2007.128.

要领》中。之所以在实施要领中加入"多样化",主要是因为文部科学省接受了1985年6月临时教育审议会关于教育改革的第一份审议报告的建议。该报告在关于大学入学选拔制度改革中指出,"要多元地评价人,选拔的方法以及标准必须多样化、多元化"。

当然,真正促进入学考试多样化的引入与实施,除上述咨询机构的建议外,还有其深刻的社会历史背景,更具体地说,入学考试多样化的提出主要源于应试体制的崩溃:

(1)从考试内容来说,大学教育是建立在高中教育基础之上的,高中教育多样化要求大学入学考试必须作出相应的调整。战后以来,日本高中每一次《学习指导要领》的修订,都使高中生毕业所需的必修科目学分数不断减少。例如,在高中普通科中,通识必修科目的学分数,1960年版的《学习指导要领》规定为68学分,1970年为47学分,1999年为31学分。[①] 必修科目学分数的减少,扩大了学生自主选择的空间。1994年以来,很多高中开始设置和扩充综合学科。综合学科是和高中原来的普通科目、专业科目并列的第三种科目,在高中教育中是"以选修普通教育和专业教育为宗旨综合实施的科目"(《高中设置基准》第5条)。高中教育的改革使学生的知识结构、能力、适应性、兴趣、未来发展道路更加多样化。为了接收这些多样化的学生,大学必须改变以往过于注重学力的做法,让更具多样化能力的学生进入大学,高中教育内容及制度的多样化要求大学入学考试必须多样化。

(2)从入学选拔的社会公正性来说,如前所述,日本的一般选拔制度是建立在经济高速成长中的,因其在保证社会公平及效率方面具有很强的说服力,而得以持续下来,但是经济成长一旦完成之后,其说服力也就失去了。20世纪90年代初开始参与大学入学考试竞争的人,都是在经济高速成长、物质生活得到极大满足的环境中成长起来的一代,对于他们而言,通过有计划地准备教育,然后进入大企业进而实现高生活水准的志向,似乎在一部分年轻人中逐渐消失。与20年前的同龄人相比,"考试合格"不再成为他们学习的最大动机。另外,20世纪90年代初开始崩溃的泡沫经济也使年轻人预感到,即使是大企业也无法保障过去曾深深吸引他们前辈的终身雇佣机会。

---

① 広島大学高等教育研究開発センター.21世紀型高等教育システム構築と質の保証——FD・SD・教育班の報告[M].広島:広島大学高等教育研究開発センター,2007.117.

(3) 作为对一般选拔批判的回应,从 20 世纪 80 年代后期开始,由于大学之间的竞争,入学考试的形态已经发生了很大的变化。大学入学考试中心的考试科目不断增加,但是真正被作为大学考试的科目数却大幅度减少。结果,大学入学考试中心的 5 学科 7 科目的入学考试,在一流大学中减少到 5 学科 5 科目,还出现了只要求考 1 个科目的大学,甚至是完全免除学力考试的大学。[①] 这些被作为应对和批判应试体制的例子,被媒体等进行了正面的报道,便大有加强的趋势。而且对于各个大学而言,由于 18 岁人口在 1992 年达到顶峰之后不断减少,所以为了确保一定数量的入学人数,入学考试多样化也被大学视为维持大学经营的必要手段。

二、入学考试多样化制度的发展历程

自临时教育审议会提出入学考试多样化的建议以后,伴随着大学审议会关于选拔方针、选拔方法等的改革建议以及《大学入学选拔实施要领》的修改,大学入学考试多样化制度最终形成(见表 3.3)。

表 3.3 入学考试多样化制度的形成过程

时间	主要内容
1985 年 6 月	临时教育审议会第一份审议报告,建议入学考试方法及评价标准多样化、多元化
1989 年 4 月	修改《大学入学选拔实施要领》,增加在入学选拔时"多方面、综合地进行判定"
1993 年 9 月	大学审议会《关于大学入学考试的审议总结》建议各大学在利用大学入学考试中心考试的基础上,针对本校的理念、目的,多样化地选拔学生,并在考试方法上特别提到推荐入学
2000 年 11 月	大学审议会《关于改善大学入学考试》,从为国民广泛地提供教育机会出发,将入学考试与入学后教育联系起来,在考试方法上特别提到 AO 入学
2006 年 4 月	修改《大学入学选拔实施要领》,"各大学、学部根据本校的教育理念、教育内容制定入学招生政策,以此为基础,充分考虑入学后的教育,努力做到选拔方法多样化、评价尺度多元化。"

从上述关于大学入学考试的各种建议及《大学入学选拔实施要领》的两次修

---

① 有本章.日本的大学改革——在美国化和市场化的中间[J].有色金属高教研究,2000(3).43.

改可以看出,日本大学入学考试多样化政策实际上主要体现在大学入学选拔理念以及选拔原则的某些变化上,例如:

首先,从选拔理念上来说,在大学入学人数较少的时代,大学是在性质上与高中教育截然不同的机构,入学选拔主要承担筛选职能,即通过入学选拔来确定"谁有资格"进入大学。可是,"今天的大学＝国民的近半数入学的教育机构",[①]与筛选职能相比,入学选拔更主要承担起高中教育和大学教育之间的衔接功能。1995年12月,"全入时代"这个词,第一次出现在《朝日新闻》中。按照当时民间的相关教育团体的预测,2009年,大学将迎来"全入时代",即大学的志愿者数和大学的招生人数基本相当。[②] 从这个意义上来讲,"入学考试"的选拔职能已经不复存在,对于大学来说,更加强调把入学选拔与入学后的教育联系起来。也就是说,现在的入学选拔难以保证选拔上来的学生具备与接受大学教育相适的"学力",所以,为了提高大学教育质量,各个大学必须关注学生入学后的教育情况。

其次,从选拔原则来说,1947年,日本在美国教育使节团的建议及指导下,制定并公布了首部《大学入学选拔实施要领》,此后,该要领成为指导大学入学选拔的基本方针。1988年公布的《1989年度大学入学选拔实施要领》建议引入入学考试多样化,同时还具体指出:"大学入学选拔全面判定学生的能力、适应性,并通过公正、妥当的方法实施选拔,同时,选拔不能扰乱高中(包括中等教育学校后期课程)教育。"这被日本学者称为"入学选拔三原则",即能力适应性原则(具备接受大学教育的能力及适应性)、公正妥当原则(用公正、妥当的方法实施选拔)、尊重高中教育原则(入学选拔不能扰乱高中教育)。[③] 在此后各年度的《大学入学选拔实施要领》中这"三大原则"一直没有发生变化。但2006年对《大学入学选拔实施要领》进行了修改,增加了"各大学、学部根据本校的教育理念、教育内容制定入学招生政策,并以此为基础充分考虑入学后的教育,努力做到选拔方法多样化、评价尺度多元化"这一规定。新的规定也是2004年国立大学法人化以后,各个大学必须参照的入学选拔基本原则。国立大学法人化是日本政府为提高大学自治的重要举措,但同时也希望各个大学在入学招生上充分体现个

---

① 日本高等教育研究会.大学審議会全28答申・報告集——大学審議会14年間の活動の軌跡と大学改革(下)[M].東京:ぎょうせい,2002.434.
② 山上浩二郎.検証大学改革——混迷の先を診る[M].東京:岩波書店,2013.118.
③ 大膳司.戦後日本における大学入試の変遷に関する研究(1)——臨時教育審議会(1984—1987年)以降を中心として[J].大学論集(第38集),2007.339.

性与特色,加强入学选拔和入学后教育之间的联系,以提高大学教育质量。

三、入学考试多样化的基本内涵

从日本目前的入学考试情况来看,入学考试多样化至少有三个方面的含义:①评价标准多元化;②考试方法多样化;③考试机会多次化。

（一）评价标准多元化

日本的大学入学考试制度是在入学申请者人数过多时,各大学必须进行某种选拔而开始发展起来的,各个大学、学部已经具有很长的自行组织考试的历史了。即使是以适应性检查为首的统一入学考试出现以后,各大学自行组织的考试也从未间断过。但这一时期,日本各个大学自行组织的考试主要是学力考试,以 1978 年为例,当时所有国、公、私立大学在入学考试时,以面试、小论文、技能检查等学力考试以外的形式作为评价标准的大学不足 50%。而与此相比,2006 年已有 90%以上的大学利用多种评价标准选拔入学者(见图 3.1)。

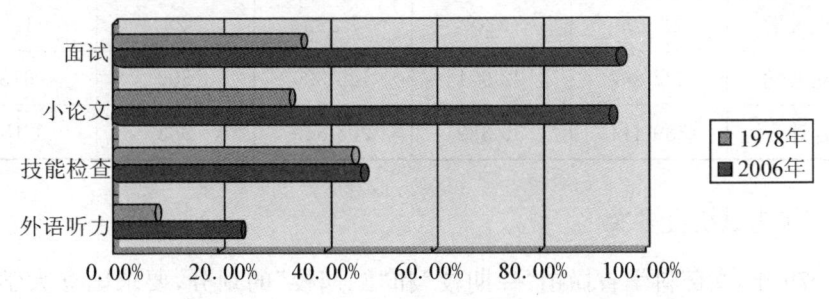

图 3.1　国、公、私立大学多元评价的引入状况[①]

（二）考试方法多样化

目前,各个大学采用的主要入学选拔方法除大学入学考试中心的考试以外还有:(1)推荐入学。推荐入学早于大学入学考试中心的考试之前进行,由高中教师、校长等推荐免试入学。根据形式不同,它又可以分为"公开招考制"(面向所有高中公开招生)和"指定学校制"(只面向部分高中招生)。(2)AO(Admissions Office)入学。AO 入学是由各个大学设立专门负责招生考试的机

---

①　広島大学高等教育研究開発センター.21 世紀型高等教育システム構築と質の保証——COE 最終報告書(第 1 部,上)[M].広島:広島大学高等教育研究開発センター,2007.98.

构来组织实施的考试。一般不进行学力测试,主要以考查学力以外的各种能力为主,通常的考查形式包括论文、报告、才艺表演等。(3)专门以海外归国学生、社会人为对象而组织的考试。这种选拔方式因大学不同,而采取的方式也存在很大的差异。

与以学力考试为基准的一般选拔不同,推荐入学、AO 入学等不利用学力考试,而是以考查入学者的能力为主要标准,通常被称为"特殊选拔"。而且,通过特殊选拔进入大学的学生越来越多。2014 年,有 339 414 人通过一般选拔进入大学,同时也有 243 386 人通过特殊选拔进入大学。在特殊选拔者中,以 AO 入学和推荐入学人数最多(见表 3.4)。

表 3.4　平成 26 年(2014)不同选拔方式的入学人数①

单位:人

	一般选拔	AO 入学	推荐入学	归国子女入学	社会人入学
国立大学	84 438	2 098	12 228	133	407
公立大学	22 109	320	7 292	28	165
私立大学	232 867	32 971	186 329	802	613
合计	339 414	35 389	205 849	963	1 185

(三)考试机会多次化

1979 年,文部科学省撤销"一期校"和"二期校"的划分,要求国立大学入学考试在同一时间举行。这对于考生来说,只有一次参加国立大学入学考试的机会,如果不合格,只能选择私立大学。随着这种国立大学入学考试机会的一次化,高中教育的相关人士开始要求恢复考试机会多次化。同时,以国立大学协会为首的各种团体也开始讨论改革入学考试制度。于是从 1987 年开始,各国、公立大学、学部在入学考试中引入所谓的"连续方式",即入学考试的日期分为 A 日程和 B 日程。考生可以选择日程不同的两所大学参加考试,如果两个大学都合格的话,那么,学生可以自行选择进入哪所大学。

"连续方式"虽然为考生提供了进入国、公立大学的两次考试机会,但对于同

---

① 平成 26 年度国公立大学入学者選抜の概要[EB/OL]. http://www.mext.go.jp/b_menu/houdou/25/09/_icsFiles/afieldfile/2013/09/06/1339253_01_1.pdf. [2013-09-08].

一个大学、学部却只能进行一次考试。为了更加充分地体现"多次化"的宗旨,从1989年开始,有部分大学在原来的"连续方式"的基础上,将学部的招生人数按照不同的比例进行分割,分两次组织实施入学选拔,这种方式被称为"分割方式"。从2008年的实施情况来看,有18个大学的31个学部实施了两次选拔,同时也有16个大学的17个学部停止了这种选拔。① 仔细说来,这种方式一方面为考生提供两次参加同一所大学考试的机会,但对于各个大学来说,在实施方面却存在很大的随意性。这与各个大学的入学申请者是否充足有很大的关系。目前的国、公立大学并没有遇到私立大学那样严重的生源危机,所以,这种方式仅在少数大学、学部中实施。而与此相比,私立大学由于面临生源危机,则考试时间、考试次数、考试方法等更为多样化。

四、入学考试多样化制度的意义

"法律上的或制度上的入学标准和目标往往是一个国家社会需求的反映,实际上代表了社会对未来的期望和想法。"②可以说,日本的各个大学在进行入学招生时,已经具备完全的自主权。是采用大学入学考试中心的一般选拔,还是采用 AO 入学、推荐入学等特殊选拔,如果采用一般选拔,要利用哪些考试科目,如果采用特殊选拔,要如何安排选拔标准、选拔方法、选拔时间等,这些都由各个大学自行决定。这种招生自主权的落实,无疑增强了大学主动适应市场需求的能力以及个性化办学的积极性、主动性。所以,入学考试多样化制度的首要意义就在于,它是日本各个大学实现办学个性化迈出的坚实一步。但也有学者不无忧虑地指出:"为保证入学人数,我国的 700 所大学必须确立起以往被忽视的学生招生策略,必须明确揭示大学的个性。"③

对于学生而言,入学考试多样化制度,除对学生的学力考查外,还突出了学生的个性特征,注重对学生兴趣、性向等能力的考查,为学生提供多次选择机会。多样化的入学考试方式已经由以往大学对学生的单一选择发展成为大学和学生

---

① 平成20年度国公立大学2段階選抜実施状況の概要(前期日程分)[EB/OL]. 文部科学省ホームページ, http://www.mext.go.jp/a_menu/koutou/senbatsu/07082808/001.pdf. [2007-08-28].

② [爱尔兰]载维·麦克·斯特蒂. 学生对学术价值的贡献[J]. 国际高等教育研究, 2008(1). 22.

③ 日本高等教育学会. 高等教育改革の10年[M]. 町田:玉川大学出版部, 2003. 144.

之间的双向选择，它最大可能地实现了国民对高等教育的参与，在一定意义上体现了一种教育机会的均等。但与义务教育的机会均等不同，非义务教育的机会均等是一种比较特殊的争取性的平等与公正，它并不完全是一种国家或政府分配的平等和公正，在一定程度上需要个人的努力以及通过这些努力来达到某种水平或具备某些能力，进而获得接受非义务教育的权利。

目前的大学入学考试已经由 20 世纪 90 年代以前的对学力的强调发展成对能力的强调，这也预示着一种人才观的转变，即在特别强调学力的时代，人们的主流观点认为，只有智力上优秀的人，才具有培养价值。而随着 18 岁人口不断减少，大学在选择入学者时不再以是否具备相应的学力为标准，而是优先考虑确保必要的招生人数，并尽可能选择适合本校教育理念及目标的人。正如大学审议会在其报告中指出的："从为国民广泛提供大学教育机会来说，大学入学后的教育变得越来越重要。以往对大学的评价主要倾向于毕业生的就业以及入学考试的偏差值，关心的不是在大学中学到了什么，而是毕业于哪所大学。可是在国际竞争越来越激烈的今天，产业结构及雇佣形式发生了很大的变化，我们更关注的应该是学生的问题探究能力和实际解决问题的能力。"①

很难说多样化入学考试方式就是尽善尽美的，至少它在能否保证入学者的学力水平、能否保持公平和效率方面的说服力、能否在推动应试体制崩溃的同时带动人们观念的变革等方面都是不确定的。因为与入学选拔相关的各种问题并不是起因于制度本身，而是和教师、学生生活，进而和国民的意识、社会经济状况等各种各样的因素结合在一起而产生的。所以，通过入学选拔制度的改善，各种问题也不可能一下子全部解决。② 1993 年大学审议会的报告《关于改善大学入学考试的审议总结》也坦率地承认："大学入学选拔方式，在某种意义上说，还存在着完全没有答案的问题，除立场的差异外，还有社会意识以及与教育有关的各种状况的变化都对其产生影响，令所有人满意、完全没有缺陷的改善方案实际上是不存在的。"③所以只能说，入学考试多样化制度是日本政府及大学在现实压力下的一种可行性选择。这种选择也为办学个性化的实现提供了重要基础。

---

  ① 日本高等教育研究会. 大学審議会全 28 答申・報告集——大学審議会 14 年間の活動の軌跡と大学改革(下)[M]. 東京：ぎょうせい，2002. 434.
  ② 黒羽亮一. 大学入学者選抜における統一試験の役割に関する歴史的考察[J]. 大学論集(第 14 集)，1985. 57.
  ③ 山岸駿介. 大学改革の現場へ[M]. 町田：玉川大学出版部，2001. 101.

第三节 特殊选拔方式的个案研究

近年来,以推荐入学、AO 入学为主的特殊选拔受到各个大学的欢迎,并得到了广泛的实施。据文部科学省对 2007 年各种入学考试方式的统计,经由一般选拔进入大学的人数占总入学人数的 56.7%(342 900 人),通过 AO 入学和推荐入学进入大学的人数比例为 42.6%(257 916 人),而且与以往相比,呈现不断增加的趋势。[①] 如前所述,在特殊选拔中,AO 入学和推荐入学的人数明显多于归国子女入学和社会人入学。所以,在此仅以推荐入学和 AO 入学为例,介绍和分析日本大学的特殊选拔方式。

一、推荐入学的发展及现状

目前的大学入学者中 3 个人中就有 1 个人是通过推荐入学进入大学的。按照《入学选拔实施要领》的规定,所谓推荐入学是指大学入学规定人数的一部分,根据所在高中校长的推荐,不经过学力测试,而以调查书为主要材料判定录取与否的方法。[②]

(一) 推荐入学制度的引入

推荐入学是在 1967 年首次写入《大学入学选拔实施要领》的一种正式的入学选拔制度。1968 年庆应义塾大学等 13 所大学首次实施了推荐入学,这在当时的报纸上曾被认为是"大学入学考试地狱趋于缓和"(《读卖新闻朝刊》)、"改善考试地狱的一步"(《朝日新闻朝刊》)。[③] 但事实上,由于当时推荐入学人数极少,再加上适龄人口的迅速增加,激烈的入学考试竞争并没有因此得到缓解。据文部科学省的统计,18 岁人口由 1964 年的 140 万增加到 1966 年的 249 万,在仅仅两年的时间里,高中毕业生数也从 87 万增加到 156 万。与庞大的入学竞争

[①] 学士課程教育の構築に向けて(審議のまとめ)[R]. http://www.mext.go.jp/component/b_menu/shingi/toushin/_icsFiles/afieldfile/2013/05/13/1212958_006.pdf. 2013. 193.

[②] 平成 20 年度大学入学者選抜実施要項[S]. 文部科学省ホームページ:http://www.mext.go.jp/a_menu/koutou/senbatsu/07082808/001.pdf. [2007-05-24].

[③] 中村高康. 推薦入試制度の公認とマス選抜の成立——公平信仰社会における大学入試多様化の位置づけをめぐって[J]. 教育社会学研究(第 59 集),1996.151.

规模相比,数量极为有限的推荐入学无异于"杯水车薪",并没有解决激烈的入学考试竞争,更谈不上缓解"考试地狱"。

大学入学考试的参与者们,包括一些著名的国立大学考试监督人员以及通过入学指导直接参与入学考试过程的大学教师和高中教师为首的人们,则批判推荐入学制度带有不公平性和主观性。私学教育研究所于1971年对东京市内的私立高中教师的调查表明:对"重视调查书"持明显的反对意见与明显的赞成意见的比例为7:1。可见,相当的高中教师对调查书及推荐入学制度持有疑虑。[①] 仔细分析起来,推荐入学制度的实施正处在日本高等教育由精英走向大众的关节点上。[②] 在精英高等教育阶段,接受大学教育作为少数人的"机会"和"权利",只有通过竞争才能够获得。只有所有高中毕业生一齐参加笔试,学生通过自己的努力,凭借客观的考试分数进入大学才是最公平的。所以,很多人认为,不经过学力考试而直接由高中推荐进入大学这种方式损害了社会公平原则。基于这一原因,20世纪90年代以前,通过推荐进入大学的人数并不是很多。例如,以1979年国、公、私立大学推荐入学人数为例,国立大学总入学人数为8.2万人,其中推荐入学者为1467(1.8%)人。公立大学在不足1万人的入学者中有334人(3.5%)是推荐入学者,在私立大学的31万入学者中有近6.2万人(20%)是通过推荐入学进入大学。[③] 进入90年代以后,随着18岁人口的减少以及入学考试多样化政策的推行,推荐入学人数越来越多,在1993年的大学入学者中,推荐入学者的比例分别为:国立大学为7.1%、公立大学为10.8%、私立大学为35.7%。此后,推荐入学得到了更为广泛的实施,尤其是进入2000年以后,有1/3以上的学生是通过推荐入学进入大学的。(见表3.5)

[①] 中村高康.推薦入試制度の公認とマス選抜の成立——公平信仰社会における大学入試多様化の位置づけをめぐって[J].教育社会学研究(第59集),1996.156.

[②] 日本大学毛入学率1960年为13.9%;1962年为16.7%;1964年为25.4%;1966年为18.6%;1968年为20.4%。此后逐渐上升。数据来源于广岛大学教育教育中心《高等教育统计数据集》,1989年。

[③] 慶伊富長.大学評価の研究[M].東京:東京大学出版会,1984.136.

表 3.5　实施推荐入学的大学数、学部数及入学人数(2004—2014)①

年份	大学数(所)	学部数(个)	入学人数(人)
2004 年	672(97.4%)	1 759(91%)	204 742(34.9%)
2006 年	685(97.0%)	1 825(91.2%)	211 460(35.6%)
2008 年	704(97.6%)	1 924(92.3%)	211 045(35.4%)
2010 年	717(98.1%)	2 002(93.6%)	214 110(35.4%)
2012 年	731(98.7%)	2 050(93.9%)	206 942(34.8%)
2014 年	735(98.7%)	2 109(93.4%)	205 849(34.4%)

注:()中的数字为占该项目总数的百分比

推荐入学作为缓和激烈的入学考试竞争的一种措施,它真正在各个大学获得广泛实施是在进入 20 世纪 90 年代以后。其因有二:一方面由于 18 岁人口的不断减少,各个大学为维持生存,而将推荐入学作为重要的招生策略;另一方面大学审议会明确提出的创建个性化大学,也在鼓励各个大学把吸收各具特色、能力的学生作为实现个性化的手段。推荐入学根据形式不同,可以分为"公开招考制"(面向所有高中公开招生)和"指定学校制"(只面向部分高中招生)。推荐入学的标准各个大学有所不同,但大部分大学会考虑三个方面的因素:①高中所有修习科目的"平均分"在 3 分以上;②积极参加课外活动、社会活动;③具有各种资格证书。当然,对于具体大学而言,到底以什么作为最重要的推荐标准由各个大学自行确定。

在具体实施程序上,国立、公立大学与私立大学有一定的差异。国立大学的推荐入学一般采取"公开招考制",即高中每年向固定的大学、学部提交推荐者,然后大学从若干被推荐者名单中选出合格者。在选定合格者时,部分国立大学及多数的公立大学对考生的户籍所在地有所考虑,因为大部分大学希望能够将优秀的学生留在本地就读。另外,也有的大学要求考生参加大学入学考试中心的考试,如果是这种情况,则入学考试中心的考试成绩也就成了重要的选择标准。与此略有差异的是,私立大学的推荐入学制度有"公开招考制""自我推荐制"和"指定校推荐制"等。私立大学的"公开招考制"与国立、公立大学基本相同。"自我推荐制"主要由考生个人向大学提出申请,由于不需要高中等学校的

---

① 根据文部科学省各年度的"国公私立大学入学者选拔实施状况的概要"整理而成。

推荐,所以,大学特别注意考生个人的资格、特长、经历等。"指定校推荐制"是由大学指定的高中推荐,而且大学对于推荐者完全录取。但如果被录取的学生由于某种原因不能按时入学时,大学则有可能取消该高中的推荐资格。

推荐入学在一定程度上缓解了私立大学的生源危机,也使各个大学有可能招收到适合本校教育理念、目标的学生,进而彰显本校的个性与特色。但同时推荐入学也存在着两个主要的问题:(1)加重了高中校长及负责人的负担。据札幌东商业高中一位负责人介绍,该校推荐入学的人数越来越多,1996 年推荐的人数为:大学 4 名、短期大学 8 名;2000 年推荐的为:大学 14 名、短期大学 19 名;2001 年推荐的为:大学 23 名、短期大学 24 名,此后每年几乎是全员推荐。这样,高中校长及负责人的工作负担是相当重的。其主要的工作包括:①对班级 40 名学生学校及家庭生活的建议;②教学时间每周 16~19 个小时;③俱乐部活动时间每周 10~21 小时;④对学生的出路指导每人 30 分钟×40 人;⑤制作升学、就业调查书每人 60 分钟×40 人;⑥对升学、就业者的申请书、履历书进行指导,每人 20 分钟×40 人;⑦对升学及就业者的面试指导,每人 30 分钟×40 人;⑧制作指定校推荐书、公开推荐书,每人 120 分钟×10 人;⑨校内业务分担每周 2~3 小时;⑩学科指导研究每周 7~10 小时。① (2)入学者的学力难以保证。推荐入学者一般不经过学力考试(除非大学特别要求参加学力考试),其学力情况是否足以保证其适应大学教育,就成为大学必须考虑的现实问题。面临生源危机的私立大学有 1/3 以上的学生是通过推荐入学进来的,这些学生不仅存在是否适应大学教育的问题,同时,学生之间也存在一定的学力差距。这无疑对大学教育本身提出了巨大的挑战。

二、AO 入学考试的发展及现状

日本的 AO 入学考试主要是模仿美国,并在美国模式的基础上,进行了创造性的引入和实施。AO 原文为 Admissions Office,在日语中取第一个字母,而被称为 AO 入学考试,即由各个大学设立专门负责招生考试的机构来组织实施的考试。AO 入学考试最早是于 1990 年在部分大学中实施的,但直到 1997 年,文部科学省接受第 15 期中央教育审议会的建议,才以政府的名义正式引入 AO 入

---

① 细川敏幸,小笠原正明,船木龍一,等.多様化する高校カリキュラムと大学入試:平成 11 年度北海道地区大学ガイダンスセミナー報告[R].高等教育ジャーナル,2000(8).95.

学考试,此后,实施 AO 入学考试的大学越来越多。

1990 年,庆应义塾大学(综合政策学部、环境信息学部)最早引入 AO 入学考试。从实施的大学、学部及入学人数上看,私立大学多于国立大学、国立大学多于公立大学(见表 3.6)。

表 3.6 实施 AO 入学考试的大学数、学部数及入学人数(2003—2014)[①]

年 份	国立部分			公立部分			私立部分		
	大学	学部	人数	大学	学部	人数	大学	学部	人数
2003 年	17 18.3%	66 17%	1 201 1.2%	4 5.4%	7 4.3%	53 0.2%	316 60.7%	612 45.5%	23 956 5.1%
2005 年	25 30.1%	82.3 21.3%	1 467 1.4%	12 16.9%	18 11.0%	226 0.9%	364 66.9%	788 55.6%	31 373 6.8%
2008 年	41 50.0%	119 31.6%	2 521 2.5%	18 25.0%	34 20.6%	457 1.7%	439 77.4%	1 037 67.3%	44 803 9.6%
2011 年	47 57.3%	135 35.8%	2 704 2.7%	22 27.8%	38 22.0%	537 1.8%	463 80.7%	1 126 70.0%	48 654 10.4%
2014 年	46 56.1%	133 34.3%	2 692 2.6%	23 27.7%	36 20.1%	604 2.0%	469 80.9%	1 153 68.1%	48 129 10.3%

注:百分比为所占该项目总数的比率

日本为什么引入 AO 入学考试,而且实施 AO 入学考试的大学越来越多呢?一方面是由于临时教育审议会和中央教育审议会的推荐和诱导。另一方面也是由于 AO 入学考试这种由各个大学自行组织的考试方式,充分彰显了大学教师的学术权力,而受到日本大学的普遍欢迎。实际上,部分大学自行实施 AO 入学考试的时间远远早于官方审议的时间,这也充分表明,日本大学对 AO 入学考试具有强烈的认同感。另外,精英高等教育支撑下的"公平"的理念,已经在日本高等教育由大众化走向成熟阶段甚至向普及化阶段迈进的今天受到普遍质疑,20 世纪 80 年代以来,就有学者不断呼吁要由"学历社会"向"学习社会"过渡。[②] 由"学校选择学生"的时代向"学生选择学校"的时代过渡。[③] 在大学教育个性化的

---

① 根据文部科学省各年度国、公、私立大学入学者选拔实施状况的概要整理而成。
② 天野郁夫.教育改革を考える[M].東京:東京大学出版会,1985.87.
③ 喜多村和之.現代大学の変革と政策:歴史的・比較的考察[M].町田:玉川大学出版部,2001.244.

理念下,日本各个大学充分认识到,作为特殊选拔的一种方式,AO 入学与推荐入学一样,以往通过一般选拔而来的学生,只是学习成绩优秀的学生,而通过特殊选拔可以真正选择一些个性丰富、具有各种能力的学生,让不同的学生汇聚校园,能够对学生的成长及教育效果产生一定的促进作用,进而促进大学的个性化。

虽然日本的 AO 入学考试主要由美国引介而来,但其在确立和发展过程中,又与美国产生了一定的差异。这种差异主要表现在两个方面:一是美国的 AO 入学考试主要根据申请者的高中调查资料(包括修习科目、各学科的评价、校外活动记录、校长及教师的推荐信等)以及 SAT(Scholastic Aptitude Test,入学适应性检查)、ACT(American College Test,全美共通考试)等的得分来确定是否录取申请者。所以,在实施上具有一定的机械性。而日本的 AO 入学考试则更为重视学生的课题报告、面试、交流能力、入学动机等。二是美国的 AO 入学考试关注学生在入学后的适应性,并针对学生实际情况制定了各种各样的措施加强对学生的服务及帮助,而日本在这方面的措施比较少。美国在 20 世纪 40 年代末进入大众化阶段,70 年代进入普及化阶段,在为学力不足的学生提供补偿教育方面颇具经验。所以,大学审议会在其审议报告中特别强调充分考虑学生入学后的教育问题。

(二) AO 入学考试的实施

AO 入学考试由各个大学自行组织实施,文部科学省并没有对 AO 入学考试的实施细则做出明确的规定。2005 年 5 月 26 日,文部科学省高等教育局发布的《2006 年度大学入学选拔实施要领》,关于入学考试有如下的规定:①入学考试时间为 2006 年 2 月 1 日—4 月 15 日;②在进行 AO 入学、推荐入学等入学选拔时,不进行学力检查,考试日期不必遵守上述规定;③作为原则,入学申请书在 2005 年 11 月 1 日以后提交。[①] 由此可见,实际上 AO 入学考试时间是不受限制的,甚至可以在全年任何时间进行。在此,为了能够更清楚地了解日本 AO 入学考试的具体实施过程,各选取一所国立大学——筑波大学和一所私立大学——早稻田大学为例,对其实施过程进行简要介绍。

筑波大学是国立大学中最早引入 AO 入学考试的三所大学之一,2000 年,

---

① 加澤恒雄.現代日本における入試方法の多様化と新しい学生募集戦略に関する一考察[J].大学論集(第 38 集),2007.194-195.

该校设置了入学中心(Admission Center,AC),一般被称为"AO"的入学考试在该校用"AC"这一特殊的称谓。首先,要求申请者递交调查书、志愿申请书和自我推荐书以及相应的附加材料。然后,通过30分钟的面试确认所提交的材料是否属实以及申请者的能力、素质、入学积极性等。当然,作为大学来讲,也希望考生具备英语、数学、物理等学科的基础知识和基本能力。筑波大学的AC主要有三种不同类型:①公开入学考试。以高中毕业生和社会上工作多年的人为对象,向社会广泛开放的入学考试,分两次(第一次10—11月、第二次次年的5月)进行。②规划入学考试。自己能做什么,想做什么,充分地展现自己的素质、才能,并针对"在大学中想做什么"形成计划方案,充分展示能够证明自己能力的资料,大学以此来判定其是否合格。③特别定制入学考试。针对每个申请者举行个别考试,采用适合申请者的、只针对特定的人进行。它不是通过统一的标准确定第一,而是在个别考试中发现每个人的闪光点。

早稻田大学于2000年开始实施AO入学考试。该校的政治经济学部、社会科学学部、国际教养学部等较早地实施了AO入学考试。比如政治经济学部的AO入学考试主要操作步骤是:①提交申请材料(包括活动记录报告、志愿申请书、自我评价书)及论文;②通过面试,对申请者进行综合考查,包括以往的体验、经验、论文的思想性等;③公布结果,确定录取名单。该校的国际教养学部的AO入学考试流程也主要包括书面审查和面试审查两项,但在面试当中,该学部要求申请者在面试当中使用英语。① 早稻田大学并不是每个学部都采用AO入学考试,而且采用AO入学考试的学部也根据自身的专业特点,采取与之相适的程序。早稻田大学作为一所国际著名的私立大学,并不存在招生困难的问题,但通过AO入学考试却可以为一些通过学力考试无法进入该校的学生打开方便之门,它不仅扩大了学生的入学机会,而且也能够吸引有个性和有能力的学生进入该校学习。

虽然AO入学考试的考试方式、考试时间各个大学不尽相同,但总体来说大致可以分为三种类型。②

(1)体验型。首先由申请者参加大学的模拟教学和习明纳(semina),然后在

---

① 早稻田大学国际教养学部AO入学考试指南[EB/OL]. http://iir. hust. edu. cn/Upload_File/2005113172953. doc. [2005-11-31].

② 加澤恒雄. 現代日本における入試方法の多様化と新しい学生募集戦略に関する一考察[J]. 大学論集(第38集),2007. 195-196.

听讲后提交报告。具体步骤为：①参加模拟教学和习明纳；②对申请者提交的报告进行考察；③面试，综合考虑申请者的应答状况；④判断是否合格；⑤公布结果。

（2）选拔型。让申请者提交一篇小论文或者报告，并写明申请理由，学校根据其内容进行面试，在这个过程中，确认申请者的入学积极性及入学目的。具体步骤为：①第一次审查，提交书面材料；②第二次审查，根据小论文及自我推荐书进行面试；③判定是否合格；④公布结果。

（3）对话型。首先申请者履行相关手续，提交正式书面申请，然后，由学校就入学后的学习、大学课程等事项进行多次的交谈和面试，了解申请者的入学积极性及入学动机，在此基础上，判定是否给予入学许可。具体步骤：①面试和交谈；②个人表现及讨论等；③对积极性及交流能力进行评价、审查；④判定是否合格；⑤公布结果。

推荐入学和 AO 入学作为重要的入学选拔方式，不管是对学生来讲，还是对大学来讲，都是一种比较理想的入学选拔制度。对于学生来说，可以尽早地决定"想在哪所大学学习"；通过传统的选拔考试不可能进入的大学，通过推荐入学、AO 入学考试则有可能以其特殊的素质和能力受到大学的青睐，进而获得入学机会。同时，也有利于学生选择到与自己的能力、兴趣等相符合的大学，虽然考试花费一定的时间，但能够充分展现学生学习的自主性和积极性。2011 年，"北京大学学生退学，转学到北京工业技师学院"的一则新闻着实让很多人吃了一惊，但这也恰恰说明了找到与自己的能力、兴趣相符合的大学是一件非常重要的事情。

对于学校来说，把有个性的学生引入校园，可以使校园充满活力，由于引入了一些特别想在这所大学学习的学生，而使学生对大学具有强烈的归属感，有效防止大学和学生之间的失谐，中途退学的学生也会很少。近两年，很多大学已经开始将这种可能的归属感由学校向学部层面倾斜，试图以学部的特色和优势吸引学生。比如熊本大学在入学招生的首页上，明确指出各个学部的发展理念、人才培养目标以及对入学申请者的基本要求和期望。①

推荐入学和 AO 入学在使大学保证适当的入学人数的同时，也成为彰显大

---

① アドミッションポリシー —熊本大学[EB/OL]. http://www.kumamoto-u.ac.jp/nyuushi/gakubunyushi/admission_policy. [2015-03-11].

学教育个性的象征。那么,对于中国大学而言,在不存在生存竞争的情况下,要不要采用多种方式进行入学选拔,要不要彰显大学教育的个性呢? 对这一问题的理解也许是一个见仁见智的过程。但毫无疑问,在全国统一高考制度越来越受到质疑的今天,部分地引入推荐入学和 AO 入学考试可以成为一个重要的尝试和选择。2003 年,中国开始推行自主招生改革试点,并逐渐形成了"北约""华约""卓越""京都"四大自主招生联盟。2010 年,北京大学推行"校长推荐制",即在面向社会公示的前提下,各校长可实名向北大推荐优秀学生,经中学校长实名推荐的学生,可成为高校自主招生直接候选人。可以说,这些改革与做法无疑为统一高考增加了更多的特殊选拔方式。但今后统一高考制度应该怎样改革或者应该向着什么方向发展,仍将是任重而道远。

第四节 大学的学力问题及其应对机制

从 20 世纪 90 年代初开始,日本大学的入学率一直保持在 40%～50% 之间,尤其是进入 2000 年以后,这一数字一直持续在 50% 左右。因为作为分母的 18 岁人口在不断地减少,入学率的维持和提高,无疑是使越来越多的人进入了大学。智力是呈正态分布的,如果它和学业成绩具有高相关性的话,那么,今后将会有越来越多的"学力低下"的人进入大学。在日语中,狭义的"学力"也被称为"学习力",指学生所具备的读、写、算等基本技能(也包括学习积极性),例如,查字典的能力、撰写报告的能力、就某一课题进行调查的能力,等等。[①] 随着多样化入学考试政策的引入,有越来越多的人不经过学力考试进入大学,这又导致了学力多样化。为了解决学力不足以及学力多样化问题,日本各个大学乃至整个高等教育系统必须建立相应的应对机制。

一、美国大学的学力问题及应对机制

在讨论日本大学的学力问题之前,我们有必要了解一下,早于日本大学,已经进入普及化阶段的美国高等教育的学力问题及其应对机制。美国高等教育在 20 世纪 40 年代末进入大众化阶段,并于 70 年代进入普及化阶段。进入普及化阶段以后,因为在大学中出现了越来越多的学力不足的学生,所以,各个大学有

---

① 天野郁夫.大学改革:秩序の崩壊と再編[M].東京:東京大学出版会,2004.69.

意识地对学生开展了大规模的补偿教育。以纽约市立大学为例,学生在入学时,首先要进行读、写、算的学力测试。尽管只是高中一年级程度的测试,但从结果来看,约有70%的学生在3个科目中至少有1个科目不合格,有20%以上的学生3个科目都不合格。为加强基础学力而必须学习补偿课程的人约占入学总人数的20%,纽约市立大学的授课时数的12%被用于这种补偿教育。[①] 随着入学率的不断提高以及各个大学补偿教育的常规化,包括补偿教育在内的、试图解决学力问题的各种措施逐渐发展成为美国高等教育独特的学力保障机制。这种机制主要有以下四种:

（一）补偿教育

政府以大规模进行补偿教育的成本太高,对大学提出异议,也有人以"与其让这种学生在大学里接受补偿教育,还不如让他们在其他的教育机构接受恰当的教育"为由,对大学采取攻击的态度。但是,尽管大学已经意识到本该由高中做的事,不得不由大学来完成,这是不尽合理的,然而,为了让学生能够顺利地接受大学教育,美国的很多大学仍然建立了补偿教育制度。

（二）与高中的合作

作为进入大学的必要条件,大学希望升学者在高中要修习指定的科目,但如果大学过于强调这一点,就会引发限制高中教育自由的指责。如果对没有修习某些科目的学生,不给予入学机会的话,又违反了机会平等原则。同时还有另一个问题,即尽管在高中指定了必修科目,但这也并不能保证学生的学力。所以,目前的美国大学把与高中的合作当作保证学生学力的一种可以发挥作用的机制。

（三）中途退学或转学

学力不足的学生若是达不到一定的最低标准,只好让其退学或是劝其转到与自己学力程度相当的大学,这种转学在美国的大学里是很普遍的,并受到广大学生的认可。因此,几乎所有的美国大学都采用了这种制度。

（四）社区学院发挥作用

在美国的大学系统中存在着一个被称为社区学院的公立短期高等教育机

---

① 天野郁夫.大学改革のゆくえ:模倣から創造へ[M].町田:玉川大学出版部,2006.44.

构,它作为一个重要的保证和维持学力的机制正在发挥着作用。多数社区学院采取极其开放的招生制度,即只要高中毕业,谁都可以入学。所以,很多学生为了增强学力,往往先进社区学院学习,成绩提高之后,再转学或插班进入大学的后两年学习。①

从上述四个机制可以看出,第一种机制可以由大学自身来进行,只要大学愿意,完全可以凭借自己的努力改善学生的学力状况。但后三种机制则需要大学与高中以及其他高校合作完成。这不仅涉及一所大学还关涉整个高等教育体制的问题,大学与高中要通过什么方式合作,进而保证学生能够掌握适合接受大学教育的学力?大学与大学之间要建立怎样的机制,促进学生转学、插班入学等?也许这也是中国高校亟须探索和解决的问题。

二、日本大学的学力问题

长期以来,日本大学在选拔入学者时主要通过严格的学力考试,而且这种考试以国立大学为中心。国立大学的入学考试按照文部科学省的规定,以5学科7科目为基本考试科目,高中也以此为基础设置课程。这种战后形成的学力保证机制在20世纪80年代发生了变化。

从80年代中期开始,文部科学省努力推进大学入学考试多样化,除减少考试科目外,还建议各个大学采取学力考试以外的多种方式来选拔入学者,也正是在这一时期,推荐入学真正获得实施,AO入学也开始进入了日本大学及学者的视线。同时,文部科学省预测到第二次人口高峰将在1992年到来,如果不预先放宽限制,考试竞争将更加激烈。因此,为缓解这种状况,文部科学省同意大学增加招生计划人数。可是在人口高峰过后,文部科学省并没有恢复各大学原有的招生计划人数。这在事实上,一方面有效地缓解了入学考试竞争,另一方面也使大学入学率急剧上升,进而进入普及化阶段。② 在考试竞争被缓解的同时,入学考试制度作为维持和保证学力的机制就不能有效地发挥作用了。

与文部科学省多样化入学考试政策同时进行的是高中教育的多样化,1994年高中在"宽松教育"的理念指导下,开始实行新的《学习指导要领》,普通科目等

---

① 天野郁夫.大学改革のゆくえ:模倣から創造へ[M].町田:玉川大学出版部,2006. 45-47.

② 2007年大学(包括短期大学)的毛入学率为53.7%。

大多以选修的方式进行,综合学科也从这一年开始开设。1997年这些在新的《学习指导要领》中学习的高中生们一齐进入大学。于是,大学入学考试中心也决定,适应考生的多样化,将考试科目一举由18个科目扩展到31个科目。那么,大学应该在怎样的体制下接受这些多样化的学生,并对其进行教育呢?

考试竞争的缓解和高中教育多样化并行的结果是,学力低下现象以具体的形式暴露出来。以小野博为首的一批研究者对全国约20万初、高中生进行基础学力(国语、英语、数学)调查。按照初中生、高中生的学力标准来评价每一位大学新生的基础学力处于哪一级别。2005年该调查开始对全国范围内的大学新生进行测试,结果表明:在国语方面,国立大学中73%的大学新生的国语能力相当于高三及以上水平,私立大学的这一比例则为43%;在英语方面,国立大学新生的93%、私立大学英文专业新生的88%达到高中及以上水平。① 另据大学入学考试中心的调查(也是利用标准化测试,只是与小野博等测试的表示方法不同),在过去的4~6(1998—2004)年中,大学生的国语能力显著降低,没有达到高中生水平的比率逐渐增加,国立大学从0.3%增加到6%,私立大学从6.8%增加到20%。② 另据文部科学省的调查,有8%的大学教师也认为所在大学的本科生学力存在"严重的问题"、有53%的大学教师认为所在大学的本科生学力"稍微有问题"。③ 也就是说,目前已经有6成的教师认为本科生存在学力问题。当一向关注研究的大学教师也开始意识到这些大学新生严重的学力低下现象时,大学的相关人士也感到必须建立一个新的维持和保证学力的机制来代替已不能发挥学力保证作用的入学考试制度。

随着日本大学的毛入学率逐渐靠近和超过50%,日本的各个大学开始思考通过什么样的措施和机制来面对普及化所引起的学生学力问题。而在此之前,日本的学者及大学教师并没有认真思考过学生的学力及其保证机制的问题。如果分析其原因,当然也在于日本大学的普及化程度低于美国。但深层次来说仍有两个不可忽视的背景:一是日本的大学教师一直以来,与研究相比不太关注教育,据

---

① 小野博,村木英治,等.日本の大学生の基礎学力構造とリメディアル教育[M].千葉:独立行政法人メディア教育開発センター,2005.7-9.
② 小野博,村木英治,等.日本の大学生の基礎学力構造とリメディアル教育[M].千葉:独立行政法人メディア教育開発センター,2005.7.
③ 中央教育審議会大学分科会制度・教育部会.学士課程教育の構築に向けて(審議のまとめ)[R].文部科学省ホームページ,http://www.mext.go.jp/.[2008-03-25].

1990年卡耐基教育基金会对14个国家大学教师的调查结果显示,日本的大学教师中有70%的人认为"科研重要",而美国的大学教师认为"科研重要"的仅占30%。由于不太关注教育,自然也就意识不到学生的学力问题。二是由于一直以来日本通过学力考试选拔入学者,学生入学之后也就被认为具备了某种学力水平,不对其进行学力评价。在一定意义上来说,这种做法使入学考试发挥了学力保证机制的作用。然而,进入20世纪90年代以后,这种情况发生了很大的变化。

三、新的学力保证机制的引入与实施

日本大学在进入普及化之后,也面临着与美国相似的学力问题,那么,一个简单的做法就是模仿美国的学力保证机制,但事实上日本的高等教育与美国具有不同的结构。学者天野郁夫在1999年撰文指出,在学力保证机制方面,日本与美国的差异主要表现在:(1)日本没有美国作为缓冲器的相当于社区学院的短期高等教育系统,当然并不是制度本身没有。日本也有短期大学制度,但是日本的短期大学和美国不同,几乎都是私立、单科、专为女子的高等教育机构。从最近的数据来看,短期大学毕业生只有15 000人左右转入4年制大学,还不到毕业生总数的10%。即使在同一学校法人的大学和短期大学之间,转学也是困难的。(2)中途退学或转学制度在日本事实上并不存在,因为几乎没有接收中途退学或转学者的大学。所以,就是想让那些成绩不达标的学生退学,也没有一个专门接收的地方。在这种体制下,大学理所当然地让学生进入大学,并尽可能在4年或5年之后使其顺利毕业。(3)与高中之间的关系。以往日本的高中和大学之间的关系可以说是要远比美国更密切。高中以标准化的、学究式的课程来教,大学则课以与此相应的入学考试。但是最近高中大量引入选修课制度,大学则有削减入学考试科目的趋势,大学与高中的关系已今非昔比。在吸引考生上,越没有竞争力的大学,就越会削减入学考试科目,所以越是这样就越会陷入到入学者学力低下的困境。(4)日本大学还未充分积累起补偿教育的经验。从总体来看,日本大学不像美国大学那样,积累了丰富的正规补偿教育经验。即使进行了大学补偿教育,但能够像美国大学那样,在入学时先用标准化学力测验判定学生学力,再进行有针对性的补偿教育的大学实在是屈指可数。[①]

虽然日本目前并没有也不可能全面模仿美国在学力保证方面的经验和做

---

① 天野郁夫.大学改革のゆくえ模倣から創造へ[M].町田:玉川大学出版部,2006.55-58.

法,但从目前的情况来看,大学新生的学力保证仍然比之前有了巨大的改善。其主要发挥作用的机制有三大类。

(一)初学年教育(First Year Experience)

为了使学生在入学早期适应大学的生活与学习,各个大学有组织、有计划、有针对性地开展了初学年教育。初学年教育作为顺利推进大学学习的"学习技巧",主要指将"图书馆利用方法""论文检索方式""文章书写方式""演示技巧"等纳入课程。这种实用性、基础性的能力,是学生学习经济学、政治学、工学等专业领域之前,就应该掌握的。① 具体来说,初学年教育主要有如下三种类型。

1. 入学前教育

入学前教育主要以参加推荐入学、AO 入学考试等提前被录取的学生为对象。2008 年 7 月,日本三大预备学校之一的河合塾对实施 AO 入学考试的 45 个大学 75 个学部的调查表明:有 68% 的大学、学部对学生实施了入学前教育。例如信州大学理学部要求入学者针对所学领域的热门话题提交报告;爱媛大学农学部要求学生就指定的英文图书提交读后感;秋田县立大学对所有 AO 入学考试、推荐入学的合格者实施了以提高数学、物理、英语基础学力为目的的远程讲座。②

2. 补偿教育

据日本补偿教育学会③的解释:所谓补偿教育,是为了顺利进行大学教育,客观地测定新生的基础学力,并对学力未达标的学生所进行的教育。目前,各个大学均不同程度地开展着补偿教育。从内容上来看,补偿教育主要以高中水平的物理、数学、化学、基础英语等科目为主,接受补偿教育的学生多是在高中阶段没有修习或修习很少的学生。④ 由于补偿教育主要是由各个学校根据本校的实

---

① 久保田賢一. 高等教育におけるつながり協働する学習環境デザイン[M]. 京都:晃洋書房,2013.11.
② 学校法人河合塾. AO 入試・入学前教育に関するアンケート調査結果報告書[R]. http://www.keinet.ne.jp/doc/gl/08/09/ao_enq.pdf. [2008-09-24].
③ 由于大学中需要进行补偿教育的学生越来越多,于是,在 120 位学者的发起下,日本于 2005 年 3 月成立了补偿教育学会。
④ 荒井克弘. 大学のリディアル教育[M]. 広島:広島大学大学教育研究センター,1996.4.

际情况组织实施，所以，采取的形式也是多种多样的，其中最主要的方法是按照学生的学力水平和学习熟练程度分班。据东京大学大学经营·政策研究中心2008年的全国大学生调查，针对是否"在大学补修了高中没有学习的科目"这一问题，人文、社会、教育、艺术专业的学生有24.4%，理、工、农专业的学生有37.9%，保健、家政专业的学生有38.2%，其他专业的有24.5%的学生回答"有过此种经验"。其中有59.3%的学生认为这种方式对大学的学习"有用"或"非常有用"。①

3. 转换教育

与单纯以补齐学生的学力差距不同，转换教育重在帮助学生完成其在态度、情感等方面向大学教育的过渡。所谓过渡（transition），与变化（change）不同，变化是外部的，用眼睛看得见的，而过渡则是内部的，难以观察到的，过渡是在面对较大的生活变化时的心理过程。②据学者丁度（Tinto）的研究，处于由高中到大学转换期的学生，要经过独立（separation）、过渡（transition）、适应（incorporation）三个阶段，才能真正完成转换。③如果说补偿教育的目标在学习方面，那么，转换教育的目标则是在社会方面。各个大学通过小班化的研讨会、设置转换教育科目等多种形式帮助学生顺利地适应大学教育。据东京大学大学经营·政策研究中心的调查，有23.4%的学生在大学入学时参加了新生入学指导研讨会。其中有77.6%的学生认为这种研讨会"有用"或"非常有用"。④

（二）学分互换、插班入学制度

一直以来，日本的大学中几乎没有中途退学或转学的学生，即使有学力不合格的学生，大学也会让其在4年或5年的时间里顺利毕业。到目前为止，日本也

---

① 東京大学大学院教育学研究科 大学経営·政策研究センター. 全国大学生調査第1次報告書[R]. 大学経営·政策研究センター，http://daikei.p.u-tokyo.ac.jp/index.php? College%20Student%20Survey. [2008-05-20].
② キャロル·マッチ. 高校から大学への移行に関する一考察——学生·教員·大学組織の三者への提言[J]. 中島英博，記. 名古屋高等教育研究，第5号，2005. 168.
③ キャロル·マッチ. 高校から大学への移行に関する一考察——学生·教員·大学組織の三者への提言[J]. 中島英博，記. 名古屋高等教育研究，第5号，2005. 168.
④ 東京大学大学院教育学研究科 大学経営·政策研究センター. 全国大学生調査第1次報告書[R]. 大学経営·政策研究センター，http://daikei.p.u-tokyo.ac.jp/index.php? College%20Student%20Survey. [2008-05-20].

没有关于中途退学或转学的统计数据。但最近几年,实施学分互换及插班入学制度的大学越来越多。从一定意义上可以说,学分互换及插班入学是大学开放性的表现,也是学生转学的前提和基础。例如,2001年,学习院大学、学习院女子大学、日本女子大学、立教大学、早稻田大学5所大学签订协议,为给学生提供广泛的学习机会,开始真正的学分互换制度,这种学部水平的大规模学分互换制度是东日本地区的首次尝试。[1] 再如,2003年4月,东京女子大学、亚细亚大学、成蹊大学、日本兽医生命科学大学、武藏野大学联合签署了武藏野地区5大学学分互换协议。该协议以本科二年级以上学生为对象,为了扩大学生修习的领域,在其他大学修习的学分也作为毕业所需学分而受到认可。据文部科学省的统计,2007年设学分互换制度的大学为548所,约占大学总数的77%。[2] 2014年时,有393所大学和海外大学实施了学分互换制度占大学总数的51.6%。[3]

在插班入学方面,大学评价学位授予机构对2 097个学部的调查(回收1 337个学部,回收率63.8%)表明,有42%的学部制定有插班入学制度,并且每年都接收一定的插班入学的学生,同时,有11%的学部虽然没有设定插班入学制度及规定入学人数,但每年都部分地接收了插班入学的学生。[4] 虽然日本并没有形成美国式的中途退学、转学机制,但学分互换以及插班入学制度已经在一定程度上提高了大学之间学生的流动性,进而为学生提供适合其学力水平和差异性需求的教育。

(三)加强大学与高中的联系

高等教育是建立在初、中等教育基础之上的,高中教育方式对大学教育产生影响也是自然的。可是事实上,20世纪90年代以前的日本,来自高中教育对大学教育的影响基本上没有,相反,高中方面却受到大学教育很大的影响。以往,

---

[1] 21世紀5大学間単位互換制度がスタート[EB/OL]. http://www.rikkyo.ne.jp/web/koho/NewsRikkyo/No211/rik211-2.pdf. [2015-01-22].

[2] 中央教育審議会大学分科会制度・教育部会. 学士課程教育の構築に向けて(審議のまとめ)[R]. 文部科学省ホームページ, http://www.mext.go.jp/component/b_menu/shingi/toushin/_icsFiles/afieldfile/2013/05/13/1212958_001.pdf. [2008-03-25].

[3] 平成25年度の大学における教育内容等の改革状況について(概要)[R]. http://www.mext.go.jp/a_menu/koutou/daigaku/04052801/__icsFiles/afieldfile/2015/09/10/1361916_1.pdf. 2015. 65.

[4] 立石慎治. 高等教育機関を移動する学生——受験機会と入学実態[J]. 大学評価・学位研究, 2008. 21, 第7号.

高中和大学只是通过大学入学选拔联系在一起，特别在一些选择性高的大学，大学通过考试问题检查高中的教育水平，而高中也以入学选拔为目标进行教育。对于学生来说，在入学选拔中合格是其最大的学习动机。90年代中期以后，由于18岁人口的减少，大学单方面的选拔已经变成了大学和学生之间的双向选择。大学通过媒体、广告、网络等方式向高中生及其父母推销自己，尤其是在高中举办招生咨询会、考试辅导讲座等。据文部科学省的统计，2007年有13所公立大学、2所私立大学、2所国立短期大学、10所公立短期大学、33所私立短期大学停止招生。[①] 面对因招生不足而引发的巨大生存危机，未来的大学将进一步努力拉近其与高中、与学生的距离。同时，随着入学考试的多元化、多样化，有近一半的学生是通过非学力测试之外的方法进入大学的。大学越来越多地通过考察学生高中时代的活动情况、面试、小论文等来选拔学生，这在事实上也促进了大学与高中的联系越来越多。再加之，AO入学、推荐入学的广泛实施，大学与某些特定的高中已经结成了长久的合作关系。

---

① 文部科学省学校基本調査（平成19年度）[R]. 文部科学省ホームページ，http://www.e-stat.go.jp/SG1/estat/List.do? bid=000001012734&cycode=0. [2007-12-21].

第四章 课程：尽显特色的理念与模式

只要大学仍然是正规的组织，它就是控制高深知识和方法的社会机构。大学学习的基本材料在很大程度上构成各民族中比较系统的那部分文化的高深思想和专业技能。学者们从几个方面与这些材料打交道，当他们对历代留传下来的书面材料和口头材料进行思考、记忆和批判性评论时，他们起到保存和提炼知识的作用；当他们教书时，他们就是在经过深思熟虑后把大量知识传授给他人；当学者实际运用他们的知识为社会其他部门提供帮助时，他们所从事的是直接应用知识的工作。我们无论讨论哪一层面的教育，都离不开知识这一核心概念，而课程则是对值得传授的知识形态的界定。[①] 可以肯定的是，何为真正的知识（正如我们了解的）乃是一个哲学问题，它直接与我们对高等教育的理解有关。但这也是一个社会问题，因为后工业社会期望高等教育能维护和推进所需各种知识。[②]

从历史与比较的视角来看，大学课程的发展经历了四种典型的模式：①古希腊以及中世纪在英国形成的"自由教育（liberal education）课程模式"；②以近代德国大学为代表的"科学教育（scientific education）课程模式"；③以近代法国大学为代表的"专业教育（professional education）课程模式"；④20世纪前半叶在美国形成的"通识教育（general education）课程模式。[③] 日本自近代高等教育形成以来，由于赶超欧美

---

① [美]伯顿·R. 克拉克. 高等教育系统——学术组织的跨国研究[M]. 王承绪，等，译. 杭州：杭州大学出版社，1994.11-12.
② [英]罗纳德·巴尼特. 高等教育理念[M]. 蓝劲松，译. 北京：北京大学出版社，2012.14.
③ 広島大学高等教育研究開発センター. 21世紀型高等教育システム構築と質の保証——COE最終報告書（第1部，上）[M]. 広島：広島大学高等教育研究開発センター，2007.103-107.

等现代化国家的需要,在大学中确立起"专业教育课程模式"。第二次世界大战结束之后,日本模仿哈佛大学的课程体系,向美国的"通识教育课程模式"转换。20世纪90年代以来日本从模仿走向创造,开始探索和实践融合了日本式教养的通识教育课程模式。

第一节 一般教育和20世纪90年代以前课程模式的转换

在大学里,课程一方面被视为社会变化的透镜,通过界定知识服务于社会,从而促进社会自身的变化;另一方面,社会的力量毫无疑问地影响了课程。① 第二次世界大战以前,日本在赶超欧美、尽快实现现代化的目标下,将大学用于国家建设,在本科教育中确立起专业教育课程模式。

一、第二次世界大战以前的专业教育课程模式

第二次世界大战以前,日本共有47所大学,具体包括国立大学19所(含7所帝国大学)、公立大学2所、私立大学26所。② 帝国大学作为大学发展的模板和典范,受到国家政策的强大庇护。当时的帝国大学主要有以下几个特点:①它是世界上最早把工学、农学等技术学科纳入综合大学里的大学。②与德国大学一样,它使研究职能制度化,在本科教育阶段就实施能够旁征高水平研究成果的教学活动。③战前的行政学者认为,大学生在上大学之前,其接受教育的旧制高中相当于美国的初级学院,而帝国大学的本科教育则相当于美国研究生院硕士课程的高深教育与研究。④国家政策重视办学历史较长的大学,即采取重视"资历"的政策,它不是刺激大学之间为提高教育水平而展开竞争的政策。③

在本科教育方面,帝国大学主要采用英、美大学通用的"学年制",在"学年制"中修习的科目基本上以必修科目为主,每个学年所修习的科目也是固定的。随着学年的进行,科目由通论、概论逐渐向专论过渡,授课以讲义为主。关于课程设置等并没有统一的标准,而是由各个大学提交申请书,文部科学省通过个别

---

① [美]菲利普·G.阿特巴赫,等.21世纪的美国高等教育——社会、政治、经济的挑战(第2版)[M].施晓光,蒋凯,主译.青岛:中国海洋大学出版社,2007.360-361.
② 胡建华.战后日本大学史[M].南京:南京大学出版社,2001.17.
③ [日]关正夫.日本高等教育的改革动向[M].陈武元,译.厦门:厦门大学出版社,1991.37-38.

审查来判断和认可。作为毕业的要件,主要体现为"年限主义"和"考试合格",即学生在学部学习两年或三年以上,并在各项考试中成绩合格,便可取得学士称号。不同的大学具体要求有所差异,例如作为毕业的条件,东京大学法学部规定,在所有必修科目和选修科目中法律学科 5 科目以上、政治科目 4 科目以上考试合格;而京都大学法学部则规定,第一种考试和第二种考试(共 31 个科目)合格以及选修科目 6 科目以上考试合格。①

这种教育制度受到欧洲尤其是德国模式的影响很大,当然也是由于明治维新后以天皇作为国家元首的政治体制和当时德国的政治体制具有共同点有关。从小学至大学,教育基本上是培养为国家服务的人并对国家负责的工具,由中央政府统一管理,大学更是被当作满足国家需要的"国家的大学"。阐述天皇教育见解的"教育敕语",作为教育基本理念受到广泛重视。日本最早的大学——东京大学被命名为"帝国大学"也是这种教育基本理念的象征。但须说明的是,日本的大学又有德国大学所见不到的两个特性:一是在帝国大学设立工科和农科类的应用性、实用性的学部。这意味着日本大学放弃了中世纪以来的传统,是以推进工业化为目的,追赶发达国家的"赶超"型大学。二是存在大量的私立大学。尽管教育是国家的责任,但由于政府缺少必要的资金满足近代化起步对大量人才的需求,于是不得不允许设立私立大学。这两点都是当时德国所见不到的,而与美国高等教育具有共性。第二次世界大战结束以后,日本的大学制度能够在短时间内从德国模式转变成美国模式,不能忽略这种共性。②

二、通识教育(General Education)理念的引入

第二次世界大战结束以后,日本按照美国模式开始了对大学的民主化改造。将原有高等教育机构(大学、专门学校、高等学校、高等师范学校等)通过重组、合并、升格成为新制大学,同时在新制大学中引入一般教育科目。一般教育(General Education)是日本最初对美国教育使节团报告书中"general education"的理解,现在,人们通常将其解释为"普通教育"或"通识教育"。1950

---

① 広島大学高等教育研究開発センター.高等教育の質的保証に関する国際比較研究[M].広島:広島大学高等教育研究開発センター,2005.22.

② [日]有本章.日本的大学改革——在美国化和市场化的中间[J].陈武元,译.有色金属高教研究,2000(3).40.

年,在大学基准协会的《大学基准》中,将"general education"一词翻译成"一般教育",此后,"一般教育"一直使用到1991年"设置基准大纲化",也成为本科生课程的重要组成部分。有学者指出,"一般教育"这个词,是新制大学成立到20世纪90年代初,日本大学本科生课程前期所实施的教育,也就是由包括外语、保健体育在内的教养教育和专业基础教育两个范畴组成的教育。①

在引入一般教育之际,美国教育使节团首先将"1945年哈佛报告书",即《自由社会中的通识教育》(General Education in a Free Societies)作为美国高等教育的经典介绍给日本的教育界人士。《自由社会的通识教育》的官方署名是哈佛大学的一个教授委员会,但其主要执笔人是一个人——希腊文教授约翰·芬利(John Finley)。报告刚出版时,他才41岁。该报告涉及的话题超越了哈佛或其他大学学生应该接受怎样的教育的问题。它指出了美国整个教育制度应该采取什么措施,以避免重蹈历史上曾经的文明被毁灭的覆辙。报告认为,通识教育不是一般意义上的知识教育。通识教育肩负了特殊的使命,它需要将学生塑造成有责任感的成人和公民,同时培养学生完善的人格和认识自我及世界的方法。通识教育具有独特的视角,"一种成功的民主制度(不仅指政府制度,而且还包括人们的精神世界都渗透了民主思想),需要最大多数的人们共享高尚的人格和正确的世界观"。任何简单的事实都不能构成通识教育的内涵;公民社会需要不同背景的人们具有共享的价值观。② 也许,按照哈佛报告的设想,即使在今天的大学中,通识教育的理念还远没有实现。

为了使日本的大学教师能够充分理解通识教育的理念和性质,美国教育使节团的顾问们从各个层面对其进行了阐释和介绍。1947年,Thomas H. McGrail发表了题为《新制大学和通识教育》的文章,指出通识教育和专业教育之间没有明确清晰的区分,并详细介绍了由人文、社会、自然三个系列组成的通识教育课程的目的和内容。1948年,Rnssel Cooper发表了《通识教育和社会科学》一文,立足于社会科学原理,强调通识教育对培养具有责任感的现代公民的意义。③

---

① 日本高等教育学会.高等教育改革的10年[M].町田:玉川大学出版部,2003.32.
② 哈瑞·刘易斯.失去灵魂的卓越——哈佛是如何忘记教育宗旨的[M].上海:华东师范大学出版社,2012.43-44.
③ 杨颉.通识教育课程研究——日本通识教育的历史与模式[D],华东师范大学博士学位论文,2003.12-13.

但事实上，与美国教育使节团合作的日本教育界人士，对在新制大学实施通识教育的必要性的认识是很粗浅的，而只有在大学基准协会下设立的一般教育研究会的委员们，对通识教育有比较深刻的认识。该委员会在1951年《大学中的一般教育》的报告书中指出："以往的大学，将专业研究和教学置于重点，过于注重对专业领域的深入研究，而忽视了个人的自由、尊严和丰富的教养，也无意培养有独立自主精神的人，也就是说，大学在教育方面，过于偏重专业教育和职业教育，而废弃了所谓一般教育的方面。"①在美国教育使节团和大学基准协会的积极努力下，由人文、社会和自然三个系列组成的"一般教育科目"开始进入日本大学。

三、通识教育课程及实施体制的变革

20世纪50年代以后，由于美国教育使节团、一般教育研究会以及研究者等团体和个人的积极推动，通识教育作为一种课程理念逐渐影响日本。在大学基准协会的支持和帮助下，文部科学省构建了新制大学本科教育的课程框架（见表4.1）。具体来说，通识教育课程主要体现在由人文、社会和自然三个系列所构成的教育科目上，再加上原有的外语以及保健体育科目，通识教育课程共计48个学分。

表 4.1 新制大学本科教育的课程框架

课程划分		所需最低学分数
一般教育	一般教育科目	人文：12 社会：12 自然：12
	外语科目	8
	保健体育科目	4
专业教育	专业教育科目	76
合计		124

当时的研究者以及大学普遍认为，一般教育仅仅是为专业教育做准备的基础课程，大学在安排课程时，一般教育科目与专业教育科目的构成主要采取两种类型：(1)一般教育由教养部或教养学部负责实施，主要在学生入学的前两年进

---

① 喜多村和之.一般教育はなぜ問題とされるのか——「一般教育研究委員会」(1951)をめぐる考察[J].大学論集(第16集),1986.61.

行,即前两年实施一般教育,后两年实施专业教育,通常被称为"横断型"的课程结构,这种类型是 20 世纪 90 年代以前日本大学本科课程结构的主要类型之一。(2)学生在入学的前两年以一般教育科目为主,设少量专业教育科目,随着年级的升高,专业教育逐渐加强,一般教育逐渐减弱,日本学界将之称为"楔型"课程结构。20 世纪 90 年代以前,它与"横断型"课程结构一样,成为日本大学最主要的两种课程结构类型之一。然而,在 20 世纪 90 年代开始的课程改革中,很多以前采取"横断型"课程结构的大学开始转而采取"楔型"课程结构。由此,"楔型"课程结构成为目前日本大学本科课程结构的主要类型。

  1949 年,当时的 71 所新制国立大学的一般教育实施体制主要有六种类型(见表 4.2)。具体来说,由单独的学部或组织机构来实施一般教育的大学,在课程结构上以"横断型"为主,而由各个学部兼职实施一般教育的大学,则大多是采用"楔型"课程结构。从大学数量上看,采用"横断型"课程结构的大学居多。这种课程结构将教师区分为教养部教师和专业学部教师,教养部教师承担包括外语、保健体育在内的通识教育课程;专业学部教师则主要以专业教育及研究为主。这种区分本来只是劳动分工的不同,然而,由于大学对教师的评价过分强调论文的发表,很少关注教育教学。[①] 所以,教养部教师和专业学部教师在待遇上也逐渐出现了差别,教养部教师处于劣势地位的意识在大学中不断加强。

表 4.2 一般教育实施体制的 6 种类型[②]

主 要 类 型		大学数
①分校(在校内设置,称为教养部)	由单独的学部或组织机构来实施	7
②文理学部		14
③学艺学部		19
④教养学部		1
⑤人文学部、法学部、理学部等多个学部兼职实施		12
⑥由单科大学实施一般教育		18

  新制大学设立时的一般教育科目为 36 学分,人文、社会、自然三个系列各占 12 学分,这是按照大学基准协会的《大学基准》来确定的。可是从 20 世纪 50 年代中期开始,在经济复苏对大量理工科人才的强烈需求下,政界、产业界以及大

---

 ① 天野郁夫.大学を語る22人学長[M].町田:玉川大学出版部,1997.26.
 ② 有本章.学部教育改革の展開[M].広島大学高等教育研究開発センター,2000.92.

学理工学部等纷纷提出,大学生的学力特别是专业知识严重不足,要求大学要强化学生的专业教育,提升专业能力。于是,文部科学省在其制定的《大学设置基准》中提出:在以专业技能教育为主的学部,把一般教育科目中的8个学分替换为基础教育科目。而且,人文、社科、自然三个系列中的一个系列的12个学分也可以将其中8个学分替换为专业基础科目。这样,由《大学基准》所设定的三个领域均等学习,就变成了《大学设置基准》中集中学习专业科目的情况,从而降低了大学教育中通识教育的比重。

20世纪60年代中后期的"大学纷争"迫使日本政府重新审视高等教育政策。1971年,中央教育审议会提交的《关于今后学校综合扩充完善的基本政策》(也被称为"四六报告"),一改以往重视专业教育和职业教育,而强调学校教育要适应经济社会发展的要求,将改革的出发点落到人的发展上。人具有生活在自然界、生活在社会以及追求文化价值的多面性。高等教育的大众化和社会的变化,导致学生来源的多样化,与此相适应,高等教育必须向多样化的方向改革。"四六报告"还明确指出:"为促进高等教育多样化的发展,(政府)应该修改相关法令法规,允许各个大学尝试有创意的教育课程,采用更加灵活的设置标准。"[①]从这里可以看出,1991年的"设置基准大纲化",其实早在20年前就有其思想渊源。此后,以加强一般教育为宗旨,各个大学开始部分地对课程进行调整——设置综合科目、开设一般教养习明纳,等等。例如名古屋大学从最大限度地尊重学生的自发性和积极性出发,1973年开始在大学中设置综合科目。规定一般教育科目的学分数要超过《大学设置基准》所规定的36学分,并尽量减少必修科目的数量,最大限度地保证学生对科目的自由选择。[②] 同年,原东京教育大学搬迁至东京东北的茨木县筑波地区,改名为筑波大学。从某种程度上说,筑波大学的建立是战后日本高等教育界的一件具有划时代意义的大事,它最引人注目的改革之一就是本科生阶段的教育是由学群·学类来担当的,筑波大学设有学群和专业学群,学群是为将来专业教育打基础的具有广博领域的基础教育,每一个学群里都包括人文、社会和自然科学三个领域,学类则相当于其他大学的学部,是学

---

① 今後における学校教育の総合的な拡充整備のための基本的施策について(答申)[R]. 文部科学省ホームページ, http://www.mext.go.jp/b_menu/shingi/12/chuuou/toushin/710601.htm.[1971-06-01].

② 名古屋大学高等教育研究センター. 大学における教養教育カリキュラムの比較研究[M]. 名古屋:名古屋大学高等教育研究セーター,2006.23.

群下面的一层组织,每个学群下设有若干学类。① 它打破了传统的一般教育和专业教育之间的结构,为专业教育课程模式向通识教育课程模式的转换提供了很好的参照。

四、课程模式转换的特征与意义

第二次世界大战以前,日本由于赶超型现代化目标的需要,过于注重大学的科学研究职能和高级技术人才的培养,并形成了专业教育课程模式。第二次世界大战结束之后,由于通识教育理念的引入,大学本科课程在一般教育与专业教育的此消彼长中向前发展。从一定意义上来说,一般教育科目的引入,完全是美国教育使节团强制推行的结果,但事实上它对日本大学乃至高等教育产生了重大影响,主要表现在:(1)基于民主主义理念的一般教育,全面修正了日本战前大学教育中浓厚的国家主义和军国主义色彩,并为战后日本社会的转型提供了教育基础和人才储备;(2)一般教育的理念打破了严格的等级制和特权制,促使高等教育向平民化、大众化方向发展;(3)一般教育成为日本大学教育中的一个基本而又特殊的环节,美国的通识教育理念经过日本高等教育界的重新理解和诠释,逐渐成为具有日本特色的"一般教养教育"。②

日本学者扇谷尚通过考察一般教育与专业教育的关系,指出一般教育的发展主要有四个阶段:(1)预备(preparatory)阶段。主要指在进行专业教育之前所进行的、传统的一般教育,西欧传统的自由教育就体现为这一发展阶段。(2)补充(complementary)阶段。在近代工业社会的专业分化中,人们逐渐认识到专业教育自身的缺陷,而要求一般教育从外侧弥补专业领域的缺陷,因专业领域不同,其缺陷也各异,所以,一般教育的内容由专业领域来决定。(3)结合(joint/combination)阶段。专业教育开始运用一般性的标准,考察自身的特殊性,并主动向一般教育靠近,试图构建一般教育与专业教育更为紧密的联系。(4)统合(integrated)阶段。进一步强化专业教育与一般教育的关系,以确立两者共通的基础为前提,以大学教育的整体性为目标,达到机能上的统一。③ 从日本大学中

---

① 袁本涛.百年学府的新生与崛起——筑波大学[J].清华大学教育研究,2003(3).90.
② 杨颉.大学通识教育课程研究——日本通识教育的历史与模式[D].华东师范大学博士论文,2003.15.
③ 日本の大学教育改革——歴史・現状・展望[M].町田:玉川大学出版部,1988.98.

一般教育科目的演变,可以看出,它完全没有脱离美国为其设定的人文、社会和自然三个系列的框架,即完全沿用 1945 年哈佛大学所设计的课程模式。1978 年哈佛大学出版了一份长达 36 页的"核心课程报告"(Reporton the core Curriculum),这个报告显示了哈佛大学对通识教育的新的探索。按照这个报告,每个学生至少在每个知识领域,即文学、艺术、历史、社会分析、道德哲学、自然科学、数学、外国语言、外国文化中选修一门科目。在这些领域中,每个领域又有 8~10 个科目可供选择。同时,废止一般教育(General Education)这一称谓,转而采用核心课程(Core Curriculum)这一新的称谓。① 但对于这份报告,日本学界并没有给予太多的关注,也很少有大学据此进行相应的改革,以至于 1945 年的哈佛模式一直沿用到 20 世纪 90 年代。整体上来说,一般教育科目从进入大学课程到成为目前大学课程的重要组成部分,大致经历了预备阶段(20 世纪 50 年代)、补充阶段(20 世纪 60 年代)、结合阶段(20 世纪 70 年代以后)。

日本大学在形式上引入了相当于美国通识教育课程的"一般教育科目",但正如 1987 年美国对日本教育的研究报告指出的:"由于大学当局没有足够重视基础教育,因此学生也就放松基础知识的学习。结果是,大学前两年松松垮垮,学生经常缺课,把大量时间耗费在俱乐部及各种文娱活动上。这些活动本来应该是在高中时期参与的,但当时因为准备高考而无暇顾及。而且,学生一旦考上了大学,就保证能够毕业,大学校园里学习气氛不浓,大学的门难进易出。"② 从这个意义上可以说,第二次世界大战结束之后开始的,以引入"一般教育科目"为代表的课程改革,实际上是一次缺乏理念的改革。换句话说,这种课程模式的原型是当时哈佛大学的课程模式,它不可避免地产生了文化适应问题。因为日本大学所引进的并不是一套客观的、价值中立的、具有普适性的理论知识体系,而是产生于美国特有的文化社会及教育背景下的,蕴含着倡导自由、民主、平等,强调个人价值等文化价值观的知识体系。正是这种不适应导致了 20 世纪 90 年代以来,日本重新构建以日本式"教养教育"为目标的课程改革。

第二节 设置基准大纲化与课程改革政策的演进

一些新的社会背景要求大学本科课程必须进行改革,这些背景包括:①到 20

---

① 青木宗也.大学論:大学「改革」から「大学」改革へ[M].東京:大学基準協会,1996.31.
② 吕达等.当代外国教育改革著名文献[M].北京:人民教育出版社,2004.157.

世纪 80 年代末,日本 4 年制大学的入学率已近 40%,即将走向"普及化"阶段的大学教育,其教学模式特别是课程设置应该是多样化、个性化、富有弹性、能够满足各种层次和多方面需求的。但此时,日本大学的本科课程体系仍然沿袭战后初期的模式。②由于战后日本文部科学省几乎完全是从行政管理角度出发,对大学课程设置和教学组织等实行直接控制,各大学没有课程编制的自主权,更没有根据本校的特点、所在地区的特殊需要以及学生的需求变化进行教学改革,大学内部缺乏提高教学质量的机制与改革的动因和活力。③进入 20 世纪 90 年代,日本泡沫经济破灭,政府采取一系列改革措施,作为培养高级人才、实施"科学技术立国"主要保证的大学成为当然的改革对象。加之为迎接 21 世纪的挑战,如何培养新世纪具备全球竞争意识和能力的人才,成为本科课程改革的直接动因。① 在这样的背景下,大学审议会于 1991 年 2 月提交了题为《关于改善大学教育》的审议报告,该报告认为,实现大学教育个性化的主要举措就是"设置基准大纲化"。

一、设置基准大纲化

在介绍"设置基准大纲化"之前,我们首先要介绍一下对日本高等教育发挥重要质量保证职能的《大学设置基准》。

第二次世界大战结束之后,根据美国教育使节团的建议,1947 年,日本成立了一个全国性的民间高等教育评价机构——大学基准协会,并制定了《大学基准》。《大学基准》旨在效仿美国的"认证"制度,利用大学联合体来保障高等教育质量。然而,随着美国对日本统治的结束,1956 年,文部科学省结合《大学基准》颁布了《大学设置基准》,成为以后设置大学或增设学部的法律依据和最低标准。由此,作为美国高等教育质量保障的重要制度——"认证"制度也与日本大学"失之交臂"。美国的认证制度并没有在当时的日本得以实现,按照学者喜多村和之的解释,主要有以下几个原因:①认证制度在日本的历史上从未有过,"大学人"对此也没有充分的认识;②日本社会对大学质量的评价通常以社会知名度、考试难易程度等为主,这种思想根深蒂固;③创设不久的大学基准协会,在旧制大学与新制大学的矛盾与冲突中,并没有充分发挥它的威信与影响力;④特别是对于私立大学来讲,与质量相比,物质资源的充实更为重要,财政上的困难只能以牺牲质量、扩大招生来解决;⑤大学入学人数持续增加,各个大学都有充足的生源,

---

① 黄福涛.面向 21 世纪中日本科课程改革的比较研究[J].清华大学教育研究,2001(4).127.

所以,并没有刺激到大学为竞争而提高质量。①

文部科学省颁布的《大学设置基准》在硬件上对学校的用地、面积、图书册数、设施设备、经费,在软件上对教学科目、学分、教学内容、毕业要件等进行了严格的规定,以此作为设立大学或增设学部的最低标准。这在事实上,使得大学基准协会及其《大学基准》名存实亡,《大学设置基准》也发展成为官方的高等教育质量保证制度。《大学设置基准》为重建战后濒临崩溃的日本高等教育发挥了重要作用,对保障教育质量、促进大学发展的意义是不容否定的。但它却存在两大缺陷:一是事前控制的方式,即主要的审查和评价活动仅限于大学、学部设立之初。二是由于规则事无巨细,严重制约了大学的个性发展。② 所以,也有学者认为,《大学设置基准》是造成20世纪60年代"大学纷争"的一个重要原因。③ 当然,很早的时候人们就意识到了这一问题,也出现了有关"自由化"的呼声,但如何将"自由化"与"质量保证"整合到一起的问题,却一直没有解决,所以,这一体制一直持续了约半个世纪。④

1991年,文部科学省接受大学审议会的建议,以"大纲化"为原则,对《大学设置基准》进行全面修订(见表4.3)。

表4.3 《大学设置基准》主要事项修订前后对比⑤

修 订 前	修 订 后
第1章 总则	第1章 总则 　自我评价等(第2条)
第6章 教学科目 　教学科目的划分(第19条) 　一般教育科目、外语科目、保健体育科目、专业教育科目	第6章 教育课程 　教育课程的编制方针(第19条) 　为完成教育目的,系统地编制教育课程 　教育课程的编制方法(第20条)
第7章 学分	必修科目、选修科目、自由科目
第8章 教学	第7章 毕业条件等
第9章 毕业条件及学士学位	

---

① 喜多村和之.现代大学の変革と政策:歴史的・比較的考察[M].町田:玉川大学出版部,2001.112.
② 川口昭彦.大学評価文化の展開[M].東京:ぎょうせい,2006.20.
③ 天野郁夫.日本の大学改革[J].高等教育ジャーナル(北大),1998,第3号.61-62.
④ 川口昭彦.大学評価文化の展開[M].東京:ぎょうせい,2006.21.
⑤ 川口昭彦,大学評価文化の展開[M],東京:ぎょうせい,2006.22.

从具体内容来说,"设置基准大纲化"包括以下六个方面内容:

(1)在科目划分上,原来的设置基准规定各个大学的教学科目包括一般教育科目、专业教育科目、外语科目和保健体育科目。而新的基准撤销对科目划分的规定,指出各个大学为完成教育目的,可以自由地设置教学科目,系统地编制教育课程。

(2)在学分的规定上,原来的基准严格地规定了每个教学科目具体的学分数,如专业教育科目76学分、一般教育科目36学分、外语科目8学分、保健体育科目4学分。而新的基准对各教学科目不做详细规定,只要求总数达到124学分即可。

(3)在教学时间上,原来的基准详细规定了1学分的教学时间,即讲义为45(教室内15、教室外30)课时、演习为45(教室内30、教室外15)课时、实验为45(全部为教室内)课时。新的基准则放宽了这一限制,规定讲义和实验、实习分别在15~30课时和30~45课时的范围内由各个大学自行确定。

(4)在教师人数上,原来的基准规定"兼职教师不得超过教师总数的一半",而新的基准撤销了这一规定,并指出:"专业教师的人数根据各个大学设置的学部种类而定,但要保证必要的专任教师,以进行多样化的教育研究。"

(5)在一般教育上,新的基准规定,各个大学要自行编制四年一贯的课程,但要对包括教养部在内的一般教育实施体制进行深刻讨论。

(6)在大学评价上,新的基准规定大学要努力开展包括学生评教在内的自我评价,并公布评价结果。

总体上来说,新的《大学设置基准》主要有以下四个特征:(1)大幅度地放宽了大学教育目标、教育课程、教学科目的内容、方法等方面的规定;(2)将自我评价规定为各大学努力的义务;(3)在教育内容、方法上,强调根据本校教育理念来编制教育课程的重要性;(4)对教育研究的基本组织,如"学部""学科制""讲座制"等没有进行实质性的变更,换句话说,新的《大学设置基准》仍然沿用19世纪的组织概念。[①]

二、课程改革政策的演进

"设置基准大纲化"使各个大学的课程设置自由化,也使《大学设置基准》由

---

① 関正夫.日本の大学教育の現状と課題——歴史的国際的観点からの考察[M].広島:広島大学高等教育研究開発センター,1995.58-59.

原来的量的基准向质的基准转变。但在接下来的几年中,文部科学省逐渐认识到各个大学在课程改革方面存在一系列的问题,于是针对课程改革的具体实施,大学审议会及其改组后的中央教育审议会大学分科会又提出了一系列的建议(见表4.4)。

表4.4 大学审议会等有关课程改革的建议

时间	报告名称	主要内容
1997年12月	《关于进一步改善高等教育》	本科教育在定位、课程改革、教学方法、教育评价等方面存在问题,为此,必须进一步改革课程体系、提高教育效果,加强教育评价、促进学生流动等
1998年10月	《21世纪的大学形象与今后的改革方向》	在创建个性化大学的目标下,培养学生的课题探究能力;重视教养教育;确保教养教育和专业教育的有机联系;重新认识专业教育;重新认识本科教育与高中教育的关系;培养活跃在国际舞台上的人才
2000年11月	《全球化时代的高等教育》	应全球化的要求,重视教养教育;培养具有广博视野的人才;充实教育方法、履修指导;提高教师的教育能力
2002年2月	《新时代的教养教育方式》	综合陈述了为什么需要教养、什么是新时代所需要的教养以及如何培养教养
2008年3月	《构筑学士课程教育》	以"调和竞争与合作、多样性与标准性"为改革方向;加强大学层面与政府层面的各项改革。具体措施包括:重视学习成果;改善教育内容、方法;加强和高中的联系;促进教师以及职员的能力开发;构建教育质量保证系统

通过整理和分析上述审议报告,我们发现,课程改革的基本理念大致可以分为三个发展阶段:

第一阶段,放宽限制,统合一般教育与专业教育。这一阶段是从1991年至1997年。主要是放宽对大学课程设置等的各种限制,要求大学重新思考和统合一般教育与专业教育。这体现了学者扇谷尚关于"一般教育发展阶段"的理论。即一般教育已经超过了"预备阶段""补充阶段"和"结合阶段",而开始向统合阶段发展。统合阶段要求进一步强化专业教育与一般教育的关系,以大学教育的整体性为目标。仔细分析,这种理论仍然是建立在将"一般教育"与"专业教育"视为大学教育的两部分的观念之基础上。

第二阶段,以实现办学个性化为目标,将本科教育定位为"教养教育"。这一阶段是从1998年开始,日本政府及各个大学开始意识到目前的本科教育在定位、课程改革、教学方法、教育评价等方面存在问题。而且,很多大学以所谓的教养教育和专业教育有机联系的一贯制教育为目标,进行课程改革。可是在这个过程中,教养教育被忽视了。此外,教养教育的目的一直不是十分明确,单纯地将专业教育的入门课程称为教养教育。① 从这一时期开始,开始反思第二次世界大战结束之后模仿哈佛大学课程体系建立的一般教育课程是否适合日本。于是,2000年大学审议会明确提出将本科教育定位为"教养教育"。但此时,大学审议会对"什么是教养"以及如何实施教养教育并没有给出明确的定义。

第三阶段,以学位课程为中心、以学生为本位,构筑教养教育。这一阶段是从2002年开始,由大学审议会改组之后的中央教育审议会大学分科会对"教养教育"作出了详细的解释。"所谓教养,是个人与社会的关系、经验的累积,是在获得系统的知识、智慧的过程中所掌握的看法、观点、价值观的整体。教养是在人类历史中,各自文化背景的深刻反映,并能传达于后世。对于个人来说,在其成长的每个阶段都有必须要掌握的教养,它是通过社会的各种经验与自己的对话来——获得的,在各自的内部产生自己生存的坐标,构筑起支撑自己行动标准的价值观。教养不仅是知识,而且还包括规范意识、伦理性、感性和美的意识、主体行动的能力、平衡的感觉、体力以及精力等,是一个综合的概念。"② 从这一时期开始,完全放弃了"一般教育"这一称谓,而开始以建立日本式的"教养教育"为目标。

在日本学界,对如何定义"教养"和"教养教育"这一问题,并没有形成共识。小笠原正明在其《接近全球化时代的本科生课程》一文中,专门对教养教育作出界定:"关于教养教育,有一般教育、一般教养、人文艺术(Liberal Arts)教育等各种各样的称谓,而在本文中,教养教育仅在人文艺术(Liberal Arts)教育或现代人文艺术(Liberal Arts)教育这个意义上使用。"③ 也有学者指出:"目前还没有能够准确地对应'教养'的英语单词,有人将'Cultural Literacy'翻译成教养,但也有人表示这一单词的直译是文化意识,或者也可以翻译成一般教育。"④

---

① 日本高等教育研究会.大学審議会全28答申・報告集——大学審議会14年間の活動の軌跡と大学改革(下)[M].東京:ぎょうせい,2002.311-312.
② 新しい時代における教養教育の在り方について(答申) 平成14年2月21日,文部科学省ホームページ,http://www.mext.go.jp/b_menu/shingi/chukyo/chukyo0/toushin/020203.htm.[2002-02-03].
③ 日本高等教育学会.高等教育改革の10年[M].町田:玉川大学出版部,2003.32.
④ 絹川正吉,舘昭.学士課程教育の改革[M].東京:東信堂,2004.26.

三、院校水平课程改革的启动

根据一系列审议报告的建议,文部科学省先后修改了《大学设置基准》《学校教育法》和《教育基本法》,以政策的形式要求各个大学适应本校的教育理念、目标开始课程改革。在全国范围内,各项改革以比预想还要快的速度进行着。特别是国立大学,在以往《大学设置基准》的框架下,从设置认可到财政、组织构成、管理运营等很多方面,都受到政府的强大规制,与私立大学相比,改革的自由度很小。所以,对于国立大学而言,这次"设置基准大纲化"就像"50 年一遇的公交车",各自都想拿出所有的智慧,致力于这场新制大学成立以来的最大规模的改革。[①]伴随着"设置基准大纲化",有 508 所大学(约占当时大学总数的 99%,不包括 1992 年以后设立的 133 所大学、387 个学部)、1186 个学部(占学部总数的95%)实施了课程改革。[②]

在具体改革措施上,最早而且也最具冲击性的就是围绕着教养部等的组织变革。在新的基准中撤销了一般教育和专业教育的科目区分,与此联动的就是国立大学承担一般教育的教养部的改组。当时,设有教养部的 32 所国立大学,1992 年以京都大学、神户大学为首开始改组。到 1998 年时,(除东京大学外)31所国立大学全部撤销了教养部。[③]改组的形式大致有三种类型(见表 4.5)。

表 4.5　国立大学教养部的变革形式

主要类型	变革内容	主要代表大学
解体分流型	教养部教师全部分流到其他学部,由"二二分段"向"四年一贯"过渡	富山大学、德岛大学、新泻大学、千叶大学
全校改组型	全校性的学部改组,撤销教养部,创设新学部	神户大学、宇都宫大学、群马大学、冈川大学
创设新研究科型	拥有 150 位以上教师的教养部,其教养部改组与设立大学院研究科联系在一起	京都大学、大阪大学、九州大学、东北大学、名古屋大学

---

① 清水一彦.平成の大学改革を転る[M].東京:協同出版,1999.48.
② 大学におけるカリキュラム等の改革状況について[EB/OL].文部科学省ホームページ,http://www.mext.go.jp/.
③ 清水一彦.平成の大学改革を転る[M].東京:協同出版,1999.73.

伴随着教养部的改组,原来由教养部承担的一般教育转而由全校各个学部共同承担。课程结构也由原来二二分段的"横断型"向"楔型"或"四年一贯制"转换。在很多大学所谓的"四年一贯制",主要有两种含义:一是改变学生前两年由教养部负责、后两年由专业学部负责的体制,学生入学后即属于专业学部,并在专业学部中接受一般教育和专业教育,这主要是在实施体制方面的"四年一贯";二是学生在入学后属于专业学部,但专业学部主要以通识教育课程为主,即在课程设置模式方面的"四年一贯"。

与此同时,为了适应学术的发展和社会、时代的要求,各个大学设置了很多跨学科的、综合性的学部、学科。在学部的名称上,尤其在私立大学设置了很多诸如国际、文化、环境、信息等所谓"四文字、六文字"的学部,[①]也出现了众多的新兴学科,如信息工学、物质工学、建设都市工学、机械智能系统工学,等等。[②]包括国立大学在内的学部的种类也由1992年的104个增加到2000年的228个。[③]学部、学科的变化从20世纪80年代中后期就开始了,但"设置基准大纲化"以后,这种变化更加剧烈起来,并一直持续至今。

四、课程改革的具体内容

"设置基准大纲化"首先带来了国立大学课程结构及一般教育实施体制的剧烈变革,但与国立大学相比,私立大学的改革速度相当缓慢,改革的方向也各不相同,缺乏一致的主流方向。[④] 从全国整体上来看,课程改革的主要内容包括:修改科目的划分;修改毕业要求的学分数;修改必修、选修科目;引入"楔型"课程结构;等等(见表4.6)。

[①] 天野郁夫.日本の高等教育システム:変革と創造[M].東京:東京大学出版会,2003.51.
[②] 清水一彦.平成の大学改革を転る[M].東京:協同出版,1999.76-77.
[③] 日本高等教育学会.高等教育改革の10年[M].町田:玉川大学出版部,2003.12.
[④] 杨颉.大学通识教育课程研究——日本通识教育的历史与模式[D].华东师范大学博士学位论文,2003.48.

表 4.6　课程改革的具体内容①

	国立	公立	私立	合计
修改科目的划分	92	35	355	482
修改毕业要求的学分数	91	26	267	384
修改必修、选修科目	83	22	260	365
引入"楔型"课程结构	82	26	240	348
修改学分计算方法	79	17	213	309
导入专业方向制度	51	5	136	192

注：数字为实施该项目的大学数

课程改革最多的内容是"修改科目划分"，据文部科学省的统计，有 482 所大学不再沿用原来《大学设置基准》将本科教育课程划分为一般教育科目、外语科目、保健体育科目和专业教育科目的方式。改革后出现了各式各样的科目划分方式，例如，广岛大学的本科生课程由教养教育课程和专业教育课程构成，其中教养教育课程由通识科目、教养核心科目、基础科目和运动实习科目构成。千叶大学以教养教育为目的，教育课程包括全校公共的普通教育科目、多个学部或学部独特的专业基础科目以及每个学部内部的专业科目构成。其中全校公共的普通教育科目包括英语科目、初级外语科目、信息处理科目、体育健康科目、教养基础科目和教养展开科目。又如大阪大学的教育课程由通识教育科目和专业教育科目构成。其中通识教育科目包括不同主题的教育科目、语言信息教育科目、人类教育科目、基础习明纳、特别科目和健康、体育教育科目。

在课程改革的具体内容上，第二多的是"修改毕业要求的学分数"。原来的《大学设置基准》规定，本科生在毕业之际必须修满 124 学分，但事实上，学生在毕业时所修得的学分数远远高于这一数字。"设置基准大纲化"以后，大学在课程设置方面的自主权完全落实到各个学部，但基本上学分总数仍然高于 124 学分。例如，名古屋大学各个学部所规定的毕业总学分数分别为：文学部 132 学分（其中通识教育 48 学分）；法学部 136 学分（其中通识教育 48～50 学分）；农学部 130 学分（其中通识教育 50 学分）；医学部的保健科学为 124 学分（其中通识教

---

① 大学におけるカリキュラム等の改革状况について[EB/OL].文部科学省ホームページ，http://www.mext.go.jp/b_menu/houdou/13/12/011224.htm.[2001-12-24].

育 33 学分);理学部的数理科学为 138 学分(其中通识教育 42 学分);理学部的化学学分数为 132.5 学分(其中通识教育 46.5 学分)。① 此外,各个学部特色化的学分规定也伴随着其对选修、必修以及学分计算方法等的改革。

第三节 院校水平课程改革的实施状况

在理念及政策层面上,课程改革是激烈的、个性化的,那么,在院校水平上,课程改革的状况如何呢？在此仅以两所国立大学法人为例,介绍其课程改革的实施状况。之所以选取两所国立大学法人,主要出于以下两个原因:第一,一直以来日本的私立大学在自由度上要比国立大学大得多,所以,"设置基准大纲化"对于国立大学的意义要比私立大学深远得多;第二,尽管国立大学在总量上只占很少的比重,但其政策上的变化通常反映了日本高等教育改革的主导思想,并且一贯对公立和私立院校产生深远影响。

一、名古屋大学的课程改革

名古屋大学是 1939 年成立的名古屋帝国大学,1949 年成为新制国立大学,2004 年成为国立大学法人名古屋大学。20 世纪 90 年代以前,和其他大学一样,名古屋大学的课程由一般教育科目(由人文、社会、自然三个系列构成,也包括习明纳、综合科目)、外语科目、保健体育科目和专业教育科目组成。课程为"二二分段",一般教育由教养部承担。"设置基准大纲化"以后,名古屋大学的课程结构及实施体制发生了很大的变化。

(一)撤销教养部与"全校通识教育"

以"设置基准大纲化"为契机,名古屋大学反思以往的大学教育,认为其存在以下几个问题:①一般教育课程具有划一性;②一般教育中研究和教育分离;③忽视一般教育中学生的主体性;④一般教育和专业教育之间缺乏系统性;⑤大学教育的各学部间处于分裂状态。② 针对这些问题,名古屋大学开始

---

① 名古屋大学高等教育研究センター.大学における教養教育カリキュラムの比較研究[M].名古屋:名古屋大学高等教育研究センター,2006.13.

② 有本章.大綱化以降のカリキュラム改革——国立大学の事例報告[M].広島:広島大学高等教育研究開発センター,2004.93.

以四年一贯教育为目标进行课程改革。改革的基本目标确定为：(1)编制四年一贯的课程。撤销一般教育科目和专业教育科目的固定的划分，各学部负责按照各自的教育目的，在全校合作的基础上，实施四年一贯（医学部为六年一贯）教育。(2)培养学生的综合判断能力。废除划一的、分裂的教学科目，给予学生以广阔的视野和相互关联的知识，培养综合处理现代社会面临的基本问题的能力。(3)尊重学生的主体性和学习的意愿。学生自己选择专业相关的科目，主动地履修，在对科目进行适当的学年分配的同时，为学生履修其他学部以及全校开设的科目铺平道路。(4)适应国际化。强化作为基础的外语教育，通过外语教学加强学生对不同文化的理解，培养能够适应21世纪国际社会的人才。(5)以各机构间的相互合作、交流为基础，促进全校教育的活性化。(6)研究和教育一体化。在撤销教养部、设立新学部的同时，促进全校性的教育和研究的一体化。①

按照这一目标，名古屋大学对课程及其实施体制进行了改革。在课程方面，全面修改了原来由社会、人文、自然三个系列构成的一般教育课程体系，同时废止一般教育的称谓，改称"全校通识教育"。各学部自主编制课程，多个学部或者所有学部共同开设的教学科目，则被称为"全校通识科目"，它包括"基础习明纳"、"专业基础科目B"（"专业基础科目A"在各个学部作为本学部的专业课程开设）、"基本主题科目"、"综合科目"、"言语文化科目"以及"开放科目"（见表4.7）。作为毕业条件，各个学部根据各自的教育方针，规定学生的专业科目学分和全校通识科目学分，毕业学分在124～193（医学部）的范围内。

表4.7　名古屋大学"一般教育"向"全校通识教育"的转换

一般教育科目	人文、社会、自然系列；习明纳；综合科目	⇒	全校通识科目	基础习明纳；专业基础科目B；基本主题科目；综合科目；言语文化科目；开放科目
	外语科目			
	保健体育科目			
	专业教育科目		专业教育科目	

在实施体制方面，1992年，名古屋大学设置了大学院人类信息学研究科物质·生命信息学专业，1993年，设立了信息文化学部及大学院人类信息学研究

---

① 名古屋大学高等教育研究センター.大学における教養教育カリキュラムの比較研究[M].名古屋：名古屋大学高等教育研究センター，2006.35.

科社会信息学专业,并撤销了教养部。原教养部部分教师被分流到上述两个研究科及其他专业学部。然后,由各学部及相关机构派遣教师组成委员会,以"委员会方式"负责实施全校通识教育。委员会的职能主要是:确定全校通识教育的目标、理念;制定中、长期教育计划;制定必要的预算;充实设施设备;调整和协调各个学部及相关机构。

1998年,为了了解和掌握全校通识教育的实施效果以及科目划分的基本状况,名古屋大学进行了"以充实全校通识教育为目标的全校通识教育调查"。该调查主要以基本主题科目和基础习明纳为对象,调查结果显示,基础习明纳获得了很多肯定性的评价,而基本主题科目则存在着宗旨不明确、大部分学生并不是选择相互关联的科目、课程缺乏系统性等问题。鉴于此,全校通识教育被新的、由"基础科目"和"教养科目"构成的"全校教育"所取代。

(二)教养教育院的成立与"全校教育"

2001年12月,名古屋大学成立了教养教育院,它的主要职责是负责全校的教养教育。教养教育专门机构的成立主要出于两个原因:一是接受大学审议会的建议,改变以往强调教养教育和专业教育有机整合的态度,而将本科教育的目的直接定位于教养教育。二是名古屋大学清醒地意识到要实现教育目标,必须设立教养教育的专门责任机构。这样,名古屋大学的教养教育实施体制由"委员会方式"转为由教养教育院来统一负责。

对于这一变化,名古屋大学曾作出如下的说明:①"委员会方式"的实施体制在1993年向四年一贯教育体制过渡的过程中,确实很好地发挥了作用;②由各学部代表组成的"委员会方式"这一实施体制,虽然在教养教育的计划、立案、实施及评价方面承担责任,在管理以及调整各部局间的关系方面也发挥了作用,但其对课程进行根本性改革以及为改善全校通识教育质量调集资源却很困难;③在四年一贯教育体制建立之初,按照全校通识教育的理念、方针设计课程以及为此配置任课教师确实比较合适,可是,随着任课教师的退休、转职等,在基本主题科目中,教学科目和任课教师明显不相称,课程的僵化倾向逐渐暴露出来;④全校教育的责任者不仅要承担课程的实施,而且必须经常地检查目前的教育体制是否适应学生的需要以及社会的发展要求,为此,要超越各学部间的利害关系,探索全校通识教育应有的责任主体;⑤基于上述理由,虽然"委员会方式"的教养教育实施体制确实发挥了一定的职能,但仍然有改善的必要。① 教养教育院的专任教师池田辉政坦承:"实际上,这种新的组织形态能否发挥作用,在很大程度上取决于以教养教育院的领导和专任教师为中心的相关人士的热情和努力。"②

教养教育院的主要任务包括:全校教育课程和标准的制定;教养教育院注册教师的管理;全校教育的设计与实施体制的确立;全校教育的管理运营;课程评价和教学评价;推进各学部间的合作;教育援助和改善教育质量;调整和改善学习环境。③ 与此同时,课程的名称也由"全校通识教育"改为"全校教育"。所谓全校教育,按照名古屋大学的解释,即为了培养创新型,具有自立精神、个性丰富的知识人,由全校统筹负责实施基础教育及教养教育。全校教育的基本目标为:①培养综合的判断能力;②激发学生的主体性以及学习的积极性;③培养适应国际化的能力;④具备各个学部必须的基础学力。④ 随着实施体制的变革,课程及教学科目也发生了一定的变化,即将原来的基本主题科目和基础习明纳等变为"基础科目"和"教养科目"两类。基础科目包括全校基础科目、基础习明纳、语言文化科目、健康体育科目、文科基础科目和理科基础科目;教养科目包括文科教养科目、理科教养科目、全校教养科目和开放科目(见表4.8)。

表4.8 名古屋大学由"全校通识教育"向"全校教育"的课程转换

全校通识科目	基础习明纳;专业基础科目B;基本主题科目;综合科目;语言文化科目;开放科目	⇒	全校科目	基础科目	全校基础科目;基础习明纳;语言文化科目;健康体育科学;文科基础科目;理科基础科目
				教养科目	文科教养科目;理科教养科目;全校教养科目;开放科目
专业教育科目			专业教育科目		

分析起来,新的课程突出地强调了两点:一是将以往的"全校通识科目"改称"全校科目",并将其分为基础科目和教养科目。在第一学年主要教授基础科目,

---

① 篠田公穂.大学評価・学位授与機構による「教養教育」評価を体験して[J].名古屋高等教育研究(第3号),2003.9.
② 日本高等教育学会.大学の組織、経営再考[M].町田:玉川大学出版部,2002.58.
③ 教養教育院の主な業務[EB/OL].名古屋大学教養教育院,http://www.ilas.nagoya-u.ac.jp/role.html.[2015-09-21].
④ 全学教育の基本な教育目標[EB/OL].名古屋大学教養教育院,http://www.ilas.nagoya-u.ac.jp/education.html.[2015-09-21].

首先让学生整体地认识学科体系。第二学年以后,设置跨学科性质的教养科目,使学生理解学科间的关联性和综合性。二是进一步充实和加强了第一学年的教育。在新课程中,基础习明纳成为第一学年中最重要的科目。以往的习明纳分为文科和理科两类,而新的习明纳采用文理综合型。这种习明纳类似于转换教育,重在加强学生对大学生活的适应以及培养学生学习的主动性和积极性。据教养教育院院长平井胜利所言,与之前的教养部和委员会方式相比,新的教养教育院的实施体制更享有对课程进行设计以及对教学进行整体规划的权限。也就是说,以前的实施体制只是作为承担一般教育的教学单位,而教养教育院,更强调在课程设计、整体规划的基础上,组织全校教师开展教学,它不是单纯的教学单位,而且是组织教学、评价教学的行政组织。

名古屋大学的课程及实施体制的变革(见表4.9)实际上也体现了名古屋大学对人才培养的不断探索。2002年,大学评价学位授予机构(NIAD-UE)在对名古屋大学"教养教育"进行试行性评价之后指出:"名古屋大学非常特别之处在于为改善教育课程进行了不懈的努力,但在教养教育的主旨以及将其公开让更多人了解教养教育方面,名古屋大学还是有待改善的。"①也就是说,名古屋大学经过不断的课程改革在校内确立起教养教育实施体制,但如何将教养教育与本校的教育理念结合起来,或者说如何在本校教育理念的指导下组织和实施课程,这仍然是一个需要不断实践和探索的问题。

表4.9 名古屋大学通识教育课程及实施体制的变革

时间	实施体制	名称	教学科目
1990年以前	教养部	一般教育	一般教育科目、外语科目、保健体育科目、习明纳、综合科目
1991—2000年	委员会	全校通识教育	基础习明纳、专业基础科目、基本主题科目、综合科目、语言文化科目、开放科目
2001年以后	教养教育院	全校教育	基础科目、教养科目

二、琉球大学的课程改革

琉球大学是应美国占领军的政令,于1950年设立的政令大学,1966年成为琉球政府的府立大学,1972年,冲绳回归日本本土后,琉球大学才开始国立大学

---

① 大学評価・学位授与機構.「教養教育」評価報告書(平成12年度着手継続分 全学テーマ別評価)[R].名古屋大学,2003.8.

的时代,2004年成为国立大学法人琉球大学。琉球大学从建校伊始,就深受美国高等教育的影响,在1951—1968年长达17年的时间里,琉球大学与美国的密西根州立大学有全面的教育合作计划,同时,在冲绳回归以前,有很多在美国取得学位的教师任教于该校。由此,与其他国立大学相比,琉球大学特别重视本科教育,教师"重视教育"的倾向也高于其他国立大学。据广岛大学高等教育研究开发中心的调查,其他国立大学有14.4%的教师回答"重视教育",而琉球大学同一项目的教师比例则为22.4%。

琉球大学以真(探究真理)、公(为地区及国际社会作贡献)、和(追求和平、共生)作为大学的办学理念。并将本科教育目标定为:(1)有效利用本校传统,培养学生勤劳与创造,掌握丰富的教养和专业知识;(2)为国际社会作贡献,努力理解多元文化,提高外语(特别是英语)的发表及讨论能力;(3)适应信息社会,提高信息技术的运用能力。① 在一定意义上说,20世纪90年代以后琉球大学的课程改革正是这一教育目标的体现。

(一) 课程结构变革

20世纪90年代以前,琉球大学的课程结构与其他国立大学的课程结构基本相同,即教学科目包括一般教育科目、外语科目、保健体育科目和专业教育科目。其中一般教育科目由人文、社会和自然三个系列以及综合科目组成(见表4.10),并由教养部负责实施。

表4.10　20世纪90年代以前琉球大学课程结构

一般教育	一般教育科目	人文系列
		社会系列
		自然系列
		综合科目
	外语科目	
	保健体育科目	
专业教育	专业教育科目	

---

① 国立大学法人琉球大学の達成すべき業務運営に関する目標(中期目標)[R]. 琉球大学公式ホームページ, http://www.u-ryukyu.ac.jp/univ_info/general/houjin_siryou/data/chukimokuhyou.pdf. [2008-03-25].

1991年"设置基准大纲化"以后,琉球大学撤销教养部,进行课程改革,并将一般教育改为通识教育(见表4.11)。为实现本科教育目标,琉球大学明确将本校的教育课程定位为"四年一贯制"教养教育,即使在专业教育课程中也设置基础习明纳等,作为教养教育的补充科目。① 1996年4月,琉球大学设立了大学教育中心,用以组织和实施通识教育。该中心的主要任务包括:①共通教育科目的实施、运营;②为组织和实施大学教育进行调查研究;③由学生对教学进行评价,并根据评教结果表彰"优秀教师";④实施全校FD(faculty development)(公开教学、教学方法研讨会等);⑤加强与高中教育的联系。② 同时,该中心共通教育的目标是使学生具备以下能力:①适应现代社会的综合的视野和知性能力;②自我思考、判断、行动的能力;③不偏于个别领域的广博的知识;④关于身心健康的知识以及为增进健康的实践态度和技能;⑤文艺的、学术的理解和丰富的感性;⑥适应信息社会的信息处理能力以及具有国际视野的文化交流能力。③ 从通识教育课程结构可以看出,琉球大学的通识教育(包括专业基础教育)由3个领域9个科目群构成。按照规定,通识教育的最低学分数为28学分,具体由各学部自行确定。但实际上,大部分学部的通识教育学分都在40学分以上。

从表4.11可以看出,在"设置基准大纲化"前后,琉球大学的课程除结构的差异外,具体来说还有以下几点不同:(1)在新的课程中,教养领域的科目取代了以往由人文、社会和自然三个系列构成的一般教育科目。自然科学领域的科目又细分为面向文科学生的自然领域科目和面向理科学生的专业基础科目。(2)原来的保健体育科目被作为健康运动领域科目编制在教养领域内,而信息相关科目和外语科目则一起组成基干领域。(3)综合科目作为综合领域构成独立的科目群,由综合科目和特色科目构成。特色科目是20世纪90年代以前的课程中所没有的,它包括热带、亚热带、海洋、岛屿方面的科目;冲绳固有的自然、文化、历史、语言等传统艺能科目。这充分体现了琉球大学所强调的"有效利用本校传统,培养学生勤劳与创造、掌握丰富的教养和专业知识"的教育理念。

---

① 大学評価・学位授与機構.教養教育評価報告書(平成12年度着手継続分全学テーマ別評価)[R].独立行政法人大学評価・学位授与機構,http://www.niad.ac.jp/,2003,2.
② 大学教育センターの主な業務[EB/OL].琉球大学大学教育センター,http://w3.u-ryukyu.ac.jp/daikyo-c/operation/operation.html.[2008-11-20].
③ 共通教育の理念[EB/OL].琉球大学大学教育センター,ttp://w3.u-ryukyu.ac.jp/daikyo-c/operation/operation.html.[2008-11-20].

表 4.11 琉球大学课程结构及学分规定①

教学科目划分			最低学分数
共通教育	教养领域	健康运动领域科目	2
		人文领域科目 社会领域科目 自然领域科目	18
	综合领域	综合科目 特色科目	
	基干领域	信息相关科目	
		外语科目	8
专业基础教育	专业基础科目		
专业教育	专业科目		
合　计			124

（二）课程实施体制变革

教养部撤销后,琉球大学的通识教育由大学教育中心组织实施,并由包括旧教养部教师在内的全校所有教师共同承担,琉球大学将其称为"全校出动方式"。但在实际实施过程中仍然采用名古屋大学曾经试用的"委员会方式",这也是国立大学采用较多的方式。在琉球大学,以大学教育中心长为委员长,成立大学教育计划运营委员会,在该委员会下设立具体的科目群委员会,大学教育计划运营委员会负责实质性地讨论科目的设立、废止等,而每个科目群委员会则组织相关学部的教师开展通识教育的教学。琉球大学成立有 9 个科目群委员会：健康运动科目、人文科目、社会科目、自然科目、外语科目、信息相关科目、专业基础科目、综合科目、琉大特色科目。这 3 个领域 9 个科目群分别由不同的科目群委员会组织教师实施。

据广岛大学高等教育研究开发中心 2003 年对部分国立大学的调查②,琉球大学所谓的"全校出动方式",事实上承担通识教育的主体仍然是旧教养部教师

---

①　名古屋大学高等教育研究センター.大学における教養教育カリキュラムの比較研究[M].名古屋大学高等教育研究センター,2006.217.
②　该调查以 16 所国立大学和 5 所私立大学为对象,向 6 210 位教师发放问卷,回收 2 902 份,回收率为 46.7%。向 14 477 位学生发放问卷,回收 6 199 份,回收率为 42.8%。

以及有过教养部从教经验的教师。不仅琉球大学,其他国立大学也表现出了同样的倾向(见表 4.12)。也就是说,从整体上来说,教养部撤销以后,大部分原教养部教师虽然被分流到新的专业学部及研究科,但仍然大部分地承担了通识教育。

表 4.12　原教养部教师承担通识教育的科目数①

	是否有教养部从教经验	样本数	平均值	标准差	
承担通识教育的科目数	有	407	3.35	4.88	其他国立大学
	无	2387	0.79	2.67	
	有	17	3.53	2.37	琉球大学
	无	86	0.83	1.19	

三、比较与分析

选择名古屋大学和琉球大学作为个案,主要在于名古屋大学和琉球大学是两所不同层次的国立综合性大学。名古屋大学是日本早期建立的几所帝国大学之一,而琉球大学则是第二次世界大战结束以后建立的新制大学。另外,按照天野郁夫的高等教育分类标准,名古屋大学属于 R 型,即所有学部之上都有博士课程大学院,大学院在校人数与学部在学生人数之比为 9% 以上。而琉球大学属于 M 型,即仅有硕士课程大学院。换句话说,名古屋大学类似于中国的研究型大学,而琉球大学在一定程度上相当于中国的教学型大学。"设置基准大纲化"以后,两所大学的课程改革可以说既有个性又有共性,而且是同中有异、异中存同:(1)以"设置基准大纲化"为契机,两所大学都不再沿用《大学设置基准》对教学科目的划分,并由通识教育或全校教育取代一般教育。但在具体的科目划分上,琉球大学仍在教养领域保留了人文、社会和自然三个系列的区分,而名古屋大学则从学科的整合性出发,在全校教育中仅设基础科目和教养科目。(2)两所大学都撤销教养部,而且都曾经或目前正在采用"委员会方式"实施教养教育。具体来说,名古屋大学在试行几年以后,发现"委员会方式"缺乏对教养教育的直接负责机构,转而建立教养教育院,负责全校教养教育的计划、实施,而琉球大学

---

① 有本章.大綱化以降のカリキュラム改革——国立大学の事例報告[M].広島大学高等教育研究開発センター,2004.193.

目前仍然采用委员会方式。据文部科学省的统计，2005年有529所大学（约占大学总数的74%）设置全校教养教育运营委员会用以组织实施教养教育。① 也就是说，委员会方式的教养教育实施体制在日本大学中占大部分，而与此相比，名古屋大学显然又向前迈进了一步。

虽然在实施体制及课程结构方面，名古屋大学与琉球大学有很大的差异。但二者本科课程改革的基本方向都是实践教养教育，即融合了日本式教养的通识教育。历史上，通识教育主要有三种形式：一是盎格鲁—撒克逊（或更准确地说是英国）大学传统中所体现的自由教育；二是欧洲大陆大学传统中的教养教育（bildung）尤其是在德国、斯堪的纳维亚、低地国家和东欧部分地区；三是美国高等教育系统中发展起来的通识教育（general education）。饶有兴味的是这三种形式可以分别表述为：贵族的——因为无论是在家庭还是在国家，英国模式的自由教育都与统治阶级的培养紧密联系在一起；文化的——因为bildung首先与德国19世纪俾斯麦文化有关，其后又与生机盎然的文化（Kulur）的定义及研究传统的发展具有更大的联系；民主的——因为通识教育反映了美国大学中的民粹主义。② 而今天，日本各个大学所实践的教养教育正是对第三种通识教育形式的追逐。这一点在2000年大学审议会的报告《全球化时代的高等教育》中就已明确指出。有学者指出："我们把美国的文理学院教育设定为最重要的目标，撤销教养部，设立新的重视通识教育的学部，可是在实际改革进行的过程中，已经与目标有了很大的差异。将一般教育改为教养教育或通识教育，一般教育崩溃了，使专业教育或专门职业教育得到强化，而且，大学的教师和学生对教养教育漠不关心。教养部的撤销，教养教育、通识教育的责任体制崩溃，教师分属于专业学部，在全校合作负责教养教育的名义下，设立委员会，实际上谁都没有承担教养教育的责任。学生们也从一入校就被分属于各个专业学部，这是和美国大学完全不同的模式。"③从这个意义上来说，日本各个大学以教养教育为目标，试图寻找日本式的通识教育课程模式的实践还存在着很多问题与挑战。

---

① 文部科学省高等教育局大学振興課. 大学における教育内容等の改革状況について[R]. http://www.mext.go.jp/b_menu/houdou/20/06/08061617/001.htm.[2008-06-03].

② [英]彼特·斯科特. 大众化高等教育系统中通识教育的未来[J]. 陈薇薇,译. 国际高等教育,2006(4).18.

③ 天野郁夫. 日本型高等教育のゆくえ[J]. 戦後高等教育の終焉と日本型高等教育のゆくえ（第30回研究員集会の記録）,広島大学高等教育研究開発センター,2002.56.

第四节　课程改革的效果、问题与趋势

"设置基准大纲化"以后,各个大学尤其是国立大学进行了包括教学组织在内的全面的课程改革,其改革的规模在日本高等教育史上是空前的。对"设置基准大纲化"以后所启动的课程改革,各个大学、教育团体及文部科学省等都进行了大量的实证调查。在此,笔者将利用这些调查成果,主要从实证的视角来分析课程改革的效果、问题与趋势。

一、课程改革的效果

20 世纪 90 年代以来,以"设置基准大纲化"和追求个性为契机,各个大学开始了轰轰烈烈的反映本校教育理念和目标的课程改革。改革无所谓成功与否,只能说这些经过改革的大学在实现个性化的道路上进行了一种实践与探索,同样地,变革未必就是一种进步,衡量变革必须永远要与变革所服务的特定价值观、目标和结果相联系。而这在教育中经常是难以评估的,因为修辞的东西不同于现实的东西,因为结果是不能简单地予以确定和测量的。[①] 在此我们仅从各种数据和调查中了解教师、学生以及研究者对课程改革的不同评价。

（一）教师对课程改革的评价

1999 年 2 月,为了解课程改革的实际状况,广岛大学高等教育研究开发中心以学部为对象,实施了"教师对本科课程的意识调查",接受调查的教师为 2 008 名(回答率为 69.3%)。在教师调查中,整体上有 63.8%的教师认为现行的本科课程"好"或"某种程度上好",也就是说,大多数教师对现行的课程持肯定态度。具体来说,教师对"给予了必要的而且充分的专业科目"(66.4%),"已经形成系统性的课程"(62.8%),"学分取得及毕业认定标准适当"(67.2%)几项内容都有较高的评价。与此相反,对课程是否适应学生的多样性的评价比较低,认为课程"适应学生的多样化学力"的教师仅为三分之一,认为"通过补偿教育增强了学生学力"的教师也仅为 20.9%。[②] 也就是说,大多数教师对课程改革的效果

[①] [加]迈克尔·富兰.教育变革新意义(第 3 版)[M].赵中建,陈霞,李敏,译.北京:教育科学出版社,2005.10.

[②] 有本章.大学のカリキュラム改革[M].町田:玉川大学出版部,2003.94-102.

持肯定性评价,但同时也认为现行的课程并没有很好地适应和解决由于多样化入学考试而带来的学生学力的多样性问题。深入分析起来,它足以表明一点,大学为实现自身的个性化而努力,但大学并不认为或者根本无法做到通过实现学生的个性化进而实现自身的个性化。

(二) 学生对课程改革的评价

与"教师对本科课程的意识调查"一起,广岛大学高等教育研究开发中心也进行了"学生对大学教育的意识调查"。该调查以大学 3 年级学生为对象,参与调查的学生为 5 870 名(回答率为 94.7%)。从调查结果(见表 4.13)来看,大学生认可的具体改革措施大致有三种类型:一是以改善和充实图书馆、电脑等硬件为主的"环境改善型";二是以提供广泛的科目、到其他学部听讲、学分互换制等为主的"学生需要型";三是以重视出席情况、要求预习和复习为主的"规制型"。整体上看,以"学生需要型"为主,同时加强硬件设施的学生占大部分。

表 4.13 学生对大学教育的意识调查(2003)[①]

	回答数(名)	百分比(%)
改善了图书馆等学习场所	2 701	43.5
有了自由的时间	2 612	42.1
重视出席的科目多了	2 594	41.7
改善了电脑等	2 525	40.7
提供了广泛的科目	2 431	39.2
提供了专业性高的科目	2 162	34.8
和教学大纲本身一致的科目多了	1 297	20.9
必修科目和选修科目获得了平衡	1 178	19.0
要求学生参与教学的科目多了	993	16.0
成绩评价明确的教学多了	802	12.9
要求预习、复习的科目多了	783	12.6
设立了在其他学部听讲和学分互换制度	724	11.7
设立了学习"在高中没有修习的科目"的制度	640	10.3
涉及现实问题的科目多了	556	9.0
感觉教学方法有所改善的科目多了	374	6.0
提供了与就职相关的科目	368	5.9
设立了为学习提供咨询的窗口	226	3.6

① 有本章.大学のカリキュラム改革[M].町田:玉川大学出版部,2003.64.

（三）研究者对课程改革的评价

日本的研究者对课程改革的评价，主要存在"悲观的"和"乐观的"两个版本。[①]"悲观的"想法认为，由于教养部的撤销，以往专职承担教养教育的教师没有了，而大多数教师以"研究"为志向，教养教育将进一步受到轻视。名义上是全校合作承担教养教育，实际上仍以原教养部教师为主，而且，由于这些教师分属于专业学部，必然要承担一定的专业教育和研究生教育，由此，他们的负担和不满必然加重。即使是没有教养部经验的教师部分地承担教养教育，也只不过是在几个课时内，拼凑起所谓的综合科目。当他们对什么是教养教育，应该如何实施教养教育以及教养教育和专业教育的关系等问题，还没有深入思考之前，其"教养教育"任务就已经结束了。"乐观"的想法认为，由于撤销教养部，承担教养教育的专职教师没有了，在全校合作承担的新的体制下，以往没有教养部经验的教师也开始参与新的教养教育。虽然参与的程度因人而异，但由于其以某种形式承担了教养教育，而开始对以往所不明白的教养教育有了新的关注。而且，教养教育也不再是一部分教师的事，而是所有教师的职责。虽然也有的教师对此敷衍了事，但通过机械性地轮流承担，使教师意识到教养教育不再是他人的事，而是自己作为全校一员必须承担的职责，这样，就会使教师对教养教育的关注不断增强。

通过上述考察，对课程改革的效果可作如下解释：（1）在通识教育课程的称谓上，日本虽然放弃了第二次世界大战结束之后美国强制引入的"一般教育"，而在20世纪90年代以来试图建立日本式的"教养教育"，但在改革实践中，日本的"大学人"则仍然带有一定的专业教育倾向，目前的大学课程也以提供充分的专业科目为主。也就是说，20世纪50年代以来没有确立起来的通识教育理念，在进入20世纪90年代以后，仍将面临着"适应"的问题。（2）从具体改革措施来看，各个大学主要是加强适应学生需要的软件建设以及充实图书馆、信息系统等环境调整为主，大学教师对课程改革的效果持肯定性评价。然而正是因为大学教师带有一定的专业教育倾向，所以，他们所高度评价的课程改革也许在一定程度上偏离了教养教育的方向。（3）从研究者对课程改革"悲观的"和"乐观的"想法来看，各个大学撤销教养部、改革课程结构及实施体制等措施，能够在多大程度上确立起教养教育或者说日本式的通识教育课程模式，直到目前为止，并没有

---

① 有本章. 大学のカリキュラム改革[M]. 町田：玉川大学出版部，2003. 57-58.

形成统一的定论。

二、课程改革的问题

从大学审议会的改革建议以及各个大学目前的改革行动可以看出,其改革的基本方向就是实践日本式的"教养教育"。学者有本章认为,目前日本大学的本科课程改革,在实践教养教育方面取得了一定成绩,但与成绩相比问题也很明显,整理起来,主要的问题有:①教育理念、目标的崩溃;②实施体制的向心力低下;③课程编制的系统性不充分;④教学效果不足;⑤学生学力不振等。[①] 这些问题归根结底就是围绕着教养教育课程的理念及实施两个问题展开的。

(一) 教养教育课程理念方面的问题

1951年,大学基准协会的研究报告——《大学中的一般教育》,曾就一般教育理念指出三点:①把一般教育的目标规定为"将来学生不管从事什么职业,都能正确地批判民主社会的政治、经济及社会关系,为推进及改善社会作出贡献,具有价值判断能力、对美的鉴赏能力以及科学的判断能力,能够创造良好人生"。②按照这一目标,一般教育由人文、社会、自然三个系列构成,同时也希望开设超越各系列的综合科目。考虑到一般教育和专业教育的关系,重视专业教育中所欠缺的领域的教育。③为了达到一般教育的目标,要从"以教师为中心的教学方法"向"以学生为中心的教学方法"转换。正确理解学分制的意义,必须以花在教室教学时间两倍的时间来准备讲义。[②] 从这里可以看出,其第①和第③所强调的理念与目前大学审议会关于"教养教育"的理念是基本一致的。然而在新制大学几十年的发展中这一理念并没有实现,究其原因主要有以下几点:①这一理念直接源于美国,不可避免地存在文化适应问题;②大学基准协会过分强调人文、社会、自然三个系列平均履修的方式,虽然也曾建议开设综合科目,但事实上20世纪70年代以后综合科目才出现在部分大学;③受德国模式的影响,日本的大学教师以研究为志向,与大学、学部相比,对专业领域有更强烈的归属感。半个多世纪的时间过去了,这些导致通识教育理念无法实现的原因,并没有因为时间的流逝而发生本质的改变。据广岛大学对日本部分大学的校长、学部长及一般

---

① 有本章. 大綱化以降のカリキュラム改革——国立大学の事例報告[M]. 広島:広島大学高等教育研究開発センター,2004.9.

② 絹川正吉,舘昭. 学士課程教育の改革[M]. 東京:東信堂,2004.73.

教师的调查，他们一致认为，本科教育的目的是"掌握作为专业人所需要的知识、素质"，认为本科教育是"教养教育和专业教育有机统合"的教师仅为 30%。① 原东北大学校长西泽润一表示，在东北大学课程改革的讨论中，有两三个学部明确提出不需要一般教育，应该尽早开始专业教育，为此，东北大学才设立了大学教育研究中心。② 20 世纪 90 年代以来各个大学纷纷设立大学教育中心、教养研究中心等的原因也许就在于此。另外，日本政府及大学对教养教育概念的解释缺乏统一性，教师和学生没有充分理解教养教育理念，学生对教养教育的教学状况不满，认为教师的教学技术并没有激发起学生的学习积极性以及促进学生学力的提高。所以，有学者表示，今天的教养教育理念、规范处于混乱状态，重新回到通识教育的原点进行再探讨是必不可少的。③

（二）教养教育课程实施方面的问题

课程改革主要有三种类型：一是着重于充实教养教育；二是着重于充实专业教育；三是着重于满足社会及时代需要的实践教育。整体来说，采用第二种类型的比较多，尤其是国立大学，而私立大学第一种或第三种类型较多。④ 对于国立大学来说，专职于一般教育的教养部的撤销，首先意味着一般教育学分数的减少。据统计，以往以工学部、法学部为主，毕业要求大大超过 124 学分的国立大学，在"设置基准大纲化"以后，以减轻学生负担为由减少了 10～20 学分，但实际上减少的学分数基本上都是一般教育的学分数。各个大学的一般教育学分数为 20～54 学分不等，大学之间差异很大。但最多的集中在 30～40 学分，与以往一般教育学分最低标准为 36～48 学分相比，有明显的减少倾向。⑤ 对于私立大学来说，由于 18 岁人口的减少，课程改革以消费者需求为导向，通过满足学生的需要来维持大学的生存是必然的选择。诚如麦金尼斯（Mclnnis）所指出的，大学的成功有赖于它们多大程度上对学生的需求和期望作出回应。⑥

---

① 有本章.大綱化以降のカリキュラム改革——国立大学の事例報告[M].広島：広島大学高等教育研究開発センター，2004.9.
② 天野郁夫.大学を語る22人学長[M].町田：玉川大学出版部，1997.26-27.
③ 有本章.大綱化以降のカリキュラム改革——国立大学の事例報告[M].広島：広島大学高等教育研究開発センター，2004.11.
④ 絹川正吉，舘昭.学士課程教育の改革[M].東京：東信堂，2004.224.
⑤ 絹川正吉，舘昭.学士課程教育の改革[M].東京：東信堂，2004.222-223.
⑥ ［日］有本章.教师发展(FD)的课题——日本的视角[J].丁研，译.复旦教育论坛，2006(6).9.

教养部的撤销,消除了教养部教师和专业学部教师之间的紧张和不满,但同时也意味着专职从事教养教育的教师以及教养教育负责机构的消失。名古屋大学的教养教育实施体制在试用"委员会方式"几年后,建立专门负责实施教养教育的教养教育院,就是这方面典型的例子。另外,教养部撤销后学生属于专业学部,在本科阶段强调一般教育和专业教育的一体化,如何处理本科教育与研究生教育的关系也成为一个问题。目前,日本提出"大学院重点化"政策,即建设世界高水平研究基地。以竞争为基础,在一定的期限内对研究基地的经费、设施设备等资源进行集中重点分配。所以有学者表示,如果本科教育过于强调一般教育,那么事必会对大学院重点化带来一定的障碍。①

(三)教养教育课程自身的问题

融合了日本式教养的通识教育,其自身也存在着一定的问题。美国被认为是实施通识教育比较成功的国家,但事实上,即使在美国,关于通识教育课程也存在着不断的争论与分歧。整体来看,教养教育课程有如下几个问题:

首先,从通识教育课程的内容来说,大学在设计课程时,首先必须探讨"学生应该知道什么"和"学生要具备什么样的能力",进而追问"大学要培养什么样的人"。然而关于"大学要培养什么样的人"的问题,在一定程度上已经超乎知识和能力的问题,甚至涉及大学作为国家公共机构的合法性前提。

其次,从通识教育课程的连贯性来看,理论上,课程应该有逻辑的连贯性。通识教育的课程编制和设计的连贯性,在规划时应注意,在实施当中更应遵守,以便贯彻。然而,实际的情形,却颇不相称。美国大学协会1985年指出:"目前课程哲学几乎倾向于市场哲学,学生是自由的购买者,教授是知识的贩卖商……市场哲学拒绝建立共同的期盼和规范,更严重的是,各课程之间缺乏理论和相互的连贯,甚至全部课程都难以衔接。"②日本学者也指出,在战后40年的漫长历史中,日本的本科课程分裂为前期的一般教育和后期的专业教育,并没有形成连续的、整合性的课程,这个后遗症到现在还持续着。③

最后,大学是按照时代及社会发展的需要提供通识教育还是考虑学生接受

---

① 天野郁夫.大学を語る22人学長[M].町田:玉川大学出版部,1997.28.
② 孔令帅.当前美国研究型大学通识教育课程实施存在的困难[J].江苏高教,2007(2).67.
③ 日本高等教育学会.高等教育改革の10年[M].町田:玉川大学出版部,2003.31.

教育的动机为其提供需要的教育？这关乎通识教育存在的合理性问题。美国的一项调查表明,75%的大学生把经济上的成功看作他们接受教育的一个非常重要的动机,只有40%的学生认为大学教育是一个能够培养有意义的人生观的机会,这和20世纪60年代学生的动机正好相反。[①] 当然,这不仅是美国通识教育的问题,也是日本以及包括中国在内的希望建立通识教育课程模式的大学必须思考和解决的重要问题。那么,融合了日本式教养的通识教育又将如何面对和解决这些矛盾呢？

三、课程改革的趋势

目前的课程改革存在以下几个明显的趋势:一是在"大学教育个性化"和"创建个性化大学"的目标下,越来越强调课程的"校本性";二是教养教育课程仍在不断探索中;三是在课程实践中重视学生的"学习成果"。

(一)课程的"校本性"

"设置基准大纲化"使各个大学的课程设置、科目划分、学分规定等由各个大学自主确定,这使各个大学为了能够在激烈的竞争中获胜,也为了本校的毕业生能够在就业市场中处于有利位置,而开始根据社会需求及本校的个性与特色在课程改革上下功夫。由此,各个大学的课程越来越多样化,也越来越体现校本(本校)色彩。这也是大学审议会一直所强调的,"各个大学根据本校的教育理念、目标,编制课程"。有学者指出:"通识教育改革的根本必须从充分认识大学通识教育的意义、目的出发,然后,在课程中定位通识教育。"[②] 到目前为止,几乎没有哪两所大学具有完全相同的课程结构。如前所述,广岛大学的本科课程由教养教育课程和专业教育课程构成;而神奈川大学则与此相反,将原来的"教养课程"改称"基本科目",同时在"基本科目"之下,又分为"通识主题科目""通识基础科目""语言学科目""健康科学"四部分。这完全改变了以往《大学设置基准》对各个大学在课程设置、学分规定等方面的统一要求。当然,各个大学课程设置、课程结构等方面越来越多样化的同时,在各个大学之间仍然有一些共同的特征,如在课程中尽量增加学生选修的比例;课程内容越来越强调基础性和综合

---

① [美]詹姆斯·杜德斯达.21世纪的大学[M].刘彤,屈书杰,刘向荣,译.北京:北京大学出版社,2005.33.
② 青木宗也.大学論:大学「改革」から「大学」改革へ[M].東京:大学基準協会,1996.73.

性;与"学科课程"相比,"主题课程"越来越多等等。

(二)教养教育课程仍在探索中

进入 21 世纪,日本完全放弃了第二次世界大战结束之后所引入的美国的"一般教育"这一称谓,而开始以建立日本式的教养教育为目标,并将本科教育明确定位为"教养教育"。大学已经开设了各种形式的体现教养教育的科目(见表4.14)。从表中可以看出,大学在教养教育课程的开设上,采取了比较多的措施。据文部科学省的统计,2014 年,有 479(国立 74、公立 46、私立 359)所大学设置了全校性的教养教育组织,占大学总数的 62.9%。①

表 4.14 教养教育课程的开设情况(2003)② （单位:所）

	国立	公立	私立	合计
提供跨学科的、综合性的内容	90	57	404	551
实验、实习	69	31	199	299
培养教学助手	22	9	141	172
增加专业教育的基础科目	84	57	430	571
课程面向高学年学生	49	16	223	288
训练文章写作能力	74	43	341	458
培养信息利用能力	92	66	469	627
提供关于身心健康的科目	89	58	449	596
设立社会性的、学术性的主题科目等	88	61	416	565

不管是人文、社会还是自然科学,主要探索的本质内涵是人类精神的自由、心灵的满足、生命的尊严、生活的价值、资源的善用、宇宙的和谐等,这是通识教育的精神。③ 当然,也是日本式的教养教育的精神。但多样化的课程结构、五花八门的课程名称以及为此而采取的上述措施,是否能够实现通识教育精神以及是否适应了各个大学自身的教育理念,这不仅是日本大学正在探索和实践的问

---

① 平成 25 年度の大学における教育内容等の改革状況について(概要)[R]. http://www.mext.go.jp/a_menu/koutou/daigaku/04052801/__icsFiles/afieldfile/2015/09/10/1361916_1.pdf,2015.6.

② カリキュラム改革の実施状況[EB/OL]. http://www.mext.go.jp/b_menu/houdou/17/03/05060902/001.htm.[2005-06-09].

③ 黄坤锦.大学通识教育的基本理念和课程规划[J].北京大学教育评论,2006(3).31.

题，同时也是所有人在短时间内无法回答的问题。

（三）重视学生的"学习成果"

最近几年，各种审议会以及大学开始逐渐重视学生的"学习成果"，这主要是受到英、美等其他国家的影响。在美国，学生的学习成果一般被定义为：作为接受特定的高等教育结果，学生所掌握的知识、技能和能力。广义上说，它还包括获得良好的职业、高额的收入、对社会的贡献、享受良好的生活方式、获得终身学习的能力等多种成果。[①] 美国的各个大学根据本校的教育目标，制定有相应的学生在毕业时应该具备的知识、技能和能力的成果指标。英国高等教育质量保证机构（Quality Assurance Authority，QAA），制定了《不同领域学位水准指标》，其中包括57个不同领域学位获得者应该具备的能力指标。澳大利亚教育研究审议会（Australian Council for Educational Research，ACER）最近也指出，学生需要的技能在原有的作文能力、批判思考能力、问题解决能力、相互理解能力的基础上，还要追加基本技能、处理技能、信息技能、调查技能。不难看出，不仅大学课程设置的权限由国家向大学转移，同时对课程效果的评价也由教师的教学效果向学生的学习成果转移。

2007年，日本文部科学省提出了"学士力"的概念，简单说来，"学士力"指的是所有本科专业学生在获得学士学位之前必须具备的能力。这是日本政府为了保证本科教育和学士学位的质量，希望通过制定学生在本科毕业前必须达到的基本要求，为所有本科课程必须达到的最低学习成果提供政策参考。"学士力"的具体内容包括：①知识与理解；②应用的技能；③态度与志向；④综合性的学习经验与创造性的思考能力。2008年大学审议会在其报告《学士课程教育的构筑》中明确指出：在成绩评价时强化严格的"出口管理"，根据各个大学的实际情况，为学生提供证明其"学习成果"的机会；在各个领域设定国际通用的"学习成果"及其目标。[②] 如何将这一理念落实为具体的课程实践，是目前和今后日本课程改革的最大焦点。

[①] 黄福涛.本科教育质量保证研究——历史与比较的视角[J].高等教育研究，2008(3).71.

[②] 学士課程教育の構築に向けて（審議のまとめ）[R]. http://www.mext.go.jp/component/b_menu/shingi/toushin/_icsFiles/afieldfile/2013/05/13/1212958_001.pdf.[2008-03-25].

第五章 教师：聘任制与卓有成效的FD

课程并不能担当起大学教育的全部责任，在大学教育过程中，教师理所当然是最重要的。他们制定课程计划并帮助创造校园内的学术气氛，同时也维系或削弱着学校的社会环境和知识环境。实现办学个性化，当然更需要对教育活动各构成要素（教师、学生、教育内容、教育物资）所组成的整个教育教学活动进行变革。而关于"教师"的变革主要体现在任期制和FD制度两个方面。

第一节 日本的大学教师及其任期制的引入

"大学教师这个职业受复杂的历史发展的影响，大学拥有悠久的历史传统，可以追溯到中世纪的欧洲，而大学教师就是这个传统的最显而易见的体现。尽管各国的大学制度有所差异，但是都是从欧洲的共同根源衍生而来。"[①]长期以来，日本大学有国立、公立、私立之分，教师身份也有国家公务员、地方公务员、私立学校教师（学校法人）之别。日本大学教师这种特殊的身份，形成了其独有的特征。20世纪90年代，在轰轰烈烈的建设"个性化"大学的政策改革中，"终身雇佣"被任期制取代，教师的"公务员"身份也在2004年画上了句号。

一、日本大学教师的特征

按照《大学设置基准》的规定，为达到教学与研究的目的，大学设有学科制和讲座制，并配备必要的学科专职教师。主要学科

---

① [美]菲利普·G.阿特巴赫，罗伯特·O.波达尔，帕崔凯·J.甘波特.21世纪的美国高等教育——社会、政治、经济的挑战（第2版）[M].施晓光，蒋凯，主译.青岛：中国海洋大学出版社，2007.226.

原则上由专职教授或副教授担任,讲座制原则上由专职教授负责,配备必要的副教授、讲师和助教。整体来说,日本的大学教师主要有以下四个基本特征。

(一) 私立大学的教师多于国、公立大学

日本高等教育主要由公立系统(包括国立大学和公立大学)和私立系统(主要指私立大学)两部分组成,这种构成通常也被称为高等教育的"二元结构"。2015年,私立大学(604所)占大学总数(779所)的77.5%。① 相应地,私立大学的教师也多于国、公立大学。日本在20世纪60年代开始的高等教育大众化进程中,私立系统的教师数比公立系统的教师数增长得快。据统计,从1960年到1994年,日本的大学教师总数扩张了3.1倍,其中公立系统扩张了2.2倍,而私立系统则扩张了4.6倍。② 截至2015年,日本大学共拥有教师182 728人,其中国立64 677人、公立13 125人、私立104 926人,③有57.4%的大学教师集中在私立系统。从这里可以看出,占大学总数77.5%的私立大学拥有57.4%的大学教师,而与此相反,占大学总数22.5%的国、公立大学则拥有大学教师总数的42.6%。由此造成私立大学生师比远远高于国、公立大学。当然,这也与大部分私立大学为教学型大学,大部分国、公立大学为研究型大学有关。

(二) 大学教师具有强烈的研究志向

经过战后高等教育大众化的发展,日本逐渐形成了以国、公立大学为中心的研究型大学和以私立大学为中心的非研究型大学。而且,国立大学承担研究生教育的教师数量,是私立大学的两倍,教师强调研究志向也是可以理解的,可是有意思的是非研究型大学教师也形成了以研究为志向的风气。正如有学者指出的,不管在美国还是在日本,都有社会公认的所谓一流大学和三流大学。可是日本的实际情况是,即使是一流大学的教师,其教育意识之低,不亚于三流大学,相反,三流大学教师的研究意识之高,也不亚于一流大学。④ 另据卡耐基大学教师

---

① 学校基本調査-平成27年度(速報)結果の概要放[R]. http://www.mext.go.jp/component/b_menu/other/__icsFiles/afieldfile/2015/08/18/1360722_03_1.pdf. [2015-08-18].

② 有本章. 大学教授職の現状と課題——カーネギー国際調査の分析[J]. 大学論集(第24集),1995.37.

③ 中央教育審議会大学分科会制度・教育部会. 学士課程教育の構築に向けて(審議のまとめ)[R]. 文部科学省ホームページ,http://www.mext.go.jp/. [2008-04-10].

④ 日下公人[ほか]. 今、日本の大学をどうするか[M]. 東京:自由国民社,2003.56.

国际调查(Carnegie International Survey on Academic Profession),83%的教师在"教学"和"研究"两方面花费的时间为39小时,其中用于"教学"的时间,研究型大学教师为12小时,非研究型大学教师为20小时,而两者投入"研究"的时间均为20小时。[1]

(三)超稳定的大学教师队伍

卡耐基教育振兴会对14个国家和地区共19 486位(其中日本教师1 699位)教师的国际调查显示,日本的大学教师没有在其他学校任职经历的约占总数的62.7%,具有两个学校任职经历的教师约占总数的27.3%,具有3个学校任职经历的教师约占总数的6.8%,具有4个学校任职经历的教师约占总数的1.6%,即有6成以上的教师没有变换过学校。[2]

表5.1 14个国家和地区大学不同年龄教师流动情况(人次)[3]

国家和地区\年龄	30岁以下	30～35岁	36～40岁	41～45岁	46～50岁	51～55岁	56～60岁	61～65岁	65岁以上	全部任职期间
荷兰	0.18	1.00	1.05	1.21	1.88	1.39	1.00	2.00		3.53
中国香港	0.41	0.37	0.55	0.78	1.14	1.39	1.76	2.42		2.69
澳大利亚	0.29	0.53	0.85	1.05	1.06	1.27	1.34	1.22		2.58
巴西	0.63	0.93	0.91	0.91	1.22	1.25	1.50	1.04	1.06	2.42
德国	0.11	0.28	0.66	1.00	1.14	1.13	1.17	1.12	1.48	2.00
英国										1.77
瑞典	0.30	0.49	0.53	0.68	0.73	0.91	0.87	0.87	1.40	1.68
以色列		0.56	0.42	0.86	0.90	0.95	0.87	0.76	1.56	1.64
美国	0.09	0.31	0.53	0.73	0.84	1.00	1.00	1.02	1.15	1.62
墨西哥	0.23	0.32	0.52	0.59	0.55	0.62	0.78			1.54
智利	0.14	0.35	0.54	0.58	0.84	0.96	1.13	1.10	0.96	1.52
韩国		0.10	0.11	0.37	0.32	0.43	0.55	0.48		0.83
日本	0.44	0.42	0.38	0.33	0.41	0.41	0.47	0.64	0.81	0.78
俄罗斯		0.22	0.10	0.16	0.24	0.25	0.29	0.45	0.50	0.54

---

[1] 有本章.大学教授職の現状と課題——カーネギー国際調査の分析[J].大学論集(第24集),1995.40.

[2] 巴玺维.日本大学的教师任期制[M].北京:华夏出版社,2007.112-113.

[3] 巴玺维.日本大学的教师任期制[M].北京:华夏出版社,2007.113.

近几年,随着高等教育的普及化以及政府有意识的新自由主义政策的影响,各个大学之间在入学招生、资金获得等方面出现了"强势"和"弱势"的差别。据统计,2001年,日本的科学研究补助金的58.7%集中在排名前20位的大学。① 为适应大学之间竞争的不断激化,日本政府也开始努力促进大学教师的流动性。1994年大学审议会《关于改善教师录用》的审议报告,建议各个大学促进大学教师的流动性,在录用教师时,充分考虑教师在包括外国在内的其他大学的教育研究经历,以及拥有民间企业等工作经历的社会人。② 目前,日本的各个大学都在以某种形式实施教师聘任制,从而使大学教师在公立系统和私立系统之间以及研究型大学和非研究型大学之间的流动不断增多。

(四) 大学教师中女教师和外国教师的比例偏低

1990年时,日本大学中男教师占教师总数的90.8%,女教师仅为9.2%,虽然与1955年时的女教师占5.2%相比,已经有了一定的改善,但与同期的美国(26.7%)、瑞典(25.8%)、德国(17.0%)等国家相比,这一比例仍然很低。而且和其他国家一样,在研究型大学以及处于上位阶层的大学中,女性教师的比例更少。③ 2014年,日本大学有正式教师17 726人,女教师39 095人,占教师总数的22.1%④,虽然数量上有了长足的发展,但比例仍然偏低。从外国教师的数量来看,帝国大学时期,外国教师占教师中的大部分⑤,但随着时间的推移,外国教师的比例越来越少。1991年时,在日本大学的外国教师仅为2 415人(占教师总数的1.9%)。有学者认为,仅从这一数字来看,就不能说日本大学是"普遍主义"或"世界主义"的。⑥

早在20世纪80年代初,日本学者喜多村和之就曾对日本的大学教师及大

---

① 山本眞一.大学の構造転換と戦略[M].東京:ジアース教育新社,2002.45.
② 日本高等教育研究会.大学審議会全28答申・報告集——大学審議会14年間の活動の軌跡と大学改革(下)[M].東京:ぎょうせい,2002.363.
③ 有本章.大学教授職の現状と課題——カーネギー国際調査の分析[J].大学論集(第24集),1995.38.
④ 学校教員統計調査(平成25年度)[R].http://www.e-stat.go.jp/SG1/estat/List.do?bid=000001058821&cycode=0.[2015-10-02].
⑤ 喜多村和之.大学教育の国際化——外からみた日本の大学[M].町田:玉川大学出版部,1987.30.
⑥ 有本章.大学教授職の現状と課題——カーネギー国際調査の分析[J].大学論集(第24集),1995.38.

学教育,批判地指出了五点:①日本的大学教师,与教育相比,具有更高的研究志向;②日本的大学教育中不存在系统的结构的课程;③日本的大学教育形式与方法单一、僵化;④日本的大学教师之间对教学内容的分担、调整等问题基本上不进行交流;⑤总体来说,日本的大学教育中,缺乏欧美等大学中个人的或组织的关于教学方法、课程等的开发、研究。① 现在看来,这些问题即使在进入21世纪以后在一定程度上也存在着。

二、任期制的引入与制度化

长期以来日本大学教师人事制度的一个基本特征就是终身雇佣,即一旦经过考核被大学录用为正式教师,只要没有特殊情况可以一直工作到退休。1949年,日本出台的《教育公务员特例法》,确定教师身份为公务员(国立大学教师为国家公务员,公立大学教师为地方公务员),并为教师享有的各种权益提供了法律保障。此后,在"公务员"身份掩盖下的终身雇佣、近亲繁殖、学阀政治等问题越来越突出,以致直接影响到大学教育质量与研究水平的提高。

其实早在1971年,中央教育审议会的咨询报告《关于今后学校教育的综合扩充完善的基本措施》(又称"四六报告")就曾针对大学教师人事管理提出建议:①"要从制度上打破教师人事的封闭性,如设置教师在同一大学内连续工作的年限,规定担任某种职务的最高年龄,可以任用有期限的教师";②"对教师担任同一岗位职务设置期限,在任用同一学校毕业生时限制人数";③"高校要确保接纳那些符合教学或学术研究工作需要和性质的人员成为教师,以防止因人事的封闭性而产生教学与学术研究活动的停滞,对教师的选拔和业绩评价要有校外的专家参与";④"在吸引优秀人才进入高等教育机构时,为更便于与校外人士沟通,必须根本改善教师的工资和待遇";⑤"在工资制度方面对教师的教学努力给予帮助"。② 当时,"四六报告"的内容因为触及到了教师职业身份的稳定性问题,而在大学内部引起很大反响。最终,改革重点放在了改善教师待遇方面,进而1973年国立大学协会提交了《关于改善国立大学教师等待遇的报告书》。

---

① 喜多村和之.大学における教育機能について—Teachingとカリキュラムに関する比較的考察[J].大学論集(第11集),1982.107.
② 中央教育審議会.今後における学校教育の総合的な拡充整備のための基本的施策について(答申)[R]. http://www.mext.go.jp/b_menu/shingi/old_chukyo/old_chukyo_index/toushin/1309492.htm. 昭和46年(1971)6月11日.

1984年，成立的临时教育审议会在讨论高等教育改革时，明确提出："为了打破人事的封闭性，促进流动性，应该对教师引入任期制。"此后，经过大学审议会的一系列报告，教师任期制完成了其制度历程（见表5.2）。

表 5.2　教师任期制引入的基本历程

1987年4月	临时教育审议会《关于教育改革的第三次咨询报告》首次提出选择性任期制，提出对任期制的比较完整的意见
1991年5月	大学审议会咨询报告《关于平成五年以后高等教育计划》将教师任期制纳入计划内容
1994年6月	大学审议会组织运营分会的咨询报告《关于教师任用的改善》指出，需要以大学教学与学术研究活性化为目的进行教师人事制度改革，实行任期制
1996年7月	日本学术审议会提交《关于培养和确保面向二十一世纪的学术研究人员》的报告，提出以新进专职教师为对象实行选择性任期制
1996年10月	大学审议会咨询报告《关于大学教师的任期制》将任期制作为提高教学与学术研究活力以及促进教师流动性的重要政策建议
1997年6月	《关于大学教师等的任期的法律》经国会审议通过，正式通过
1997年8月	《关于大学教师等的任期的法律》开始实施

1997年4月，日本政府制定了关于大学教师等的任期制的法案提交国会讨论，众议院与参议院分别在同年5月22日、6月6日通过了法案——《关于大学教师等的任期的法律》，于6月13日正式公布，8月25日开始生效。按照该法律的规定，大学是否采取教师任期制，国立、公立大学由校长依据评议会作出决定或者由教授会来决定；私立大学的决定权在于理事会。也就是说，是否实行教师任期制、哪些部门哪些岗位实行任期制以及任期的时间长短等完全由大学自主决定。同时，众议院和参议院在"任期制法律"获得通过时，还附带决议规定：在导入任期制时必须以尊重大学教师身份的精神保证大学自治和学术自由，同时，政府在对大学的教育研究提供支持时，不得以是否引入任期制为条件干涉大学的自主办学。

三、"公务员"身份的终结

2003年7月，日本国会审议通过了《国立大学法人法》，自2004年4月1日起，日本所有国立大学的身份变成了"独立行政法人"，国立大学的教师不再具有国家公务员编制，开始实行有弹性的"非公务员型"的人事制度。教师公务员身份的终结无疑为任期制的全面实施起了推波助澜的作用，也将整个高等教育改革推向了一个新的高潮。具体来说,"公务员"身份的终结,似乎给大学教师带来了以下三个变化。

(一)大学人事自主权的强化

如前所述,日本政府在实施大学教师任期制改革时,并没有采取"一刀切"的政策,而是由大学自主实施教师任期制,大学可以规定所有教师必须全部参与,也可以根据自身状况只规定一部分教师参与。国立大学法人化改革后,大学在预算、组织、运营等方面拥有了更大的自主权,而且法律上明确规定教师不再是国家公务员,大学可自行在一定的人工费预算范围内决定教师的人数、构成等,这无疑为教师任期制的全面实施铺平了道路。

(二)对教师的评价越发多样化

日本大学教师长期存在重研究、轻教学的传统。由于18岁人口的减少给各个大学带来的生存压力,教育教学和社会服务开始受到前所未有的重视。对于更多的非研究型大学而言,"个性化"必须更多地体现在教育教学的特色上,社会服务也可以让大学拉近与当地社会的距离,进而获得更多的支持。为适应这种变化,对于大学教师的评价也不仅仅是研究成果,而开始向教育教学和社会服务倾斜。目前,日本高校对教师评价分为目标完成度评价与业绩审查评价,主要由学生评教、教师"自评"以及专业负责人、上级单位负责人的"他评"共同组成。评价的内容包括教育活动、科研活动、社会服务活动、校内管理活动四个方面。而教师又不得不对这些多样化的评价给予重视,因为它直接关涉到全校资源的分配以及教师个人的待遇等方面。

(三)教师队伍的开放化

除了招聘的正式教师外,日本高校教师队伍里还有大量的非正式教师。这些非正式教师通常被称为兼职教师或非常任教师。教师职务结构中讲师这一层次,大多由非常任教师充当。这类教师在国立大学能占到教师总数的三分之一,在私立大学可以达到一半左右。非正式教师很多是最富才华的医生、律师、科学家和社会名流,他们的参与在很大程度上提高了高校教师的总体水平。另外,由于国立大学是由国家财政支持的,大学鼓励教师在做好本职工作和对国民说明责任的基础上,把自己拥有的知识和经验等贡献给社会。从推进生产、教学和管理以及对地方社会的贡献等方面,日本大学认可教员为社会作贡献的校外活动,放宽了对兼职、兼业的管制,也即法人化改革后,日本大学教师兼职、兼业成为常态。①

第二节　大学教师聘任制的实施

从 1997 年《大学教师等的任期的法律》的实施,到国立大学法人化给大学以及大学教师身份带来的变化,十几年的时间,日本大学教师任期制经过了观望甚至步履维艰的阶段,目前已经在日本大学扎下根来。

一、任期制的实施状况

《关于大学教师等的任期的法律》生效之后,第一所全面实施教师任期制改革的是 1990 年成立的北陆先端科学技术研究生院大学,北陆先端科学技术研究生院大学在法律生效的当年,即 1997 年 11 月制定了《北陆先端科学技术研究生院大学教师任期规则》(以下简称《规则》)。该《规则》全面阐述了实施教师任期制的目的,教师任期制的实施范围、各类教师任职年限等并对相关事宜作了具体规定。《规则》规定的教师任期制实施范围是 3 个研究科(知识科学研究科、材料科学研究科、信息科学研究科)所有专业、讲座的教授、副教授和助手,这包括了北陆先端科学技术研究生院大学的全体教师。各类教师任职期限的规定是:3 个研究科的教授的任职期限为 10 年,可以再任。3 个研究科的副教授的任职期限也是 10 年,虽然可以再任,但是再任年限不超过 3 年。知识科学研究科与信息科学研究科的助手的任职期限为 5 年,再任不超过 3 年;材料科学研究科的助手的任职期限为 7 年,再任不超过 3 年。在决定任期届满的教师是否可以再任时,必须对任职期间的工作成效、教学科研管理等进行审核检查。《规则》最后规定北陆先端科学技术研究生院大学对 1998 年 4 月以后被录用的教师实行任期制。② 此后,实施任期制的大学越来越多。2013 年,有 657(国立 86、公立 62、私立 509)所大学实施了任期制,占大学总数的 86.2%。③

---

　① 张俊超.从教授会自治到大学法人化——日本大学教师聘任制的改革趋势及启示[J].高等教育研究,2009(2).103.
　② 胡建华.日本大学教师任期制改革述评[J].比较教育研究,2001(7).29-30.
　③ 平成 25 年度の大学における教育内容等の改革状況について(概要)[R]. http://www. mext. go. jp/a_menu/koutou/daigaku/04052801/__icsFiles/afieldfile/2015/09/10/1361916_1.pdf,2015.59.

据广岛大学高等教育研究开发中心的调查①,高校认为实施任期制的具体理由主要集中在促进学术研究活动与教学活动的活性化,提高教师的改革意识,打破终身雇佣的人事惯例,促进大学与社会的沟通协作等方面(见表5.3)。②

表5.3　学校实施任期制的具体理由　　　　　　　　（单位:%）

	国立大学	公立大学	私立大学	总体
学术研究活动的活性化	86.3	77.8	62.2	75.2
教学活动的活性化	51.0	22.2	64.4	54.3
建立教育活动与学术研究活动的循环	17.6	22.2	17.8	18.1
对学校机构改组的认可	9.8	0.0	4.4	6.7
将以往作为君子协定的任期制制度化	9.8	0.0	6.7	7.6
打破年功序列的人事管理	5.9	11.1	11.1	8.6
校内编制灵活使用	13.7	33.3	26.7	21.0
文部科学省的指导和建议	25.5	11.1	6.7	16.2
促进与社会的沟通和协作	11.8	0.0	2.2	6.7
争取财务预算方面的优惠	21.6	11.1	20.0	20.0
校长、机构负责人的强烈要求	5.9	0.0	0.0	2.9
落实对教师的定期评价	11.8	11.1	24.4	17.1
提高教师的改革意识	23.5	22.2	13.3	19.0

关于任期制的具体应用范围,约有75%的学校主要是针对职务岗位应用,其中应用于全部职务岗位的约占30%,应用于部分职务岗位的约占40%;约有25%的学校机构主要是针对教师应用,其中应用于新录用教师的与应用于在职教师的各占12.5%(见表5.4)。③

---

①　广岛大学高等教育研究开发中心于2003年11月至12月,对2001年之前实行任期制的大学进行了有关问卷调查。调查对象分为两部分,一部分调查对象是实行了任期制的国立、公立、私立大学所属的学部、研究生院、研究所等机构。另一部分调查对象是接受了任期制的大学教师。向学校机构发出调查问卷333份,收回105份,平均回收率为31.7%;向任期制教师发出调查问卷2853份,共收回450份,回收率为15.8%。
②　巴玺维.日本大学的教师任期制[M].北京:华夏出版社,2007.99.
③　巴玺维.日本大学的教师任期制[M].北京:华夏出版社,2007.102.

表 5.4　任期制的具体应用范围　　　　　　　　　　（单位：%）

	国立大学	公立大学	私立大学	总体
应用于全部岗位	29.9	0.0	38.9	30.0
应用于部分岗位	41.2	40.0	50.0	45.0
只对新录用的教师适用	17.6	0.0	11.1	12.5
适用于在职教师	11.8	60.0	0.0	12.5
合计	100	100	100	100

二、任期制的基本环节

（一）社会公开招聘

教师招聘是大学之间、大学与社会之间进行教师资源互通的主要方式,科学的招聘环节既可以保证教师队伍的质量,也是实现大学个性化的关键举措。任期制实施以来,大学的教师招聘呈现出以下特点:第一,在招聘程序上仍然按照文部科学省的标准;第二,大学在教师招聘中有充分的自主性,可以在文部科学省制定的标准的基础上增加针对性需求;第三,教师招聘中学校行政的权力加大;第四,按照文部科学省的规定,必须履行公开的程序;第五,为了提高大学的学术水平,更加重视人才的多种任职经历和经验。[①] 下面仅以北海道大学发布的一则招聘公告说明之。

案例:北海道大学招聘公告

机构负责人:北海道大学研究生院工学研究院院长　马场直志

关于教师招聘(拜托)

此次,北海道大学研究生院工学研究院,招聘空间性能系统部空间系统领域教师,拜托相关人士推荐合适人选。

敬具

详细内容:

1. 招聘人员:教授或副教授 1 人
2. 部门:空间性能系统部空间系统领域(空间形态学研究室)

---

① 巴玺维.日本大学的教师任期制[M].北京:华夏出版社,2007.112-113.

3. 专业领域:以计划和生产为对象的建筑设计

4. 任教科目:……

5. 应聘资格:应聘时具有博士学位(或 PhD)或者正在申请学位者,后者必须提交学位审查主审的意见书。

6. 预计录用时间:2011 年 10 月 1 日以后

7. 提交材料:(1)简历;(2)研究成果目录;(3)教育实践;(4)近 5 年来的主要论文 5 篇;(5)录用以后的研究计划;(6)录用以后对教育的期望;(7)关于应聘者的情况可以征询意见的两个人的姓名、地址、电话。

8. 材料提交时间:2011 年 7 月 4 日之前

9. 材料提交方法:……

(附带资料)
北海道大学研究生院工学研究院　空间性能系统部现状
空间性能系统部的教育内容
……
空间系统部的构成:

领域	研究室	教授	副教授
空间性能	环境人类工学	横山真太郎	前田享史
	环境系统工学	长野克则	滨田靖弘
	建筑环境学	羽山广文	森太朗
	都市规划	越泽明	坂井文
空间系统	空间形态学	※	早坂洋史
	空间结构性能学	后藤康明	西村康志郎
	建筑材料学	千步修	长谷川拓哉

※为本次招聘人员

空间系统领域的研究内容:

空间形态学:……

空间结构性能学:……

建筑材料学:……

通过这则招聘公告,我们可以清楚地看到三个方面的特点:(1)从内容上看,这则公告不是普遍的人员招聘,而是北海道大学研究生院工学研究院院长马场直志的一封拜托信,拜托相关机构负责人能够为自己推荐合适的人才,这充分体现了对人才的尊重。(2)从招聘程序上看,不仅详细说明了应聘人需要准备的材料,而且清楚写明材料送达时间以及拟录用时间,这充分表明了招聘这一事件本身的程序性和严谨性。(3)从具体需求信息来看,内容非常详实,不仅包括了招聘人员的职称要求、主要研究方向以及录用之后的主要教学研究任务,而且也附带了目前本机构的基本状况。

(二)业绩审查评价

业绩审查评价是教师人事管理的中心环节,不同的大学在评价的内容、标准等方面的差异,也体现了大学不同的人才标准和学术导向。一直以来,日本的大学都有对教师业绩进行例行审查的制度,但是在实行任期制以前,由于大学缺乏重新配置教师资源的权力和手段,教师的职务晋升和工资待遇主要根据职位空缺情况和年贡献率,打破常规的情况较少,业绩审查评价对教师实际利益往往没有关键性的影响,因而对于教师学术活动的激励作用被淡化了。在任期制下,业绩审查评价代表大学对教师学术能力和学术业绩的选择,教师岗位需要经过竞争取得,业绩审查评价与取得连任、职务晋升、薪酬待遇等实际利益挂钩,成为一个十分敏感的问题。[①]

以北九州市立大学经济系为例,其教师的业绩审查评价主要在三个方面:(1)教学活动。学生通过调查问卷对教师的授课情况进行评价,同时由学科和专业负责人对教师的教育内容和方法等进行评价。学生的调查问卷一般有两个题目:①你对该课程感兴趣吗?②你对选修此课程感到满意吗?每个题目后面设定从完全否定(1分)到非常满意(5分)的不同程度选项。经济系所有教师根据得分情况,划分为上中下三档。(2)科研活动。主要考核科研项目、著作和论文的完成情况。科研活动包括对科研项目、著作、过去三年的论文、其他不同场合发表的文章、各种学会活动、过去三年里论文被引用的次数等进行评价。由经济系学科主任根据教师个人的申报情况评出上中下三档。(3)大学的管理与运营。考察教师在以经济系为单位的教授会,各学科会议,大学各种委员会,经济系的委员会等的工作情况。由经济系主任根据教师对全校和经济系参与运营管理上的贡献大小作出评价,同样是上中下三档。通过对教学、科研以及管理运营的评

---

① 巴玺维.日本大学的教师任期制[M].北京:华夏出版社,2007.133.

价活动,会相应地调整教师的科学研究活动以及研究经费的分配等。①

三、任期制的成效与问题

日本大学教师岗位变动主要有三种途径:一是教师在各个大学之间的流动;二是对外招聘教师,包括从政府机构和社会上招聘,也包括从 4 年制以外的教育机构招聘;三是教师因退休、患病、死亡、继续学习、职业变更等各种原因离开大学。② 任期制的实施有力地促进了教师的流动,这种流动主要表现在两个方面:一是各个年龄阶段的教师流动有所增加(见表 5.5);二是不同大学之间的教师流动有所增加(见表 5.6)。

表 5.5　不同年龄段教师的流动③　　　　　　　　　　(单位:%)

	1989 年	1992 年	1995 年	1998 年	2001 年	2004 年
30 岁以下	1.83	1.97	1.67	2.16	2.92	2.67
30~35 岁	2.85	2.59	2.89	2.90	3.47	3.56
36~40 岁	2.48	2.42	2.68	2.67	3.14	3.03
41~45 岁	2.00	2.34	2.62	2.36	2.86	2.77
46~50 岁	1.49	1.52	1.84	2.08	2.83	2.33
51~55 岁	1.65	1.37	1.34	1.50	2.18	2.10
56~60 岁	1.28	1.08	1.20	0.87	1.54	1.39
61~65 岁	3.92	3.08	3.57	2.78	2.85	1.88
65 岁以上	3.87	3.11	2.71	2.62	2.38	2.50

表 5.6　大学间教师流动情况

	1989、1992、1995 年平均		1998、2001、2004 年平均	
排序	流动方向和比例(%)	排序	流动方向和比例(%)
1	国立大学—私立大学 30.4	1	国立大学—国立大学 26.6
2	国立大学—国立大学 29.0	2	私立大学—私立大学 26.6
3	私立大学—私立大学 21.3	3	国立大学—私立大学 24.4

---

① 苏君业,尹贞姬.日本大学教师评价制度及借鉴[J].大连大学学报,2010(5).122-123.
② 巴玺维.日本大学的教师任期制[M].北京:华夏出版社,2007.131.
③ 巴玺维.日本大学的教师任期制[M].北京:华夏出版社,2007.152.

续表

排序	1989、1992、1995 年平均 流动方向和比例(%)	排序	1998、2001、2004 年平均 流动方向和比例(%)
4	私立大学—国立大学 6.9	4	私立大学—国立大学 7.9
5	国立大学—公立大学 4.0	5	国立大学—公立大学 4.1
6	公立大学—私立大学 3.5	6	公立大学—私立大学 3.8
7	公立大学—国立大学 2.5	7	公立大学—国立大学 3.0
8	私立大学—公立大学 1.7	8	私立大学—公立大学 2.5
9	公立大学—公立大学 0.8	9	公立大学—公立大学 0.1

从上述两个表格可以看出,不论是各年龄阶段教师的流动还是不同大学之间教师的流动,其增幅还是比较明显的。60 岁以下各年龄阶段教师流动率平均增幅约为 24.5%,增长幅度比较明显,其中 30 岁以下年龄段增幅超过 40%,46~50 岁年龄段增幅接近 50%。在大学之间的教师流动中,实行任期制以后的 1998 至 2004 年,向国立大学流动和在国立大学之间的比例平均为 37.5%,向公立大学流动和在国公立大学之间流动的比例平均为 7.6%,向私立大学流动和在私立大学之间流动的比例平均为 54.9%。[①]

日本学者有本章认为任期制利弊有三:一是任期制的理念在于促进学问发展,特别是重视学术研究。若以出版物的有无或者多少来评定学问业绩,那在一定期间容易考核学者的生产性,这与研究志向型的大学观相适应,事实上欧美研究型大学以此作为人事准则,并成功地促进学术研究的发展。二是与一之间存在表里问题,从不像研究那样容易考核的教学和社会服务观点着眼,实施任期制是有困难的。研究学会对于研究可以发挥类似裁判的作用,但难以对教学作出比较客观而又公正的评价,对社会服务的考核也是同样如此。一味地强调以重研究作为任期制的考核基准,就会出现与当今社会日益重视教学和社会服务作用背道而驰的局面。消除这种忧虑,有必要重新审视研究至上主义,完善研究、教学和社会服务三位一体的考核奖励体系必不可少。三是任期制如果千篇一律地贯彻执行,就会扩大持有者和没持有者之间的差别,应该慎重地对待以及运用。无论是强调研究,还是重视教学和社会服务,应该明确各自大学的使命,追求与此相适应的人事制度。如果受划一的标准化手册的支配,反而会使大学失

---

① 巴玺维.日本大学的教师任期制[M].北京:华夏出版社,2007.152-153.

去活力。日本大学"如果不能充分尊重在学问最前线专心致志于教学、研究、社会服务的教师学者作为大学教授的自主性和主体性,那么新的人事制度成功是不会有把握的。鉴于此,实施任期制如何重视审查大学教授职责和自我检查评价、自我规制的关系问题也就令人注目了"①。

当然也有学者认为,日本大学教师任期制实际上也存在着法制化、统一化的问题以及教学研究方面的问题。(1)法制化问题。任期制对于日本的"传统"提出了一定的挑战,对它抱有积极态度的人要求按照法制化的要求来实施。大阪大学聘用助教适用任期制的过程中,提出了"任期一到,必须主动辞职,否则将不予录用"这样的所谓"绅士协定"。对此,日本国会议员提出了质疑,指出传统的绅士协定会造成制度的滥用,"大学必须采取法制的规范化来保障教师的身份,而不是依靠什么绅士协定来强迫教师主动离职"。(2)统一化问题。日本的大学教师任期制为了避免直接与旧的人事制度发生冲突,选择了一部分新设立的或者综合性的部门来实施。这一实施对象主要集中在工科类、医学类这样的与科技发展、与社会结合紧密,具有科技转化功能的部门。但是,作为法律形式出现,并确定了大学人事改革方向与目标的任期制,也将不可避免地涉及社会产出率低的基础研究,尤其是人文社会科学的各个学科。九州大学试图全面推行以助教以上的人员为对象的任期制,但是受到了文科系统人员的大力反对,反对的理由之一,即在于任期制并不适应于文科这样的"短期内无法创造出科研成果的基础研究领域"。因此,大学教师们要求,大学管理机关必须严格区分任期制的适用范围、对象与再任审核的基准。(3)教学研究的问题。任期制的积极作用在于可以促进人才的流动,保持组织的年轻化。但是,任期制也并非是十全十美的制度。第一,任期制教师与非任期制教师之间的不平等会带来大学教师的身份危机。第二,任期制的时间界定性,无法保证任期制教师的责任心,它所造成的压力也会造成学术论文的粗制滥造与学术水平低下。第三,研究环境的不稳定性,造成了大学教师不可能持续地进行长期研究。② 法制化问题也好、统一化问题也罢,它只能说明任期制作为打破终身雇佣的一种制度实践,发挥了很好的作用,但其自身也不可避免地存在着诸多不足,毫无疑问,任期制已经成为世界范围内普遍运用的教师人事管理制度。

---

① 陈永明.日本大学教师聘任制的特征及其启示[J].集美大学学报,2006(2).31.
② 吴光辉,赵叶珠.试论日本大学教师任期制[J].复旦教育论坛,2004(6).17-18.

第三节　FD 的引入与制度化历程

教育和研究作为大学的基本职能,教学和科研不仅体现在每一所大学的活动上,同时也体现在每一位大学教师的身上。但一直以来,日本的大学尤其是国立大学承继德国的研究传统,以"高深研究"为己任。大学教师也专注于自己的研究领域,并认为这就是教育。所以,有日本学者直言,20 世纪 90 年代以后大学改革的目的之一就是恢复大学教育和研究的平衡,恢复大学本来的"教育力"。[①] 为此,在大学教师任期制改革的同时为促进教师发展制定并实施了 FD(Faculty Development)制度。

一、日本引入 FD 的背景

19 世纪以来,教学和科研就成了所有大学和大学教师必须面对和处理的一对矛盾。研究本身并不构成问题,问题在于,只对某些院校合适的研究使命对整个高等教育事业投下了一个阴影,即用一个"伯克利"(Berkeley)或一个"阿姆赫斯特"(Amherst)模式为标尺去衡量所有大学和学院。[②] 于是,各国通用的做法是将大学类型化,即以公开的或隐避的方式将大学分为研究型大学和教学型大学。这种方式虽然在某些方面受到质疑,但它在缓解教学和研究的矛盾方面起到了一定的作用。然而对于教师而言,处理好这对矛盾一直以来都没有找到比较有效的方法。在对英、美教师发展制度充分研究的基础上,20 世纪 90 年代中后期,日本政府适应社会的变化以及政策的发展要求,开始讨论和审议日本的 FD 制度。

日本的大学教师在职阶上一般包括教授、副教授、讲师和助手,本书中所讲的大学教师不包括助手,因为很多大学的助手是由在读的研究生来充任,而且,有些大学对助手有专门的研修和培训,被称为 TAD(Teacher Assistant Development)。同时,这里的大学教师也不包括非学术人员,如大学管理者、行政人员等。因为在大多数的日本大学中,与 FD 制度并列的还有 SD(Staff Development)制度,它是专门针对非学术人员,促进其发展和提高的制度。

---

① 小笠原正明,等.大学教員の教育業績をどのようにして評価するか?[J].高等教育ジャーナル——高等教育と生涯学習,2003(11).150.
② 吕达,等.当代外国教育改革著名文献[M].北京:人民教育出版社,2004.16.

（一）社会的变化

对于日本社会而言，构成社会变化的要素主要有知识社会、全球化、市场化、大学间的"学术漂移"、高等教育大众化以及适龄人口的减少。正是这些要素综合作用的结果促使日本大学越来越重视大学教师发展。[①] 具体来说：①在科学日益普及的时代，学校与社会之间的边界变得越来越模糊，原来的以学科为导向的院系发展成现在的以目标为导向的院系。这要求大学教师的意识与行为也要发生相应的变化。②全球化强调教育和文化的全球性联系、融合、集权和标准化。全球化水平的教育质量通过国际化的第三方机构进行评价，并通过一定的标准来实现。由此，制定一定的教学标准成为重要的课题。③市场化使各种教育机构都被卷入到一个等级化的金字塔中，参与世界范围内的生存优先权的竞争。由此，也带来了大学之间"强势"和"弱势"的差别，即所谓的"学术漂移"。④高等教育大众化及适龄人口的减少，有越来越多的学力不足的学生进入大学，必须改变以往大学教师过于关注研究的状况，而使大学教师关注教学，提高学生的学力的重要途径当然包括教师自身的提高与发展。

（二）政策的发展要求

1991年在"设置基准大纲化"的同时，日本政府要求各大学实施自我评价，其中改善教育内容、方法等也是其重要的自我评价内容。但在20世纪90年代初期，自我评价并没有得到各个大学的真正实施，大学教师对划一性标准的自我评价持漠视和消极态度，由此，文部科学省开始认识到转变大学教师思想的必要性。1998年大学审议会发表了题为《21世纪的大学形象和今后的改革方向》的审议报告，其副标题为"在竞争的环境中闪耀个性的大学"，这个副标题非常具有深意，它向各个大学暗示着多样化、个性化将是大学改革的基本方向。基于这样的原因，大学审议会在该报告中建议引入FD制度，希望各个大学通过高质量的教学成为有魅力的大学。此后，大学教师的教学能力越来越受到重视，以往各个大学主要是通过研究业绩来录用和晋升教师，而在2003年修改的《大学设置基准》中特别追加强调，大学教师是"适合于承担大学教育，并被认可为具有教育能力的人"。也就是说，通过改善教师的教育能力来提高教育质量不仅是大学生存

---

① 有本章.教师发展(FD)的课题——日本的视角[J].丁研，译.复旦教育论坛，2006(6).6-7.

的必然选择,同时也变成了对大学教师的基本要求。

(三) 学生对大学尤其是国立大学的教育教学不满

1991年产业研究所(Works Institute)以212个大学各400名4年级学生为对象,实施了"大学满意度调查"。该调查旨在了解学生对"教育教学""生活环境""人际交流"进而还包括"综合情况"等是否满意。调查结果分别排出了各项目满意度排名前30位的大学:在"教育教学"上排名第一位的是国际基督教大学;在"生活环境"上排名第一位的是青山学院大学;在"人际交流"上排名第一位的是创价大学;在"综合情况"上排名第一位的也是国际基督教大学。值得注意的是在"教育教学"的满意度中排名前30位的大学中,国立大学和公立大学只有5所,东京大学排名第22位,处于国立大学中的最低位置,而私立大学的领先位置很明显。另外,入学规模2000人以上的大学也只有5所,学生对小规模大学的教育教学整体来讲比较满意。① 当然,满意度具有很强的主观性,而且主要表现为对大学的期待水平,但不管怎样,日本大学及政府仍然认为,这是一个值得深思的问题。

二、日本FD概念的形成

20世纪80年代初,美国的FD(Faculty Development)和英国的SD(Staff Development)几乎同时被介绍到日本,但在此后的研究中,日本学者更为关注Faculty Development,并将其翻译成日语中的片假名"ファカルティ・デベロップメント"。当时的日本学者对"ファカルティ・デベロップメント"的比较公认的解释为:"针对个别教师或全体教师,对其在大学中的各种活动能力进行开发,其中尤以提高教师教学能力为重点,此外也包括研究、实践等其他能力。"② 此后,便有学者直接将"ファカルティ・デベロップメント"缩写为FD,但与此相反,大学审议会的各种报告中仍一直沿用"ファカルティ・デベロップメント"这一用语。例如,1998年大学审议会的审议报告《21世纪的大学形象和今后的改革方向》中指出:"各个大学为改善教师的教学内容、方法,在全校或学部、学科水平上,就各自的理念、目标及教育内容等,努力进行有组织的研究、研修(フ

---

① 天野郁夫.教育のいまを読む[M].東京:有信堂,1992.97-98.
② 間正夫.日本の大学教育改革——歴史、現状、展望[M].町田:玉川大学出版部,1988.101.

アカルティ・デベロップメント),并将这一宗旨明确在《大学设置基准》之中。①直到2005年中央教育审议会的报告《我国高等教育的未来》中,也将ファカルティ・デベロップメント直接缩写为"FD",并将之解释为:"为改善和提高教师的教学内容、方法的组织性活动的总称。如学生评教、教学方法研修会、新任教师研修会等。"由此,取代原来的英语的音译("ファカルティ・デベロップメント"),FD已经成为日本各种研究文献、政府报告中的常用词。

当然,伴随着Faculty Development的"日本化"——FD的形成,学者们也对FD的概念进行了广泛的研究,有本章是这方面的主要代表。1991年,他在《各国FD/SD的比较研究》中指出,"估且把FD定义为:以大学教师的资质改善为目标的活动。"② 1996年,有本章又从专业的视角研究FD,指出:"FD制度的主要构成要素是知识、大学组织、大学教师。FD是由大学组织和大学教师两方面形成的制度,它具有规范以及一定的社会职能和结构。如果定义的话,我认为FD是为了实现以知识或专业领域为基础的大学制度的理念、目的、作用,而进行的必要的'教师集体资质改善'或'教师集体资质开发'。"③ 近些年来,关于FD的研究越来越多,而且也形成了比较公认的广义和狭义的解释。狭义的FD是以全体教师(或每个教师)的教学(teaching)能力为重点,进行有组织的研修,与《美国高等教育百科全书》中的教学开发(instructional development)同义。广义的FD不只限定在教学方面,而且包括研究、服务、管理运营等学术事务以及与此相关的人事、评价、生活保障等生活事务的能力发展。④ 黄福涛在分析中、日、美大学教师发展制度时也指出,广义的教师发展指提高教师教学、科研、管理以及服务社会等多种能力、素质或水平的活动。狭义的教师发展则主要指培训和提高教师教学水平或能力,具体包括如何向学生传授知识、编写教学计划、教学大纲、编制课程、掌握课堂教学技巧等。⑤

对FD的定义和解释,在学者和大学审议会之间存在着明显的差异,即学者

---

① 日本高等教育研究会.大学審議会全28答申·報告集——大学審議会14年間の活動の軌跡と大学改革(上)[M].東京:ぎょうせい,2002.65.
② 有本章.諸外国のFD/SDに関する比較研究[M].広島:広島大学大学教育研究センター,1991.3.
③ 有本章.FDの構造と機能に関する専門分野の視点[J].大学論集(第26集),1997.6.
④ 広島大学高等教育研究開発センター.FDの制度化に関する研究(1)——2003年大学長調査報告[M].広島大学高等教育研究開発センター,2004.2.
⑤ 黄福涛.中、日、美教师发展——历史、比较与实证的视角[J].集美大学学报,2007(1).24.

充分认识到 FD 存在广义和狭义之分,而大学审议会则更偏重狭义的 FD。事实上,不论是广义的 FD,还是狭义的 FD,都有其深厚的社会历史基础。广义的 FD 是将大学教师作为大学发展的重要因素,因而不仅强调其教学责任,而且,在知识社会中,也把 FD 视为大学与社会联系的纽带。社会通过各种方式规制大学,而大学则通过 FD 促进大学社会职能的实现。中世纪时,大学作为一种传达和创造知识的机构而存在,大学教师的主要责任是传播和论证教义,培养神职人员,造就高级官吏,大学的各种社会职能原始地共存于大学教师的所有活动之中。所以,广义的 FD 不仅强调教师要传授知识即实现大学的教育职能,而且还要发现知识、应用知识,以多种方式促进社会的发展。与此相比,大学审议会之所以强调狭义的 FD,在很大程度上是出于对现实的考虑。19 世纪以后,随着"学术自由"以及"教学与科研相结合"等思想进入大学,在传统大学职能中,科学研究作为一个独立的职能,开始得到大学界的认可。而且"研究"不论是对大学还是对大学教师来说,都已达到了至高无上的地位。为此,大学审议会针对现实问题提出大学教师首要的任务是完成高质量的教育教学工作。

三、FD 的制度化历程

1965 年,在日本曾经设立过一个 60 所国、公、私立大学共同利用的培训中心,应当时时代的要求组织过一些研修活动。1974 年,医学教育振兴财团举行过第一届"医学教育者研讨会"。研讨会从第六届开始由厚生省、文部省、医学教育振兴财团共同主办,邀请来自医科大学(20 人)和来自医院(20 人)的共计 40 人参加,每年进行为期 6 天 5 夜的研讨。① 但在当时这些零星项目,并没有得到日本大学的认同,当然,更没有人将这些项目与"教师发展"联系在一起。另外,从有关大学教育及教师的各种审议报告②来看,20 世纪 70 年代以前,行政上并没有对提高大学教师的教学能力有强制要求。虽然在部分报告中已经明确要改善大学的教育内容与方法,但从改善的具体途径来说,主要是加强对学生的校外指导、加强师生之间的交流、开设适合本校特色的教养课程和专业课程,等等。

---

① 阿部和厚. 大規模大学でFDを組織化するための方法論[J]. 名古屋高等教育研究,第 5 号,2005. 244.

② 这些报告包括《关于教师培养制度的改善方案》(1957 年)、《关于大学教育的改善》(1963 年)、《处理当前大学教育课题的方案》(1968 年)、《今后学校教育综合扩充完善的基本政策》(1971 年)。

直到1991年,在大学审议会的《关于改善大学教育》的报告中,才首次提出"开展研究和改善教学方法的活动""对教师的教学活动进行评价(学生评教等)"等。但这一时期,不要说改善教学方法,即使是自我评价也没有受到各个大学应有的重视。正如莫兰所说,"人们不预先改革精神就不可能改革制度,但是人们不预先改革制度又不可能改革精神。这是一个形成双重障碍的逻辑不可能性"[①]。认识到了这一点,1998年大学审议会又发表了《21世纪的大学形象和今后的改革方向——在竞争的环境中闪耀个性的大学》的审议报告,该报告从理念上告诉人们,"个性化"将是大学改革的方向也是大学生存的选择,并明确建议引入FD制度。以此为首,FD开始了其制度化历程(见表5.7)。

表5.7 FD制度化历程

时间	主要内容
1998年	大学审议会建议各大学将FD作为"努力"的义务来实施。次年,修改《大学设置基准》,规定大学根据各自的理念、目标,有组织地实施FD
2003年	修改《大学设置基准》,加入大学教师是"适合于承担大学教育,并被认可为具有教育能力的人"的规定
2005年	中央教育审议会将"ファカルティ・デベロップメント"用"FD"代替,并将之定义为:"为改善和提高教师的教学内容、方法的组织性活动的总称",如教学研讨会、学生评教等
2007年	修改《大学院设置基准》,要求在研究生教育中,将FD作为"努力"的义务来实施
2008年	修改《大学设置基准》,要求在大学教育中,将FD作为"必须"的义务来实施

从上表可以看出,从1998年将FD作为各大学"努力"的义务到2008年将其改为各大学"必须"的义务,FD已经由建议演变成为强烈的政策要求。这一发展历程体现出以下四个特征:

(1)在日本学者看来,FD有广义和狭义之分,广义的FD包括为提高直接与大学职能有关的教育、研究及社会服务等有关的各种能力的活动,但在修改的《大学设置基准》中,"义务化"的FD只规定为"为改善教学内容及方法进行有组织的研究、研修",带有强烈的"狭义FD"的倾向。

(2)与英、美的教师发展制度相比,日本的FD已经不仅仅是为提高大学教师教学内容及教学方法等能力的各种活动的总称,同时,日本政府也将是否具有教学能力作为对大学教师的基本要求,这对于一直以来注重研究业绩的日本大

---

① [法]埃德加·莫兰.复杂性理论与教育问题[M].陈一壮,译.北京:北京大学出版社,2004.185.

学及大学教师来说,无疑具有划时代的意义。

(3)"义务化"的 FD 特别强调的是"有组织地",也就是说,FD 并不是教师个人为改善教学内容、方法而进行的自发的活动,而是如教师相互的教学观摩、教学方法研修会、新任教师研修会等集体性的质量改善活动。

(4)FD 不仅针对本科教育,即要求各个大学在本科教育中为改善教学内容、方法进行有组织的研修,而且在研究生教育中也要求其努力实施 FD。如果说 FD 在本科教育中是"义务化"的活动,那么,在研究生教育中 FD 也演变为"准义务化"的活动。

分析起来,导致 FD"义务化"的原因主要有以下四点:①大学普及化所伴随的学生学力的多样化。如前所述,18 岁人口的减少以及大学入学率的不断提高,使越来越多学力不足的学生进入大学,同时多样化入学考试制度的实施也使大学新生之间的学力差距不断拉大,由此,必须加强教师的教学能力,以应对学生的学力不足及学力多样化的问题。②日本政府及社会要求大学"说明责任"。随着国立大学学费的不断提高,高等教育中来自于家庭及税收的经费越来越多,于是,一方面纳税人开始关注国立大学经费的使用效率,另一方面作为消费者的学生也开始要求教师努力为其提供与"学费"等价的教育,使自己在大学教育中获得能力的发展。③世界性市场和竞争所要求的本科生质量。经济的不景气以及世界范围内竞争的加剧,学历主义和终身雇佣制逐渐崩溃。在终身雇佣制下,企业雇佣名牌大学的毕业生并对其进行企业内教育,而今天的企业开始越来越强调学生的能力及适应性,并要求大学为其提供符合企业要求的、高质量的毕业生。④少子化所带来的大学间竞争的激烈化。在私立大学占绝大部分的高等教育系统中,学生就是大学生存的唯一保证,为了吸引更多的学生,大学将提高和改善教育教学质量作为其吸引生源的重要措施。

四、FD 机构及其实践

(一)大学教师发展的校内机构

如果按照 FD 活动的实施主体及受益教师范围来看,大学教师发展的校内机构主要有两类:一是全校性的教师发展机构,二是学部、研究科层面的教师发展机构。

全校性的教师发展机构,一般有两种情况:一是承担全校通识教育的机构同时承担公共课教师的 FD 活动;二是为推进全校 FD 活动的开展,而专门设立的教师发展机构。比如在名古屋大学,通识教育学部和高等教育研究中心都在承担全校教师的 FD 项目。通识教育学部对公共课教师开展 FD 项目。受训人数每年高达 500 人次,春季 300 人;秋季 200 人左右,分别占担任公共课教师总数的 30% 和 20%。高等教育研究中心在过去几年里,一直致力于通过研发教学 TP、帮助教师设计教学大纲、出版研究刊物和信息报、参与组织实施 FD 活动等的方式支持名古屋大学的 FD 计划。① 当然,具体到一所大学来说,有的学校只有唯一一个全校性的教师发展机构。比如,山口大学负责全校教师 FD 项目的是大学教育中心,大学教育中心每年组织和实施全校教师的 FD 项目,同时从 2002 年起,每年都会出版"FD 活动年度报告书"。另外,山口大学的通识教育是由大学教育中心下设立的各个分科会(如哲学分科会、物理分科会、数学分科会等)来负责实施的。这些分科会也在一定程度上开展本学科公共课教师的 FD 项目。也就是说,虽然也存在公共课教师 FD 活动如何开展的问题,但山口大学将全校教师和公共课教师的 FD 活动全部纳入到大学教育中心来进行。

学部、研究科在 FD 制度化之初,并不是重要的教师发展机构,甚至很少参与到教师发展活动中来。尽管本学部或本研究科的教师在参与全校性教师发展机构的 FD 活动,但这似乎与学部、研究科自身的关系不大,纯粹是个人为提高教育教学能力进行的选择。但随着全校性 FD 活动的不断深入以及在活动过程中出现的"众口难调"现象,使学部层面的 FD 活动变得越来越迫切。同时,大学管理者也开始意识到,大学教师发展已从单纯的个体需要转变为组织的需要和大学教师职业生涯的本质需求。② 很多院系开始组织和实施教师发展项目,希望通过院系的努力为教师的专业发展、教学发展提供一些指导。比如,鹿儿岛大学为提高各个院系教师整体的教育教学能力,每个学部、研究科都成立了 FD 委员会,用于推进本学部、研究科的 FD 活动。

从这些机构的教师发展活动来看,活动项目排在前四位的依次是:举行各类演讲会、设置一些促进教学改善的校内组织、开展新任教师以外的教师研修、举行教学研讨会。③ 当然,还有一些大学充分关注教师的需要。比如,山口大学将

---

① 施晓光,夏目达也. 日本"大学教师发展"的经验及对中国的启示:基于名古屋大学的个案[J]. 清华大学教育研究,2011(4). 83.
② 林杰. 美国大学教师发展的组织化历程及机构[J]. 清华大学教育研究,2010(2). 56.
③ 文部科学省高等教育局大学振兴课. 大学における教育内容等の改革状况について(2008/06/03)[R]. http://www.mext.go.jp/b_menu/houdou/20/06/08061617.htm. [2012-11-05].

全校 FD 研修会分成三个领域：①教学技术（包括教学设计技术、媒体利用方法、学生参与型教学等）；②教材的制作和说明；③教学设计、评价。① 教师可以根据需要自行选择参加哪种研修会，他们将这种方式的研修会称为"菜单式"研修会。

（二）大学教师发展互助机构

大学教师发展互助机构，实际上就是各个大学的教师发展机构进行的合作与互助。有些互助机构是临时性的业务合作，有些互助机构则发展成为固定的教师发展模式。比较著名的教师发展互助机构就是关西地区 FD 联络协议会。关西地区 FD 联络协议会成立于 2008 年 4 月，主要致力于关西地区各个大学、短期大学的 FD 活动，目前有会员校 148 个（其中 123 个法人）。经过 5 年的探索，关西地区 FD 联络协议会已经形成了固定的组织框架（见图 5.1），并确立了干事校、监察校、事务局等。干事会议是 FD 联络协议会的基本决策机构，负责协商和制定本协议会的基本制度和业务运行，并采取必要的援助措施。干事校分别负责不同的工作，并与其他会员校合作构成相应的"部"，比如大阪大学和关西学院大学构成"FD 共同实施部"，其中，大阪大学是该"部"的责任校。责任校负责与代表干事校和事务局联络、策划、实施相应的业务活动，并将活动状况报告给干事会议。②

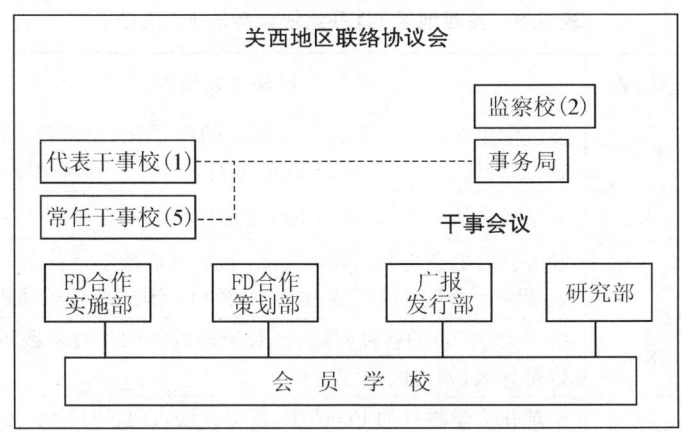

---

① 有本章.FD の制度化と質の保証〔後編〕[M].広島：広島大学高等教育研究開発センター，2007.60.

② 協議会概要－WG の設置及び活動方針[EB/OL]. http://www.kansai-fd.org/council/activitie.html.[2013-08-29].

代表干事校 （任期 4 年）	京都大学
事务局	京都大学
常任干事校 （任期 4 年）	大阪大学、大阪市立大学、神户大学、同志社大学、立命馆大学
干事校 （任期 2 年）	大阪府立大学、关西大学、关西学院大学、神户常磐大学、神户常磐大学短期大学部、龙谷大学、龙谷大学短期大学部、和歌山大学
监察校	大阪工业大学、近畿大学

图 5.1　关西地区 FD 联络协议会组织框架及会员校分工

为了顺利推进 FD 项目，FD 联络协议会下设 4 个部门，各个部门有明确分工。实施部——为提高教育质量和效率，共同实施初任教师研修，共同举办 FD 演讲和讲座。策划部——针对特定问题召开研讨会，给会员校以协助。广报部——进行信息发布、制作和维护主页。研究部——针对一些共同面临的课题，开展研究。截至 2011 年 5 月，研究部已经组织和推进了"教学评价研究""FD 媒介研究""FD 设计研究""教学型学生支持研究"四个课题的研究工作。[①] 从 2008 年开始，关西地区 FD 联络协议会每年都会举办各种各样的 FD 活动。具体的活动项目包括研讨会、讲座、新教师研修等（见表 5.8）。

表 5.8　关西地区 FD 联络协议会的 FD 活动

时间	研修次数	研修主题举例
2008 年	8	促进学生成长的日本式学分制度的实质化、公开教学的限制和课题、本科课程的体系化、未来的本科教育——如何指导和评价
2009 年	12	大学教育研究论坛、大学生研究论坛、学生个人的重要经历教育
2010 年	11	高等教育的意义和需要解决的问题、对话教学是什么？FD 网络的发展和大学教育改革的方向、大学 FD 论坛、新任教师研修
2011 年	18	关于大学 FD 的各种问题、针对年轻教师的教育实践讲座、成绩评价是什么、如何做？
2012 年	20	全球化大学教育的 FD 课题、教学方法入门、FD 论坛、公开研讨会、大纲化以后中教审报告和大学改革轨迹
2013 年	8（截至 2013 年 9 月）	大学生作文方法指导、全球化人才培养和大学的课题、FD 论坛、针对大学教师的"教学方法更新"、学生的学习援助

---

① 協議会概要－WGの設置及び活動方針[EB/OL]. http://www.kansai-fd.org/council/activitie.html. [2013-08-29].

关西地区联络协议会的意义不仅在于使 FD 活动的实施者由一个大学、一个学部或研究科变成了几个大学的联合体,而且将 FD 活动本身推向一个新的高度。教师发展机构之间的相互合作,重要的就是知识经验的交流和共享,一个机构的知识经验成为众多机构的知识经验,使 FD 发挥作用的时间限制和空间限制被大大地削弱了。理论上讲,一个完整的教师发展计划应该体现在教学、科研和社会服务三个方面,但从日本的实践来看,更多强调的是教师的教学发展。

第四节 大学 FD 活动的发展与问题

从上述 FD 制度化的历程可以看出,不仅 FD 概念是一个舶来品,同时 FD 制度自身也是来自于文部科学省的强制要求。那么,对于大学而言,其 FD 活动究竟获得了怎样程度的实施,其活动的内容、形式、效果以及存在着怎样的问题呢? 为了能够从整体上了解日本大学 FD 制度的实施状况,在此,主要依据文部科学省以及广岛大学高等教育研究开发中心的实证调查[①]来介绍和分析。

一、FD 活动的发展历程

日本大学的 FD 活动,从 20 世纪 80 年代学者、学术团体的研究到 2008 年各个大学 FD 活动的义务化,其发展历程大致经历了以研究为主的阶段、研究和实践共存的阶段、以实践为主的阶段。

(一) 以研究为主的阶段

在美国和英国的教师发展理念及实践介绍到日本之前,在日本的大学当中,并不存在真正意义上的大学教师发展实践。1981 年,日本学者马越彻以《英国大学教师教育的展开》为题,介绍了英国的大学教师发展制度。同一年,小谷正雄发表了《思考大学教师的研修》、有本章发表了《大学教师的职业社会化——以教学的视角为中心》,这是日本学者最早对大学教师发展的关注。[②] 此后的 20 世纪 80 年代中期,以一般教育学会为首、大学基准协会、国立大学协会、私立大

---

① 该中心于 2003 年 5 月分别对 875 名校长、521 名学部长、3 320 名一般教师实施了调查,其回答率分别为 50.0%、48.1%、38.2%。

② 伊藤彰浩. ファカルティ・デベコップメントに関する文献目録および主要文献紹介[M]. 広島:広島大学高等教育研究開発センター,1990.6.

学联盟等研究团体也开始关注和研究大学教师发展。并在《一般教育学会志》《香川大学一般教育研究》《IDE现代高等教育》等杂志上发表了一定数量的研究成果。可以说,这一时期的FD主要停留在民间团体及个人的研究水平上,基本上看不到各个大学的相应活动。[①]

(二)研究和实践共存的阶段

1991年,伴随着各个大学必须努力开展自我评价的强制要求,1996年,日本成立了包括北海道大学高等教育职能开发综合中心、东北大学大学教育研究中心、东京大学大学综合教育研究中心在内的11个国立大学教育研究中心协议会。作为会员的各大学教育研究中心之间针对教育评价等开展了持续的FD活动,在事实上形成了研究和实践FD的联盟。与此同时,FD活动开始逐渐进入大学,然而,各个大学的FD活动首先是从对美国各个大学的FD活动的学习和考察开始的。例如,庆应义塾大学研究了美国康涅狄格州立康涅狄格大学、田纳西州立孟斐斯大学。名古屋大学考察和学习了密西根大学的"优秀教学实践七原则"及其对新任教师的FD活动,从而形成了名古屋大学特色的,分别针对大学、教师和学生的七个提议。从20世纪90年代中期开始,实施FD的大学数量也越来越多。1996年时有183所(国立47、公立1、私立135)所大学实施了各种形式的FD活动,而到2005年这一数字增长到575所(国立85、公立58、私立432)。[②]

(三)以实践为主的阶段

1998年,文部科学省接受大学审议会的建议——"为改善教育内容、方法进行有组织的研修",修改《大学设置基准》。在修改后的《大学设置基准》中明确规定:"各个大学为改善本校的教学内容及方法,必须努力进行有组织的研究、研修(FD)"(第25条),由此,各个大学开始通过各种形式开展FD活动。据广岛大学2003年的统计,有74.9%的校长、学部长及一般教师认为有必要(33.1%)或某种程度上有必要(41.8%)实施FD活动。[③] 而且,目前已经有69.5%的大学

[①] 広島大学高等教育研究開発センター.FD制度化に関する研究(1)——2003年大学長調査報告[M].広島:広島大学高等教育研究開発センター,2004.6.

[②] 根据文部科学省高等教育局的大学资料(2002—2007年)统计而成。

[③] 有本章.FD制度化に関する研究(3)——最終報告書[M].広島:広島大学高等教育研究開発センター,2004.35.

实施了FD活动、有19.9%的大学虽然现在没有实施，但正在讨论中。① 这些实施FD活动的大学，其FD的活动状况又可以细分为五个发展阶段（见表5.9），其中大部分大学的FD活动处于"设置了FD委员会，开展研修会等比较初期的阶段"。

表5.9　FD活动的发展阶段②

发展阶段的划分	校长(%)	学部长(%)
①很多教师认为FD是英语的"磁盘"（Floppy Disc）的缩写	4.7	8.5
②设置了FD委员会，开展研修会等比较初期的阶段	53.0	62.1
③委员会活动已步入正轨，处于相当稳定状态的阶段	20.9	12.3
④产生种种问题的阶段	14.3	10.0
⑤修改最初的FD活动，开始创设新体制的阶段	7.2	7.1

二、FD活动的内容与形式

从历史上来看，大学教师发展主要有五种类型：第一种类型是个人主导型。它源于欧洲中世纪大学，教师发展表现为教师个人的努力。第二种类型是政府主导型。随着近代国家的创立以及高等教育制度逐渐形成，政府主导型的教师发展应运而生。第三种类型是学会主导型。教师发展的有关活动由介于政府和大学之间的各种学术组织或与高等教育相关的学会发起、推进和指导。第四种类型是大学主导型。各大学根据自己的办学方针，制定各自的教师发展目标，设置面向全校服务的教师发展机构。第五种类型是院系主导型。教师发展的具体实施和管理基本上以各院系为单位分别进行，根据不同学科的特点，其教师发展的项目和形式也不尽相同。③ 事实上，日本的FD活动主要体现为各个大学按照政策的要求，有组织地实施的大学主导型。

按照学者有本章的观点，FD的内容大致可以包括：①理解大学理念、目标

---

①　有本章.FD制度化に関する研究(3)——最終報告書[M].広島：広島大学高等教育研究開発センター,2004.36.

②　有本章.FD制度化に関する研究(3)——最終報告書[M].広島：広島大学高等教育研究開発センター,2004.40.

③　黄福涛.中、日、美教师发展——历史、比较与实证的视角[J].集美大学学报,2007(1).25-26.

的研讨会;②老教师对新教师的指导;③为教师改善教学技巧(学习理论、教学方法、学业评价方法、教育仪器的使用等)提供帮助的项目;④课程开发;⑤学习辅助系统的开发;⑥理解教育制度(学校教育法、大学设置基准、学校规则、学分制度等);⑦评价(学生评教、教师同行的教学方法评价、对教师各项活动的定期评价);⑧表彰优秀教师;⑨教师的研究援助;⑩平衡教育和研究以及构建校内相应组织;⑪对大学的管理运营及其与教授会权限之间的关系的理解;⑫使大学教师熟知其伦理规则及其社会责任;⑬自我评价及其评价结果的利用。① 但事实上,据文部科学省的调查,日本各个大学实施的 FD 活动的内容主要为:举办讲演会、设置相应的校内组织、举办教学研讨会、新任教师以外的研修会、教师相互的教学观摩活动等(见表 5.10)。

表 5.10　FD 活动的主要内容(2011)② 　　　　　(单位:所)

FD 活动的主要内容	国立	公立	私立	合计
教师相互的教学观摩	52	37	307	396
教师相互的教学评价	18	13	97	128
作为项目构建本科教育课程体系的案例分析会或教学研讨会	19	8	32	109
上述以外的案例分析会或教学研讨会	52	39	276	377
以研究生为对象的 FD	11	4	21	36
教学设计	12	4	13	29
演讲会、报告会等	73	58	388	519

注:数字为实施该项目的大学数

从这里可以看出,FD 活动的主要形式是举办讲演会以及由校内机构统一负责的集体研修、教学观摩等。但事实上,无论是在美国还是在日本,大学教师发展的形式是多种多样的,而且,每个大学也有自己为完成特定目标而选择的 FD 项目及形式。例如,德岛大学 2007 年将 FD 活动的目标确定为:①理解德岛大学全校 FD 活动的理念和活动计划;②了解计划、实施和评价教学的方法;③理解和实践教学研究方法;④与 FD 的共同实践者形成伙伴关系。为了实现

---

① FD の定義・内容について[EB/OL]. 文部科学省ホームページ,http://www.mext.go.jp/. [2014-10-12].
② 大学における教育内容・方法の改善等について[EB/OL]. http://www.mext.go.jp/a_menu/koutou/daigaku/04052801/002.htm. [2015-03-11].

这一目标,开展了以下几项活动:①以企业的新录用人员和由助手升任的教师为对象,开展研修会(1次);②以各学部组织 FD 的领导人员为对象的研修会(1次);③邀请校内、外相关人员就教育教学进行交流(4次);④相关负责人与本校学生进行交流(6次);⑤教师之间的教学观摩研讨会(11次)。① 又如九州大学的 FD 一直以提高教师的素质为目的,从 2001 年开始,举行新任教师研修以及不同的主题研讨会,包括"改善教养教育科目教学""适当地进行评价""改善语言科目教学"等主题的研讨会。②

　　与各个大学内部实施的 FD 活动相配合,独立行政法人媒体教育开发中心、国立教育政策研究所、大学教育学会、国际民主教育(International Democratic Education, IDE)协会的学生生活研究中心等学会及民间团体也开始实践 FD 活动。例如独立行政法人媒体教育开发中心以"利用多样化技术,通过对教育内容、方法等的研究、开发及成果普及,促进大学教育的发展"为目标,利用研讨会、公开讲座、体验学习、技术培训等形式,促进大学教师教育教学能力的提高。目前,该中心的 FD 活动主要有:①远程型,利用互联网举行公开讲座。②集体研讨型,针对与教学相关的某一课题进行研究、协商、讨论。这种形式的 FD 活动主要以开发和研究媒体教育方面的教材为主,这一工作从 1999 年开始一直持续至今。③体验学习型,这里的体验学习包括海外体验学习、农业体验学习、职场体验学习等,这种形式的研修从 2003 年开始,每期举行 6 次,以提升教育交流能力为基础。再如国立教育政策研究所定期举办 FD 入门讲座;国际民主教育协会的学生生活研究中心接受文部科学省的教育方法改善经费,每年夏天举办两天一夜的 FD 活动;由一般教育学会改名后的大学教育学会则继续开展 FD 的研究活动。

三、FD 活动的效果与问题

　　一般来说,大学教师在大学中主要从事的活动有教育活动、研究活动、管理活动以及社会服务活动,而显然对这四种活动的时间分配是不一样的。据卡耐基大学教师国际调查(Carnegie International Survey on Academic Profession)

---

① 曾田紘二,宫田政德. 2007 年度徳島大学全学 FD 推進プログラムの実施報告[R]. 大学教育研究ジャーナル,2008,第 5 号. 151-154.

② 小湊卓夫. FD の組織化と教育経験の共有[J]. 大学教育(12),2006.14.

显示,日本的大学教师一周的平均劳动时间为47小时,其中教育活动时间为19小时、研究活动时间为20小时、管理活动时间为4小时、社会服务活动时间2小时、其他活动2小时。① 另据京都大学1999年对本校教师的调查,研究活动、教育活动及社会活动分别占校内活动的比重为50.7%、33.2%和16.1%。② 可见,日本大学教师对研究活动的偏爱。那么,通过实施FD活动,包括研究活动在内的大学教师各种活动能力和素质是否获得了提高? 据广岛大学高等教育研究开发中心的调查:①有76.0%的校长和69.4%的学部长认为FD活动"提高"或"某种程度提高"了教师的教育能力和素质;②有25.1%的校长和22.9%的学部长认为FD活动"提高"或"某种程度提高"了教师的研究能力和素质;③有19.2%的校长和11.4%的学部长认为FD活动"提高"或"某种程度提高"了教师的管理能力和素质;④有22.0%的校长和25.3%的学部长认为FD活动"提高"或"某种程度提高"了教师的社会服务能力和素质。③ 由此可见,校长和学部长一致认为,通过FD活动最主要地提高了大学教师的教育能力。但接下来校长和学部长有了明显的分歧。即在校长看来能力提高处于第二位的是"研究能力",而在学部长看来则是"社会服务能力"。但似乎学部长的观点更具有说服力,因为学部是日本大学中一个独立的教育和行政的基本组织,学部长自身没有任何额外的收入,且与一般大学教师一样,继续承担教学任务。

与此同时,绝大部分校长及学部长认为目前的FD活动主要存在以下四个问题:①教师对FD活动的理念、概念没有充分的认识(问题一);②FD活动整体来讲是"自上而下"的,难以形成"自下而上"的活动(问题二);③在校内缺少FD方面的专家(问题三);④对FD活动不关心的教师很多(问题四)。而且,校长和学部长一致认为,在上述四个问题中,最严重的是问题一(校长80.0%、学部长77.6%)和问题三(校长73.2%、学部长76.7%)。④ 概言之,这主要是理念和认识方面的问题。出现这样的问题主要在于,虽然通过FD活动,大部分教师的教

---

① 有本章.大学教授職の現状と課題——カーネギー国際調査の分析[J].大学論集(第24集),1995.38.

② 京都大学高等教育研究開発推進センター.大学教育の改善に関する京大教官の意識[R].京都大学高等教育研究開発推進センター,1999.2.

③ 有本章.FD制度化に関する研究(3)——最終報告書[M].広島:広島大学高等教育研究開発センター,2004.40.

④ 有本章.FD制度化に関する研究(3)——最終報告書[M].広島:広島大学高等教育研究開発センター,2004.41.

学技能、教学方法等获得了很大提高,但形成新的教学技能和方法,并从概念上来理解"做什么""为什么要做"和"做到什么程度",反映了一种更为根本的变革,而这需要花更长的时间才能实现。与行为的变革相比,信念的变革难度更大,因为这些变革挑战着个人就教育目的所持有的核心价值观,而且信念通常是不甚明确、难以讨论或不理解的,它们更多的是埋藏在未被表达的假设层面上。①

理念和认识的问题也带来了 FD 实践的不充分,据广岛大学高等教育开发中心的调查,被调查的 3 320 名教师在 5 年里参加全校水平的习明纳、研修会的比率为 28.1%,参加学部水平的习明纳、研修会的比率为 23.6%,其中,FD 活动参加比率最高的是医、齿、药学领域。而据日本医学教育学会的调查,92.5% 的医学部、医科大学举行了至少一次 FD 活动,可是参加的教师数只占全体教师数的 35.3%。从这些调查可以看出,虽然各个大学已经实施了 FD 活动,可是全校水平或学部水平的 FD 研修会仍然有一半的教师没有参加。②

从 20 世纪 80 年代初,英、美等国的大学教师发展理论与实践进入日本,到进入 21 世纪的今天,日本建立起自己的 FD 制度,各个大学也开展了形式各样的 FD 活动。从 FD 活动的实施来看,它是与"教与学"的过程以及大学教育理念紧密联系在一起的,教与学的过程包括课程、教师、学生、环境和评价五个重要因素,其中课程、教师和学生对教与学的过程的作用最为显著。③ 所以,各个大学的 FD 活动充分关注了课程的要素——教学内容、教学方法等;教师的要素——教师相互评价、教学技能的掌握、对教养教育的理解等;学生的要素——障碍学生指导、利用学生评教倾听学生对教学的意见等。但从大学教育理念来说,目前各个大学对如何将自己的教育理念与 FD 活动结合起来,并没有形成明确的认识。也就是说,办学个性化不仅需要各个大学选择与本校教育理念相适的学生以及为此精心编制课程,同时也需要能够胜任学生指导与课程实施的教师,并以大学特有的理念来录用和发展教师。

---

① [加]迈克尔·富兰.教育变革新意义[M].赵中建,陈霞,李敏,译.北京:教育科学出版社,2005.46.
② 日本高等教育学会.连携する大学[M].町田:玉川大学出版部,2006.143.
③ [日]有本章.教师发展(FD)的课题——日本的视角[J].丁研,译.复旦教育论坛,2006(6).

第五节　大学 FD 活动的个案研究

按照政策的要求,日本各个大学在其特有的教育理念与目标指导下,进行了形式各样的 FD 活动。在此,仅以国立大学法人山口大学和学校法人庆应义塾大学为例简要介绍其实施状况。

一、山口大学的 FD 活动

山口大学是由成立于 1949 年的新制国立大学发展而来,2004 年成为国立大学法人山口大学。目前,拥有 8 个学部(人文学部、教育学部、经济学部、理学部、医学部、工学部、农学部、公共兽医学部)、10 个研究科。截至 2014 年 5 月,教职员总数为 2 446 人,学生 8 749 人。[①] 1998 年修改后的《大学设置基准》要求各个大学根据本校的教育理念,有组织地开展 FD 活动以后,山口大学便着手实施本校的 FD 活动。从 1999 年开始,山口大学每年组织一次 FD 研修会,每次参加人数为 80~90 人,这样算下来,当时的约 850 名教师全部参加一次 FD 研修会则大约需要 10 年的时间。于是从 2002 年开始,山口大学决定将 FD 研修会定为每年两次,这样大约 5 年左右的时间全校教师至少参加一次 FD 研修会。

2004 年 4 月 1 日,成为国立大学法人的山口大学出台了本校的中期目标和中期计划,对本科教育内容及教育方法的基本方针做了明确的规定。在教育内容方面:①编制重视专业领域的课程;②研究、开发和实施适合学生多样性需要的课程;③各个学部充分考虑专业教育和通识教育的有机结合编制课程。在教育方法方面:①开发促进学生自主学习的教育方法;②开发"帮助学生切实理解学习内容"的教学方法;③实施和社会有机联系的教育;④将学生评教等要求反映在教育方法的改善上。[②] 为了实现上述目标,山口大学的 FD 活动主要有:①由大学教育中心主办的全校性的 FD 活动;②由不同的教育教学科目分科会举办的 FD 活动;③由各学部、研究科举办的 FD 活动;④其他由全校性的教育研

---

① 大学要覧 2014[R]. http://www.yamaguchi-u.ac.jp/info/2358.html. [2014-11-20].

② 国立大学法人山口大学中期目標[EB/OL]. 山口大学トップページ, http://ds.cc.yamaguchi-u.ac.jp/~kikakuka/tyuukimokuhyou_etc/tyuukimokuhyou_keikaku/tyuuki_mokuhyou.pdf. [2008-03-20].

究机构举办的各种研修会。由于第四种形式的活动带有很大的随意性,在此,主要介绍前三种形式的 FD 活动及其教学改善情况。

(一) 大学教育中心的全校性 FD 活动

山口大学的大学教育中心成立于 2002 年,该中心的主要职责是管理全校通识教育,组织实施 FD 活动以及计划、实施和分析全校教学评价工作。随着 1998 年 FD 活动成为各个大学努力的义务,山口大学规定,自 2001 年起所有教师必须每 5 年参加一次 FD 研修会,从而使 FD 发展成为一项常规的制度化活动。

事实上,从文部科学省建议各个大学开展 FD 活动开始,到目前为止,山口大学 FD 活动的内容和形式已经发生了很大的变化(见表 5.11)。1997—2000 年,FD 活动主要以研修会为主,研修会的内容大多是为期一天的演讲,而且,演讲的内容带有很大的随意性。2002—2004 年,研修会发展为 2 天 1 夜的研讨会形式,研讨会专门就教育教学问题进行讨论,较之以往具有了更强的专门为教育教学服务的色彩。从 2005 年开始,山口大学增加了研修会的种类(2005 年为 6 种、2007 年为 10 种),并由教师自行选择参加哪种研修会,山口大学将这种方式的研修会称为"菜单式"研修会。目前,这种"菜单式"的 FD 研修会主要针对 3 个领域进行:①教学技术(包括教学设计技术、多媒体利用方法、学生参与型教学等);②教材的制作和说明;③教学设计、评价。[①] 由于大学教育中心的全校性 FD 活动是面向全校所有教师,所以主要采取集体参与的形式,并充分考虑了不同教师的实际需要。

表 5.11 山口大学全校性 FD 研修会情况　　　　　(单位:次)

年份	主题	种类	次数	参加人数
2001 年以前	演讲		1	80~90
2002—2004 年	研讨(如制作教学大纲、公开教学、互相评教等)		2	80~100
2005 年	教学技术、教育评价、媒体利用等	6	11	170
2006 年	同上	6	8	178
2007 年	加入"学生评教""障碍学生援助"	10	13	388

注:根据山口大学各年度 FD 活动报告书整理而成,http://www.epc.yamaguchi-u.ac.jp/FD_reports.html,2015-03-24

---

① 有本章.FDの制度化と質の保証〔後編〕[M].広島:広島大学高等教育研究開発センター,2007.60.

从 2008 年开始,全校性的 FD 活动主要固定在演讲、研修会和改善教学研修会三种形式上,但参与的人数却逐年增加(见表 5.12)。

表 5.12　2008 年以后山口大学的全校性 FD 活动　　　　（单位:次）

	演讲	研修会	改善教学研修会
2008 年	2(107)	13(452)	8(教授会全体人员)
2009 年			
2010 年	1(55)	15(413)	8(180)
2011 年	1(71)	17(624)	7(360)
2012 年	1(101)	11(487)	9(320)
2013 年	1(116)	11(529)	9(331)

注:()中的数字为参与人数

根据山口大学各年度 FD 活动报告书整理而成,http://www.epc.yamaguchi-u.ac.jp/FD_reports.html,2015-03-24

(二) 通识教育教学科目分科会的 FD 活动

应全国性课程改革的发展趋势,山口大学于 1995 年撤销了教养部,并由全校教师合作承担通识教育。在大学教育中心之下,设立了 23 个教学科目分科会,由分科会承担各个科目的教学教育工作。但实际上,各个专业学部的教师对参加分科会一直持比较消极的态度。为了保证通识教育的教师人数,山口大学制定了出勤率及审查制度,但 2001—2002 年时,其参加率也仅为一半多一点。[①]从各分科会 FD 活动的实施情况来看,只有一部分分科会积极开展了 FD 活动,所以,教学科目分科会的 FD 活动参与人数非常有限。以 2007 年为例,在 23 个分科会中,仅有 7 个分科会实施了某种形式的 FD 活动。2013 年时,实施 FD 活动的教学科目分科会也仅有信息处理分科会、英语分科会、物理学分科会、化学分科会、地球科学分科会。[②] 以 2007 年为例,信息处理分科会为增强教师的信息安全、信息伦理道德,而由教育学部长组织实施了演习;物理分科会修订了物理学实验教材;化学分科会举办了针对化学教育的高中、大学、企业的交流会,该

[①] 山口大学.「教養教育」評価報告書(平成 12 年度着手継続分 全学テーマ別評価)[EB/OL]. 山口大学トップページ,http://www.yamaguchi-u.ac.jp,2013.

[②] 山口大学大学教育機構. 平成 25 年度山口大学 FD 報告書[R]. http://www.epc.yamaguchi-u.ac.jp/fdreport(h25).pdf,2014.72-73.

交流会由 1 名中学教师、11 名高中教师、10 名大学教师、3 名企业研究者及 29 名学生参加。[①]

（三）各学部、研究科的 FD 活动

山口大学各个学部、研究科自行组织的 FD 活动是从 2004 年开始的，各个学部均以不同的形式实施了 FD 活动。从 FD 活动的具体内容来说，主要有 FD 研修会、公开教学、教学研讨会以及新近一些学部开始实施的学生评教及教师相互评价等。其中公开教学在所有学部都得到了不同程度的实施。例如，以 2007 年为例，工学部分前期（6—7 月）和后期（11—12 月）共开展了 54 次公开教学，而农学部则为 7 次，人文学部 14 次，医学部 9 次。由此可见，在各个学部之间，公开教学的实施情况是存在很大差异的。最近几年，各个学部在实施 FD 活动的基础上，还增加了专门用于开展 FD 活动的经费预算。FD 活动已经成为学部重要的常规性活动，而且学部、研究科已经成为 FD 活动的最重要的组织机构。

学生评教是从 2005 年开始在山口大学实施的。主要的学生评教活动有全校共同的学生评教和学部的学生评教两种。全校共同的学生评教以所有学生为对象，由于学生的专业不同，主要的教学方式不尽相同，为此，山口大学设计了两种调查问卷，即"讲授用问卷"和"实验、实习用问卷"，前者以那些主要以讲授、阅读为主要教学方式的学生用，后者以实验、实习为主的学生使用。学部的学生评教活动由各学部自行组织实施，其基本问题围绕着全校性评教活动中的五大主题——"教学外学习时间""学习目标完成情况""理解""满意""出席情况"展开，主要是通过上述五大主题详细考察本学部的教学情况，所以，在问题的数量上也要比全校共同的学生评教多一些。

上述大学层面的、各分科会层面的以及各学部、研究科层面的 FD 活动，三者之间带有很大的交叉性。也就是说，全校性的和各分科会的 FD 活动一定是由各学部教师参加的，例如，以教育学部为例，参与全校 FD 活动的教师人数 1997 年为 3 人，2000 年为 13 人，2003 年为 17 人，2007 年为 21 人。[②] 说到底，FD 活动不管是由"谁"组织实施的，其真正目的在于促进和改善教师的教学能

---

① 山口大学大学教育機構．平成 19 年度山口大学 FD 報告書[R]．http://www.epc.yamaguchi-u.ac.jp/fdreport(h19).pdf,2008.19－20.

② 山口大学大学教育機構．平成 19 年度山口大学 FD 報告書[R]．http://www.epc.yamaguchi-u.ac.jp/fdreport(h19).pdf,2008.85.

力,进而提高大学教育质量。总体来说,大学教育中心的全校性 FD 活动以及各学部、研究科的 FD 活动对中期目标的完成发挥了重要作用,而与此相比,由于各教学科目分科会带有一定的"松散结合"的性质,缺乏相应的责任体制,所以,并没有组织起有效的 FD 活动。

二、庆应义塾大学的 FD 活动

学校法人庆应义塾大学是由日本近代著名思想家福泽谕吉,于 1858 年创建的世界著名私立大学。与山口大学相比,庆应义塾大学的 FD 活动要缓慢得多,2002 年 7 月 1 日,庆应义塾大学设立教养研究中心,才开始真正思考和实践 FD 活动。这正如其教养研究中心副中心长近藤明彦所言:"现在,'FD'、'教学大纲(Syllabus)'、'学生评教'等词汇不绝于耳,而且很多大学已经接受,并正在实践这种新的机制。可是,在庆应义塾,除了 SFC(Site For Communication among,庆应义塾大学湘南藤泽校区)的两个学部外,整体上来说,对 FD 并没有进行深入的讨论"[1]庆应义塾大学尚未建立起长期稳定的 FD 系统,其目前与 FD 有关,且取得一定成效的活动主要是由教养研究中心组织实施的 FD 习明纳和教学技能讲座以及 SFC 建立的学生、教职员交流(Students Faculty and Staff)系统。

(一)教养研究中心的 FD 活动

教养研究中心在成立之初将自己的使命规定为:①应时代和社会的变化,组织实施有关教养以及教养教育的综合研究,并主动开展与此相关的各种研究活动;②征集并推进教养以及教养教育的研究;③向社会广泛提供研究成果,积极建设教养及教养教育;④对研究活动进行整体评价,提高和改善研究活动的质量。[2] 该中心从设立的第二年(2003 年)起,就组织了一系列的 FD 习明纳,旨在加强本校教师对 FD 的理解。"美国的教学组织""学生评教和 FD 活动""大学评价和 FD 活动""今后课程改革的方向和 FD"等主题,都是在 2003、2004 年这两年时间里所开展的 FD 习明纳。从这些习明纳主题可以看出,其重点并不是改善教师的教学内容、教育方法等技能,而是重在从理念上加强教师对 FD 及其

---

① 近藤明彦.連続セミナー開講にあたって[J].連続セミナー「FD を考える」,2003.1.
② 教養研究センターミッション[EB/OL].慶應義塾,http://www.keio.ac.jp/index-jp.html.

相关主题的理解。

从 2005 年开始,FD 活动的组织形式在原有的习明纳的基础上,增加了公开教学、学术技能讲座等。其中,学术技能讲座要求所有新任教师必须参加,这可以说是庆应义塾大学首次要求新任教师参加的集中研修活动。新任教师研修目前已经成为很多大学 FD 活动的重要形式,但与在 2003 年已经开展新任教师研修活动的 138 所大学[①]相比,庆应义塾大学的行动步伐当然并不算快。庆应义塾大学的学术技能讲座每年有"春学期"和"秋学期"两次。和习明纳一样,这种讲座主要围绕着某一主题展开,在主题讲座之后,有作为范例的公开教学或实验教学。比如 2006 年秋学期的主题为"自然、社会和人类",在讲座之后进行了"开发身体、开拓心灵"的实验教学;2007 年春学期的主题为"生命教养学",其后进行了"儿童生命的教育"的公开教学。当然,不论是技能讲座还是公开教学,都不是一次完结的,通常要进行 3~10 次。[②] 从这些主题可以看出,庆应义塾大学对新教师的研修并不是单纯地向新教师传授某些特定的教学方法、教学技能,而是从更广阔的视角加强教师对学术的理解,这种理解主要体现为教养研究中心所强调的"教养"和"教养教育"。从深层次来说,它也是庆应义塾大学一直所秉承的创立者的理想。在福泽谕吉看来,有学问的人主要有三种类型,一是"学者",这种人做学问本身就是其安身立命的目的;二是"学术事业者",这种人以学问为手段来赚钱和创业;三是"普通学者",这种人并不是以学问为手段,而是已经具备一定的资产,是具有教养性学问的人。大学审议会首任会长、并任庆应义塾大学校长 16 年之久的石川忠雄指出:"自帝国大学建立以来,很多大学主要培养了前两种人,而庆应义塾大学一直以普通学者和实用性的教养为目标来充实教育。"[③]庆应义塾大学的 FD 活动是紧紧围绕这种理念而展开的。

(二) SFC 的学生、教职员交流系统

庆应义塾大学湘南藤泽校区(SFC)建立于 1990 年,由综合政策学部和环境

---

① 据文部科学省的统计,2003 年时有 138 所大学实施了新任教师研修活动,其中国立 55、公立 6、私立 77。具体参见,授業の質を高めるための具体的な取組状況[EB/OL]. 文部科学省ホームページ, http://www.mext.go.jp/b_menu/houdou/17/03/05060902/002.htm. [2003-06-09].

② 慶應義塾大学教養研究センター. 2007 年度活動報告書[R],慶應義塾, http://www.keio.ac.jp/index-jp.html. [2009-04-20].

③ 天野郁夫. 大学を語る22人学長[M]. 町田:玉川大学出版部,1997. 13.

信息学部两个学部构成。该校从建立之日起,每学期都针对所有开设的科目进行"学生评教"活动,1992年时,全国仅有38所大学实施了"学生评教"。[①] 2002年3月,SFC对持续了12年的"学生评教"进行了重大改革,即由原来的纸质问卷改为网上问卷,从而形成了目前的 SFC－SFS(Site For Communication among Students Faculty and Staff)这种新的学生、教师、职员相互交流机制。无论是学生评教还是新的交流机制的确立,实际上也体现着 SFC建立的理由。校长石川忠雄表示,这两个学部设立的理由有很多,其中重要一点就是通过它使大学充满多样化和活力,具备敏锐地反映时代变化的体制。以往的学部主要是以个别科学为中心而组织起来的教育研究体制,这次我们打算从另一个方向来进行。[②] 创立 SFC的事务长孙福弘具体指出,SFC的设立就是基于"教师、学生、职员三位一体"的大学理念来开展各项实践活动的。"学生评教"的目的是提高教学质量、改善教学方法、唤起学生的学习积极性,而不是由学生单方面地评价教学内容和教师。[③]

当初 SFC在引入"学生评教"时,并不是所有教师都表示赞成。有教师表示:只针对那些希望获得学生评教的任课教师进行,也有的教师对学生是否具备准确、公正的评教能力表示怀疑。针对这种情况,SFC在1990年春季的第一次教授会上专门针对"学生评教"进行了审议,审议的结果是最终确立了"两大原则",而且这两大原则即使在由纸质问卷变为网络问卷之后也没有发生变化。第一是公布调查结果时不以任何明确的方式展示教师个人姓名,即"个人非公开原则";第二是调查结果不直接与教师的人事考核挂钩,即"人事考核不利用原则。"[④]这样,学生评教在消除了教师的顾虑后得以顺利进行,并一直持续至今。

2002年原有的纸质问卷变成网络阅卷后,在 SFC 主页上专门制作了"SFC－SFS"系统,从此"学生评教"则作为教师、学生、职员相互交流机制中的一个重要组成部分。在 SFC－SFS系统中设"定点观测系统"和"常设系统"两部分。常设系统是教师、学生、职员等就教育教学问题相互交流的平台。"定点观测系统"

[①] 三浦真琴.中部大学におけるFD活动および教育评价活动——地方中坚私立大学の挑战[J].名古屋高等教育研究,2003,第3号.160.

[②] 天野郁夫.大学を语る22人学长[M].町田:玉川大学出版部,1997.14.

[③] 编集委员.SFC－SFSを通して考えるこれからの大学像[J].特集 A:YEAR IN REVIEW,2004.1.

[④] 有本章.大学のカリキュラム改革[M].町田:玉川大学出版部,2003.192.

由"初期调查"和"总结调查"组成。"初期调查"是在课程开设之后不久进行的，方便教师尽早地把握学生的学习目的、对授课方式的要求等，从而及时地将学生的各种要求体现在教学上。"总结调查"则是在课程结束之后，对教学进行必要的概括和总结。"定点观测系统"要求全体任课教师积极参与，同时也希望全体学习者参加。①

说到底，在SFC-SFS中，"评价"并不是目的，而是通过该系统来倾听学生的意见，从而进行更为有效的教学。SFC-SFS成了教师、学生、职员之间进行信息交换、交流的场所。那么，持续了十几年的学生评教是否真正促进了教学的改善呢？庆应义塾大学曾经以"我想把这个课程向其他同学推荐"作为一个指标，了解所有科目以及每个科目的情况。调查采用从"很不满意"到"很满意"的5级标准，由学生对课程的满意程度一一赋值，1为"很不满意"、5为"很满意"。下图是对所有科目整体的评价。

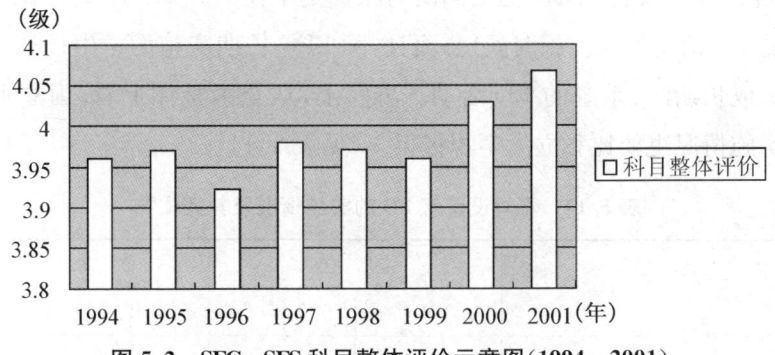

图 5.2　SFC-SFS 科目整体评价示意图（1994—2001）

从"我想把这个课程向其他同学推荐"可以看出，学校课程的整体欢迎度正在提高。但从另一项调查中也可以发现，学生评教的发展在某些方面也不尽如人意，例如，SFC 分别于1993年和1998年两次对学生进行了"学生评教"调查（见表 5.13）。从两个调查结果来看，整体上，学生评教活动作为一项制度、作为改善教学的重要措施的效果正在下滑。效果的下滑只意味着这种措施有改善的必要，而无论其效果如何，SFC 的成功之处就是这种坚持了十几年的学生评教活动，正是因为这种似乎已演变成一种传统的"坚持"，才为庆应义塾大学提供了更为切实地了解教学实际情况的证据。

---

①　福田忠彦. 生による授業調査からコミュニケーション重視へ[J/OL]. http://www.juce.jp/LINK/journal/0403/03_02.html. [2004-03-15].

表 5.13　学生对"学生评教"的评价[1]　　　　　　　　　　（%）

满意项目	1993年	1998年	差
学生评教,与改善教学联系起来	3.67	3.27	0.40
在学期结束后,有学生评教制度	3.87	3.56	0.31
学生评教的结果向学生报告	3.66	3.44	0.22
在学生评教中把不满向教师传达	4.14	3.97	0.17
在学生评教中把好的方面向任课教师传达	3.97	3.85	0.12

三、比较与分析

从山口大学和庆应义塾大学 FD 活动的实施情况可以看出,山口大学要比庆应义塾大学的 FD 活动系统得多。山口大学已经形成了分别由大学教育中心、教学分科会及各学部、研究科组织实施的多层次的、系统的 FD 活动。虽然各种 FD 活动的实施者不同,但共同的对象都是本校的教师。与此相比,庆应义塾大学的 FD 活动不仅实施时间短,而且,除 SFC 长期实施的学生评教活动外,并没有形成长期的、系统的 FD 活动。事实上,从全国整体上看,国立大学 FD 活动的实施情况也要比私立大学积极得多(见表5.14)。

表 5.14　不同设置者 FD 的实施情况及其变化[2]

	国　立		私　立	
	2003年(%)	2006年(%)	2003年(%)	2006年(%)
实施了	98.5	96.6	69.4	77.5
现在没有实施,正在讨论中	0.0	3.4	22.5	16.7
没有实施	1.5	0.0	8.1	5.9

从 FD 活动的内容来看,山口大学的 FD 活动紧紧围绕着教学内容、教学方法等展开,带有强烈的狭义 FD 取向。而庆应义塾大学的 FD 则在内容上较为广泛,紧紧围绕着教养及教养教育而展开,深入分析起来,这在一定程度上也是庆应义塾大学教育理念的体现。比如 SFC-SFS 系统以促进学生、教师和职员的相互交流为前提。而事实上这也是将庆应义塾大学一直倡导的"社中协力"的体现。"社中"即庆应义塾大学的学生、教职员、毕业生以及所有与庆应义塾有关

---

[1] 有本章.大学のカリキュラム改革[M].町田:玉川大学出版部,2003.200.
[2] 有本章.FD 制度化に関する研究(3)——最終報告書[M].広島:広島大学高等教育研究開発センター,2004.58.

的人的总称。"协力"即互相合作，为庆应义塾而自豪。① 在这个意义上说，单纯地评价山口大学或庆应义塾大学 FD 活动"谁优谁劣"是不客观的，因为 FD 的最终目的是在突出本校个性与特色的基础上的，提高和改善教育质量。

同时不难看出，学生评教似乎是两所大学具有较大共通性的 FD 活动，当然这也源于全国性的学生评教潮的带动。据文部科学省的统计，2008 年时，全国有 597 个（国立 64、公立 59、私立 474）学部或研究科整体实施了学生评教。到 2013 年时，这一数字增长为 736 个（国立 82、公立 80、私立 574）。② 学生对教学的满意进而对学校的满意，已经成为大学的一种追求，它不仅是实现办学个性化的需要，而且是大学生存和发展的需要。

---

① 福澤諭吉の「志」と継承［EB/OL］. 慶應義塾, http://www.keio.ac.jp/index-jp.html. ［2010 - 05 - 21］.
② 学における教育内容・方法の改善等について［EB/OL］. http://www.mext.go.jp/a_menu/koutou/daigaku/04052801/002.htm. ［2015 - 03 - 12］.

第六章 教育质量保证

从 20 世纪 90 年代初开始,日本各个大学开始实践办学个性化的尝试,那么,如何从整体上鼓励和刺激各个大学"构建个性化大学",显然政府的参与是必不可少的。政府是大学改革最主要的潜在力量,政府利用政策工具参与大学改革,会使各个大学自我变革的努力与行动具有更多的社会意义。在高等教育领域,政府的政策工具通常有经济激励、质量保证机构以及对将学生看作一种市场力量的理解。① 20 世纪 90 年代以来,在以"大学教育个性化"和"创建个性化大学"为目标的改革中,日本政府选择了前两种政策工具。而且,这两种工具似乎已经成为所有进入高等教育大众化阶段的国家在遭遇大学质量危机时的共同选择。

前期大众化模式②的国家已经利用各种质量保证机构,建立起了或政府主导型、或政府和院校混合型、或法人主导型的教育质量保证体系。③ 日本则是其中政府和院校混合型教育质量保证体系的典型代表。在经济激励方面,各个国家继对研究型大学以及重点研究领域的资助之后,又发展起对教学领域以及提高教育质量活动的资助,如:美国包括终身教职评估在内的,对教师的激励和奖励机制;中国 2007 年中央财政投入 25 亿元,正式启动的"高等学校本科教学质量与教学改革工程",等等。

日本的大学改革由于充分尊重各个大学的自主性,而使

---

① [英]玛丽·亨克尔,布瑞达·里特.国家、高等教育与市场[M].谷贤林,等,译.北京:教育科学出版社,2005.25.
② 按照学者黄福涛的理解,前期大众化模式主要指在 20 世纪 80 年代以前进入高等教育大众化的国家,如美国、日本、韩国等。
③ 黄福涛.本科教育质量保证研究——历史与比较的视角[J].高等教育研究,2008(3).69.

改革的力度和效果在大学之间存在很大的差异。为了对各个大学的改革效果作出公正评价，也为了强化和鼓励一些优秀的、高效的改革成果，日本政府加强了对大学的质量监控和经济激励。

第一节 日本的大学评价及其论争

20 世纪 90 年代以前，日本并不存在制度性的大学评价，人们相信"大学人"能够凭借自己的学识和良心，在大学自治的基础上保证其质量。可是进入 20 世纪 90 年代，随着适龄人口的剧减以及经济增长率的持续低迷、劳动力市场及教育市场的供给过剩，日本政府和国民开始反思"大学是否出了问题"？于是日本在 1991 年修改的《大学设置基准》中首次增加了有关"大学必须开展自我评价"的规定。此后，以自我评价为起点，大学评价开始进入日本大学，并开始了其制度化的历程（见表 6.1）。

表 6.1 大学评价制度化历程

1991 年	修改《大学设置基准》，要求各大学努力开展自我评价
1999 年	所有国立大学必须开展自我评价并公布评价结果，同时，要求各大学努力开展外部评价
2000 年	设立大学评价学位授予机构，作为全国大学共同利用机构，进行试行性评价
2002 年	修改《教育基本法》，规定所有高等教育机构（大学、短期大学、高等专门学校）每 7 年必须接受认证评价
2004 年	认证评价正式实施

一、大学评价的发展历程

从表 6.1 中可以看出，日本的大学评价经历了自我评价（1991—1998 年）、外部评价（1999—2003 年）和认证评价（2004 年以后）3 个阶段。

（一）自我评价（1991—1998 年）

自我评价就是由各个大学自己进行的评价活动。修改后的《大学设置基准》要求各个大学必须定期进行自我评价，同时制定了需要评价的项目范例（包括教育理念、目标；教育活动；研究活动；教师组织；设施设备；国际交流；和社会的合作;管理运营、财政;自我评价体制①)。从90年代中期开始,很多大学以"××大学的现状与课题"为题,公开自我评估报告书。可是,从这些报告书的题目就可以看出,这个时期各个大学的自我评价主要停留在自我检查上,并不是真正意义上的自我评价。有学者认为造成这一现象的原因主要有两个:(1)大学教师没有投入自我评价,对自我评价以划一性的标准来进行,具有强烈的抵触心理。(2)大学教师没有充分理解修改《大学设置基准》的主旨,即放宽对大学的限制,但要求大学要通过自我评价,来保证其教育研究质量。②

由于对大学教师漠视自我评价的不满,文部科学省认识到转变大学教师思想的必要性。大学审议会于1998年发表了咨询报告——《21世纪的大学形象和今后的改革方向》,副标题为"在竞争的环境中闪耀个性的大学",这个副标题非常具有深意。它向各个大学暗示着:由于18岁人口的减少,大学有可能面临淘汰的危险。在知识转型的时代,各个大学不可能进行划一的教育,也不可能获得同等的发展,所以,多样化、个性化将是大学改革的基本方向。基于这样的原因,大学审议会在该报告中建议引入外部评价。

(二) 外部评价(1999—2003年)

外部评价就是由大学选定校外评价者,并依靠校外评价者进行的评价,评价项目一般由大学指定。其实,早在20世纪90年代中后期,很多大学为了加强自我评价的可信度,进而得到社会的广泛支持与认可,就开始聘请一些校外专家以及一些具有民间色彩的机构,对本校的教育研究及办学状况进行评价。据文部科学省高等教育局的统计,1995年东京大学、东北大学、名古屋大学、京都大学等8所大学的13个学部实施了外部评价。③ 1999年之后,越来越多的大学开始实施外部评价。比如,2001年早稻田大学聘请了以杉山进(茶水女子大学助教授,全国大学体育协会理事长)为委员长、以塔尾武夫(日本体育大学教授、该大学前任校长)、大仓俊彦(稻门体育协会常务季员长)为委员,组成的评价委员会对早稻田大学体育局进行评价。④ 2003年北海道大学聘请了大学评价学位授予

---

① 日本高等教育研究会.大学審議会全28答申・報告集——大学審議会14年間の活動の軌跡と大学改革(下)[M].東京:ぎょうせい,2002.241-242.
② 川口昭彦.大学評価文化の展開[M].東京:ぎょうせい,2006.25.
③ 胡建华.战后日本大学史[M].南京:南京大学出版社,2001.296.
④ 早稻田大学体育局 第三者評価委員会報告書[R]. http://www.waseda.jp/kyomubu/hyouka/gaibu9.pdf.[2001-12-26].

机构对全校的国际合作及交流事务进行评价,同时还聘请了电子科学研究所、遗传疾病控制研究所、综合博物馆等5个机构对相应的专业进行了评价。① 再比如,东京大学从2000年到2003年,参与了大学评价学位授予机构对其的试行性评价。② 众多的院校评价以及专业评价协会,使外部评价遍地开花的同时也使它失去了权威性。再加上,一直以来,日本的高等教育就呈现一个大金字塔型,塔尖永远是那些老牌帝国大学,学生入学选拔严格、就业好。所以,人们宁愿相信现实中的入学与就业的激烈竞争所折射出的大学的优劣,也不愿对外部评价持信任的态度。这样,文部科学省不得不对外部评价做出规范,从而产生了新的评价形式——认证评价又称第三方评价。

(三) 认证评价(2004年以后)

认证评价是由评价对象的大学之外的第三方机构进行的评价,评价人员、评价项目、评价方法等由第三方机构确定。2002年11月,第155次临时国会修改《学校教育法》,在修改后的《学校教育法》中增加了关于认证评价的规定:(1)大学为了维持并提高其水平,必须由认证评价机构(受到文部大臣认证的第三方机构)对整个学校以及专业研究生院的教育研究活动进行定期评价。(2)认证评价应各大学之要求进行,认证评价结果要通知该大学,同时予以公布并向文部科学大臣报告。(3)认证评价根据各大学的申请进行,但只有在评价的基准、方法、体制等符合一定的条件,即"机构认证基准"时才能进行认证。(4)为了确保认证评价的准确、公正,文部科学大臣可以对认证评价机构的报告提出改善甚至取消的要求。(5)文部科学大臣在行使上述权力时,必须向中央教育审议会提交咨询报告,并听取其建议。③ 这样,认证评价便以法令的形式确立下来。严格说来,认证机构的评价并不等于认证评价,但到目前为止,日本一直使用"认证评价"这一称谓,而且,这一制度已经发展成为日本官民合作的高等教育质量保证制度。

---

① 第三者評価・外部評価実施状況[EB/OL]. http://www.hokudai.ac.jp/bureau/tenken/gaibuhyoka2.html. [2005-04-10].
② 東京大学[点検・評価]大学評価・学位授与機構による評価[EB/OL]. http://www.u-tokyo.ac.jp/gen02/d05_02_j.html. [2005-02-16].
③ 大学評価をめぐる動向[EB/OL]. http://www.keinet.ne.jp/keinet/doc/keinet/jyohoshi/gl/toku0307/index.html. [2003-07-18].

表 6.2　认证评价机构一览表①

领域	评价机构名称	网址
大学	（财）大学基准协会	http://www.juaa.or.jp/index.html
	大学评价、学位授予机构	http://www.niad.ac.jp/index.html
	日本高等教育评价机构	http://www.jihee.or.jp/
短期大学	（财）短期大学基准协会	http://www.jaca.or.jp/
	（财）大学基准协会	http://www.juaa.or.jp/index.html
	（财）日本高等教育评价机构	http://www.jihee.or.jp/
高等专门学校	大学评价、学位授予机构	http://www.niad.ac.jp/index.html

领域（专业研究生院）	评价机构名称	网址
法科大学院	（财）日弁联法务研究财团	https://www.jlf.or.jp/index.php
	大学评价、学位授予机构	http://www.niad.ac.jp/index.html
	（财）大学基准协会	http://www.juaa.or.jp/index.html
会计	NPO法人国际会计教育协会	http://www.jiiae.jp/
经营	（社）ABEST21	http://www.abest21.org/jpn/
	（财）大学基准协会	http://www.juaa.or.jp/index.html
助产	NPO法人日本助产评价机构	http://www.josan-hyoka.org/
临床心理	（财）日本临床心理士资格认定协会	http://www.fjcbcp.or.jp/
公共政策	（财）大学基准协会	http://www.juaa.or.jp/index.html
时尚商务	（财）日本高等教育评价机构	http://www.jihee.or.jp/
教职研究生院、学校教育	（财）教师养成评价机构	http://www.iete.jp/
情报、创造技术、组合技术、原子力	（社）日本技术者教育认证机构	http://www.jabee.org/
公共卫生	（财）大学基准协会	http://www.juaa.or.jp/index.html
知识产权	（社）ABEST21	http://www.abest21.org/jpn/
	（财）大学基准协会	http://www.juaa.or.jp/index.html
美丽商务	（社）美丽商务评价机构	http://ibbe.jp/
环境、造园	（社）日本造园学会	http://www.jila-zouen.org/

---

① 文部科学白书 2013［R］. http://www.mext.go.jp/b_menu/hakusho/html/hpab201401/1350715_012.pdf, 2014.225.

目前，获得文部科学省认证，并从事认证评价的机构有很多（见表 6.2），这些机构可以在其受认证的领域内对各个大学或专业进行认证评价。文部科学省对评价机构的评价标准及评价过程等并不直接干预或控制，只是提出了 4 项标准，作为认证评价机构的主要认证标准：(1)评价标准及评价方法必须足以准确地进行认证评价。(2)为确保认证评价准确地实施，必须完善必要的体制。(3)在公布、报告评价结果之前，必须给予大学申诉意见的机会。(4)准备且圆满地进行认证评价，必须拥有必要管理基础的法人（社团或者财团）。[①]

二、大学评价的论争

虽然作为政策引入了认证评价，但在学者及相关团体中关于大学评价却论争不断，这些论争很难说是学者"针峰相对"的较量，更难以用"对"或"错"来进行价值评判。将其呈现出来，重在对中国的大学评价提供一种思考。具体来说，这些论争主要围绕着为什么评价（目的论）、由谁来评价（主体论）、评价什么（对象论）和如何评价（方法论）而展开。

（一）目的论

大学审议会最初建议引入自我评价时（1991 年）指出，为了使大学提高教育研究水平发挥社会职能需要不断地进行自我评价。[②] 与此类似，大学评价机构设立筹备委员会的报告（1999 年）也谈到，大学评价的目的是改善各个大学的教育研究活动以及获得国民的理解和支持。从这里可以看出，作为准政府机构的代表，它们所持的观点是基本一致的，即认为大学评价的目的主要有两个：一是提高各个大学教育研究水平；二是得到国民的理解和支持。对这一观点也有一部分学者表示赞同，"评价是改善高等教育机构以及发挥其社会责任的要求。从这一点来讲，评价在校内是自我革新的手段，在校外是得到社会的理解和支持。"[③]

然而，还有一部分大学自治、学术自由的坚强捍卫者们则认为，可以把"大学

---

① 天野郁夫.日本的大学评价[J].陈武元，译.教育发展研究,2006(11A).62.
② 日本高等教育研究会.大学審議会全 28 答申・報告集——大学審議会 14 年間の活動の軌跡と大学改革（下）[M].東京：ぎょうせい,2002.239.
③ 喜多村和之.大学評価とはなにか：自己点検・評価と基準認定 [M].東京：東信堂,1993.118.

评价"分为由大学进行的"内部评价"和由大学外部人员进行的"外部评价",而大学应该采取的态度只能是由大学人主导的"自我评价"。① 之所以进行自我评价也是出于保护大学自治的需要,即如果大学不进行自我评价,那么事必就会有外部评价介入。进而言之,大学评价的目的是实现大学的自我改革,外部评价过于关注偏差值、毕业生就业率等表面现象,带有一定的任意性,对于以教育研究为中心的大学而言,只能由熟知大学内情的人进行评价。②

可见,无论是准政府机构所强调的大学评价的目的是"提高教育研究水平""得到国民的理解和支持",还是捍卫大学自治的人们所强调的自我评价,一个关键的问题就是今天的大学必须进行评价。

(二) 主体论

既然今天的大学必须进行评价,那么,由谁进行评价,或者说谁有"资格"成为大学评价的主体呢？围绕着这个问题主要有以下四种观点:

(1) 以自我评价为根本,评价主体是大学。这一观点的捍卫者就是众多的大学教师以及以大学基准协会为首的民间团体。在今天这个"评价热"的时代,为了避免外部评价人员的介入,他们无奈地选择了由自己进行评价。

(2) 以信息为核心,评价主体是政府。与大部分教师不同,也有一部分学者表示大学评价的主体应该是政府。这种观点虽然在以美国为主导的认证制度备受青睐的今天,并不那么容易被人接受,但深思起来还是有一定道理的。他们指出,大学评价在一定程度上做到了信息公开,而信息是公共产品,理应由政府来提供。从这个意义上讲,政府是大学评价的主体是不会错的。但需要注意的是,政府提供的信息如果不正确,则危害性是非常大的。所以,政府所提供的信息只能限定在客观的能够证明的方面。③

(3) 以责任为前提,评价主体是外部人员。这种观点指出,大学评价本来是应外部需要而产生的,由外部人士进行评价应该是根本。同时,他们认为,应该将大学评价与教育评价区别开来。大学评价是学校评价的一部分,它和教育评价是不同的。教育评价是由教育测量发展起来的,属于内部的评价,应该由教职

---

① 米泽彰纯.大学評価の動向と課題[M].広島:広島大学大学教育研究センター,2000.1.
② 市川昭午.高等教育の変貌と財政[M].町田:玉川大学出版部,2000.114.
③ 市川昭午.高等教育の変貌と財政[M].町田:玉川大学出版部,2000.115.

员进行。而大学评价并不仅限于教育领域,但具体应该由哪些人来充当"外部人士",并没有给出明确的答案。

(4)评价主体依目的而定。大学评价的形式多种多样,所以必须对评价的目的进行限定。例如,申请大学设置认可时,大学是被评价者,评价主体是政府或者大学设置审查委员会。在选择学校、分配资源的情况下,评价的主体是外部人员,大学说到底是评价的客体。但在另一些时候为促进大学改革,改善教育研究质量和水平,大学要把自己作为评价对象。在这种情况下,大学评价的主体就是大学自身。①

谁应该成为大学评价的主体或者说谁有"资格"评价大学,各个国家是不尽相同的,而且目前已经形成了以美国为代表的"大学主导型评价"、以中国为代表的"政府主导型评价"和以日本、英国为代表的"混合型评价"。各个国家参与高等教育评价的方式不同,这在很大程度上是由国家的政治结构以及教育管理体制所决定的。

(三)对象论

大学评价,究竟评价什么?对此主要的观点有三种:一是"职能说";二是"组织说";三是"过程说"。

(1)"职能说"认为,大学的职能包括教育、研究和社会服务,应该把其作为主要的评价对象。但究竟将哪项职能作为主要的评价对象,却存在着理想与现实的矛盾。一般来讲,很少有学者强调评价对象在社会服务,主要围绕着教育职能和研究职能展开。有学者指出,美国的认证制度原本就是以教育为中心的评价系统,当初在大学审议会的咨询报告中也把大学评价定位为"与研究相比,更是改善教育教学的手段",所以要以教育职能的评价为主。② 然而从现实来说,目前各个大学的自我评价报告书过于强调教师的研究业绩。

(2)"组织说"主要强调大学评价是以组织为对象,包括教职员个人,学部、学科组织以及国家整体的大学系统。③对于这一观点大多数学者并没有异议,但却有两点补充:一是有学者指出,高等教育相关机构以及各种大学团体等,也应

---

① 広島大学大学教育研究センター.大学評価——その必要性と可能性[M].広島:広島大学大学教育研究センター,1990.22.
② 市川昭午.高等教育の変貌と財政[M].町田:玉川大学出版部,2000.117.
③ 市川昭午.高等教育の変貌と財政[M].町田:玉川大学出版部,2000.117-118.

该成为评价的对象。二是 OECD 的科学技术政策委员会表达的观点——传统的评价是学术共同体中同行的自我评价,把个别研究者、教授集团、研究团队作为评价的重点,与此相比,近年的大学评价热是以大学和社会的关系的紧张化和资金紧张为背景,对大学支出的正当性、对社会经济发展的参与,要求其说明责任的结果。所以,要提高效率和说明责任,必须由外部机构对制度形态进行评价。① 也就是说,这两种观点分别为大学组织评价加入了"大学系统"和"制度形态"。

(3)"过程说"指以教育研究的入口、出口或者过程作为评价对象。有日本学者表示:"在被公认为'入口型社会'的我国,比较重视入口方面的评价,大学也不例外。以入学考试来判定偏差值,进而了解大学的难易程度。"② 也有学者主张评价的对象应该是教育过程中的价值增值。但也许这只能算是一种见解,作为实际问题几乎是不可能的。因为校友、同学的素质、教师的素质及努力、大学的运营能力等过程之外的因素也会带来价值增殖。③

从目前各个国家所进行的大学评价活动来看,每种评价活动都是对"职能""组织"或"过程"的不同侧重。例如,中国的本科教学工作水平评估特别强调大学的教育职能;日本新近对国立大学法人的中期评价则强调国立大学法人这一组织在一段时期内的运营效率;大学入学的难易程度、学生的就业率等则是高等教育利益相关者在"过程"上对大学的评价。

(四)方法论

方法论首先主要指如何实施评价,是采用绝对评价还是相对评价,是强调量的评价还是质的评价的问题。一般来讲,大多数学者都比较认同,大学这一组织具有综合性的价值,要尽量通过科学的手段、方法,进行合理的判定。④ 从实际的实施情况来说,无论是大学的自我评价还是外部评价或认证评价,经常采用的方法就是绝对评价和相对评价两者兼而有之。大学基准协会的手册上指出大学评价按照各大学的理念、目的进行,并没有强调必须按照哪种方法来进行评价。

---

① 市川昭午.高等教育の変貌と財政[M].町田:玉川大学出版部,2000.118.
② 牟田博光.高等教育論[M].東京:放送大学教育振興会,1993.98-99.
③ 広島大学大学教育研究センター.大学評価——その必要性と可能性[M].広島:広島大学大学教育研究センター,1990.23.
④ 喜多村和之.高等教育の比較的考察——大学制度と中等後教育のシステム化[M].町田:玉川大学出版部,1986.89.

然而,对于"想确定进入哪所大学"的考生,"想决定录用哪所大学的毕业生"的雇佣者或者"想资助哪所大学"的个人、财团、企业等来说,他们所需要的又常常是对大学的绝对评价甚至是排序。

其次是量的评价和质的评价应该选哪个。对此,日本学者明确表示,很难说哪个更为优秀。从20世纪初开始的美国大学评价历史来看,20世纪30年代是以量的评价为中心,40年代以后开始强调质的评价,从80年代以后开始重视结果。量的评价只能评价可测量的方面,最重要的侧面却未必容易进行量的评价。在这一点上,可能由专家进行判断的质的评价更具优势,但是,质的评价又经常受到判定者的主观左右。认证评价的精髓在于由同行评价,可是有学者指出,在大学评价中不存在切实的理论依据,作为判定材料的客观指标也不充分。[①] 更有学者直言道:"评价是基于某种目的进行的,而且既然伴随着人的价值判断,那么,试图构想客观的、完美的'大学评价'本身既是矛盾又是幻想。"[②]

第二节 "教育学"标准的认证评价

"认证",对于日本而言,并不是一个陌生的词。第二次世界大战结束之后,按照美国教育使节团的建议,日本建立起由大学基准协会来保证高等教育质量的"认证"制度。但随着美国对日本统治的结束以及《大学设置基准》的颁布,大学基准协会的"认证"名存实亡。直到20世纪80年代,美国的"认证"制度再次受到日本学界的关注,并被临时教育审议会和大学审议会翻译成"大学评价"。1985年,临时教育审议会第二份审议报告以"大学评价和大学信息公开"为题,正式提出了大学评价。按照日本学者的解释,所谓大学评价,即参照一定目的、依据一定标准对大学、个别高等教育机构的组织、职能(或者效果)进行科学判定的过程。[③]

一、认证评价的发展历程

日本现代高等教育开始于1868年的明治维新以后。可是,公认的首次对大

---

① 喜多村和之.大学は生まれ変われるか[M].東京:中央公論新社,2002.35-36.
② 日本高等教育学会.高等教育改革の10年[M].町田:玉川大学出版部,2003.105.
③ 牟田博光.高等教育論[M],東京:放送大学教育振興会,1993.93.

学的设立条件及质量问题作出规定的,则是 1918 年的《大学令》。①《大学令》对大学的设立条件、学生的入学资格、学部的设置、预科的年限、毕业条件等都作了明确的规定,可以看作日本高等教育质量保障的开端。

在《大学令》颁布之前,日本只有帝国大学一种大学类型,而且只有东京、京都、东北和九州 4 所大学。《大学令》的颁布,首次承认了大学设置主体的多样化,即不仅承认帝国大学,同时也认可国立、公立、私立大学的存在,不仅承认综合大学同时也认可单科大学的存在。《大学令》共有 21 条,其中 13 条为所有大学共同适用的规定,另外 8 条则是专门针对公立和私立大学。根据这 8 条规定,要设立公立和私立大学共有 10 项内容必须得到文部科学大臣的认可。②这种认可制度主要源于欧洲。从中世纪大学产生以来,对大学的设置进行认可的权限先后经历了三个阶段:(1)大学作为自由的学术共同体,与设置认可无关的时代;(2)大学的设立必须得到教皇或皇帝的特许状的时代;(3)大学的设立被掌握在国家之手的时代。③ 进入现代以后,在欧洲,设立大学的权限也一直掌握在国家之手,所以,事实上欧洲的大学全部都是国立大学,由国家对大学的设立进行法律认可,包括学费在内也由国家负担。④ 以欧洲大学为模板建立的日本现代高等教育也将这种认可制度原封不动地用到了日本。

第二次世界大战后,日本的高等教育是在将旧制大学、高等学校、专门学校和师范学校进行一元化改革开始的。将这些水平参差不齐的院校通过重组、合并、升格成为新制大学。于是,质量问题也伴随着这种改革产生。根据美国教育使节团的建议,1947 年建立了一个全国性的民间高等教育评价机构——大学基准协会。该协会制定了"大学基准",旨在利用认证团体保障高等教育质量,类似于美国目前的认证制度。然而,1956 年,文部科学省结合"大学基准"颁布了《大学设置基准》,成为以后设置大学或增设学部的法律依据和最低标准。《大学设置基准》在硬件上对学校的用地、面积、图书册数、设施设备、经费,在软件上对教

---

① 広島大学高等教育研究開発センター.高等教育の質の保証に関する国際比較研究[M].広島;広島大学高等教育研究開発センター,2005.15.
② 広島大学高等教育研究開発センター.高等教育の質の保証に関する国際比較研究[M].広島;広島大学高等教育研究開発センター,2005.17.
③ 喜多村和之.現代大学の変革と政策:歴史的・比較的考察[M].町田:玉川大学出版部,2001.127.
④ 天野郁夫.大学改革のつくえ——模倣から創造へ[M].町田:玉川大学出版部,2006.80.

学科目、学分、教学内容、毕业要件等进行了严格的规定,以此作为设立高等教育机构的最低标准,从而使其成为继《大学令》之后对高等教育进行质量控制的重要法令。

美国的认证制度并没有在 50 年前得以实现。按照日本学者喜多村和之的解释,主要原因有五点:(1)认证制度在日本的历史上从未有过,"大学人"也没有充分地理解。(2)日本社会对大学质量的传统评价以社会知名度、考试难易程度等为主,这种思想根深蒂固。(3)创设不久的大学基准协会,在旧制大学与新制大学的矛盾与冲突中,并没有充分发挥它的威信与影响力。(4)特别是对于私立大学来讲,与质量相比,物质资源的充实更为重要,财政上的困难只能以牺牲质量、扩大学生招生来解决。(5)大学入学人数持续增加,各个大学都有充足的生源,所以,并没有刺激到大学为竞争生源而提高质量。①

《大学设置基准》为重建战后濒临崩溃的日本高等教育发挥了重要作用,对保障教育质量、促进大学发展的意义是不容否定的。但却存在两大缺陷:一是事前控制的方式,即主要的审查和评价活动仅限于大学、学部设立之初。二是由于规则事无巨细,严重制约了大学的个性化发展。② 所以,有学者认为,《大学设置基准》是造成 20 世纪 60 年代大学危机的一个重要原因。③ 当然,在很早的时候人们就意识到了这一问题,也出现了有关"自由化"的呼声,但如何将"自由化"与"质量保障"整合到一起的问题,却一直没有解决,所以这一体制一直持续了约半个世纪。④

如果说《大学令》是欧洲大学的认可制度在日本的首次尝试,那么,《大学设置基准》的制定与执行则使认可制度在日本扎下根来,并成为日本政府在教育上加强中央集权的有力武器。在教育改革的各个时期,推进和实施改革的主体就是隐藏在行政权和财政权背后的官僚。这种政府主导型的改革方式从森有礼和井上毅的改革,经大正时期的临时教育会议到战后的教育刷新委员会,成为一贯

---

① 喜多村和之. 現代大学の変革と政策:歴史的・比較的考察[M]. 町田:玉川大学出版部,2001. 112.
② 川口昭彦. 大学評価文化の展開[M]. 東京:ぎょうせい,2006. 20.
③ 天野郁夫. 日本の大学改革[J]. 高等教育ジャーナル(北大),1998,第 3 号. 61.
④ 川口昭彦. 大学評価文化の展開[M]. 東京:ぎょうせい,2006. 21.

的"日本模式"。① 在这种模式下,任何一项改革如果没有政府的"积极参与"与行政授权是不可能实现的。

20世纪70年代的"大学纷争",着实让政府和大学真正意识到了以"质量"为主的大学改革的必要性和紧迫性。以大学改革委员会(政府的)和东京大学大学改革筹备委员会(大学的)为首的各种改革计划、改革文件纷纷出台,然而,执行计划却远没有制定计划那样热火朝天。② 80年代,美国的"认证制度"再次被发现,并被临时教育审议会和大学审议会翻译成了"大学评价"。1984年设置的临时教育审议会第2次咨询报告以"大学评价和大学信息公开"为题,正式提出了大学评价。

二、NIAD-UE 的认证评价

大学评价学位授予机构(NIAD-UE)是由1986年设立的"学位授予机构"改组而成,2000年4月,文部科学省通过修改《国立学校设置法》及《学校教育法》,NIAD-UE 正式成立。2005年1月,NIAD-UE 成为大学、短期大学以及法科大学院的认证评价机构,并分别设立了认证评价委员会。其中,大学认证评价委员会由30人组成,委员涉及社会、经济、文化等各个领域,具体来说,国立大学相关者10人、公立大学相关者3人、私立大学相关者8人、民间企业者5人、其他身份者4人,充分体现了广泛的参与原则。③ 由于 NIAD-UE 是所有高等教育机构的认证评价机构,而且又是文部科学省的附属机构(由文部科学省提供运营资金,评价结果也作为文部科学省分配经费的重要参考),所以,在此仅以 NIAD-UE 对大学的认证评价为例简要介绍其评价的目的、标准等。

(一) 评价的目的

评价活动不仅限于大学的教育、研究,在我们的日常生活中存在着各种各样的评价活动,而恰恰是由于高等教育大众化使得教育质量令人堪忧,进而有了目前的制度化的大学评价活动。中世纪大学出现以后就出现了大学评价活动,作为行

---

① 喜多村和之.现代大学の変革と政策:歴史的・比較的考察[M].町田:玉川大学出版部,2001.15.
② [加]约翰·范德格拉夫,等.学术权力——七国高等教育管理体制比较[M].王承绪,张维平,徐辉,译.杭州:浙江教育出版社,1989.152.
③ 天野郁夫.大学改革のゆくえ 模倣から創造へ[M].町田:玉川大学出版部,2001.74.

会组织的中世纪大学,为了排斥大学之外的教会和世俗政权对大学事务的干涉,需要通过教会或世俗政权的认可来获得自治权。在当时,对大学的合法地位进行认可的方式主要有三种:一是教皇的训令;二是皇家的特许状;三是各类政府部门的法律条文。所以,为了获得教会或世俗政权的认可,大学必须证明自身的活动是符合认可条件的,有时国王和教会也会派人到大学进行实地考察,这在事实上也就成了最原始的大学评价活动,当然,那时还没有出现"大学评价"这个术语。

学者川口昭彦认为,在高等教育领域的评价活动主要有两个目的:一是为了改善;二是为了说明责任。以改善为目的的评价活动,是与提高教育研究质量分不开的;对于以说明责任为目的的评价活动来说,大学财源的大部分依赖于国家的财政投入,由此,大学必须对作为纳税人的国民说明责任。① 从这个意义上来说,NIAD-UE 对大学认证评价的目的是两者兼而有之。即 NIAD-UE 根据其制定的大学评价标准,定期对大学进行评价,以保证大学教育研究活动的质量。同时,将评价结果及时地反馈给各个大学,并向社会广泛公开,以获得国民的理解和支持。也有学者明确表示:"评价是改善高等教育机构自身和发挥高等教育社会责任这两方面的要求。从这一点来讲,评价在校内是自我革新的手段,在校外是得到社会的理解和支持。"②

(二)评价标准

NIAD-UE 分别制定了大学、短期大学及高等专门学校的评价标准,其内容大同小异,在此,仅以大学评价标准为例介绍之(见表 6.3)。

表 6.3 NIAD-UE 的大学评价标准③

	一级指标	基本内涵
1	办学目的	要有明确的办学目的,该目的符合《学校教育法》的有关规定,并向大学成员及社会广泛公开
2	教育研究组织(实施体制)	基本组织构成(学部、学科等)要参照并符合大学目的;教授会及教务委员会等是否进行必要的审议及检查活动

---

① 川口昭彦.大学評価文化の展開[M].東京:ぎょうせい,2006.13.
② 喜多村和之.大学評価とはなにか:自己点検・評価と基準認定[M].東京:東信堂,1993.118.
③ 大学評価基準(機関別認証評価)(平成 19 年度実施分)[R].大学评估学位授予机构,http://www.niad.ac.jp/n_hyouka/daigaku/1178444_1137.html/.[2008-05-12].

续表

	一级指标	基本内涵
3	教师及教育援助者	为各课程配备必要的教师;在教师录用及晋升方面有明确的规章及标准;是否进行与教学相关的研究活动;配备必要的教学辅助人员
4	入学招生	制定并公开招生政策;按要求进行入学招生;实际入学人数与规定人数保持适当比例
5	教育内容与方法	按教育目的系统地编制课程,其内容、水平与所授予的学位相适;采用适当的教学形式及学习指导方法;成绩评价、学分认定、毕业认定要适当、有效
6	教育效果	参照教育目的所规定的学生应该掌握的学力、素质、能力等,不断提高成效
7	学生援助	与学生交流,形成学生援助机制;形成学生自主学习的环境,支持学生活动;设置学生援助中心(保健中心、学生交流室、就业指导中心等),并使之发挥作用
8	设施设备	具备教育研究所需的各种措施,并有效利用之;拥有图书、学术杂志等各种教育研究所必需的资料,并有效利用之
9	教育质量改善系统	拥有根据评价结果改善教学的组织机制,并使之发挥职能;组织开展教师、教育援助者研修活动,使其提高素质
10	财务	拥有教育研究活动所必需的财务基础;制定并履行适当的收支计划;实施大学财务监察
11	管理运营	具备必要的管理运营体制以及事务组织,并使之发挥职能;明确管理运营方针,明确各机构人员的权利与义务;就大学目的、大学综合状况开展自我评价,并公布结果
12	选择性项目	(1)研究活动状况(参照大学目的,具备开展研究活动的体制,并发挥职能;进行研究活动,提高研究成果) (2)正规教育以外的教育服务状况(参照大学目的,适当地进行正规教育以外的教育服务,提高成果)

  一般来说,对高等教育质量的评价标准主要有四种类型:(1)以传统的学术标准为基础,它强调学科领域以及源于学科特色的质量标准。(2)注重我们称之为"行政上"的标准,它意味着院校是强调评价,是关注程序和结构的,并且认定好的管理就能产生高的质量。(3)注重我们所谓的"教育学"标准,它强调的重点在于人,在于教学手段及课堂教学。(4)注重就业状况,它强调毕业生的特色、标

准及学业上的成就。① 从 NIAD-UE 的评价标准可以看出,虽然该质量标准也涉及财务、管理运营,但更为强调的则是"教育学"标准,即把大学教育看成是在特定的大学理念指导下,教师与学生之间通过各种资源进行交流,取得教学效果的过程。这种标准类型将提高教育质量的假设建立在教师、学生以及各项教学设施、教学手段的改善上。

NIAD-UE 评价活动的实施基本上是按照范·沃特(van Vught)和韦斯特海吉登(Westerheijden D. F.)提出的评价模式来进行的。这种模式被欧盟和其他组织称为大学评价的"一般模式",由四个元素组成:(1)一个机构,其责任是协调并制定高等教育的质量评价所采用的步骤与方法。(2)基于国家协调机构所制定的步骤与方法,学校应该进行常规的自评,并经常向协调机构汇报。(3)校内自评是同级评价的基础,这种评价应该包括教学和管理人员、在校学生和毕业生所举行的座谈会。(4)应出一份报告,该报告应宣布同级评价的结果。报告的主要目的是对学校提供一些建议,以帮助他们改善教学科研的质量。② 可以说,世界各国的大学评价基本是按照这一程序进行的,这似乎已经达成国际共识。

三、NIAD-UE 认证评价的特征与意义

(一) NIAD-UE 认证评价的特征

1. 根据评价标准进行

NIAD-UE 的评价活动旨在说明被评价的高等院校是否满足 NIAD-UE 制定的评价标准,而且评价活动在各大学之间不进行比较,只是在检查和分析大学教育、研究等各项活动之后,明确指出该大学的"优秀之处"和"有待改善之处"。

2. 以教育活动为中心

对于日本而言,20 世纪 90 年代是剧烈的大学教育改革的时代,这一点从入学考试改革、本科课程改革以及 FD 制度就可以看出来。换句话说,NIAD-UE 的大学评价之所以强调"教育学"标准也是对上述改革成果的检查。

---

① [美]约翰·布伦南,[美]特拉·沙赫.高等教育质量管理——一个关于高等院校评估和改革的国际性的观点[M].陆爱华,等,译.上海:华东师范大学出版社,2005.17-18.
② [美]约翰·布伦南,[美]特拉·沙赫.高等教育质量管理——一个关于高等院校评估和改革的国际性的观点[M].陆爱华,等,译.上海:华东师范大学出版社,2005.59.

3. 以形成大学个性为目的

NIAD-UE 评价标准特别强调对于办学目的的适合性,也就是说,NIAD-UE 重在检查各个大学为了实现本校的办学目的所采取的手段、方法、措施等是否有利于目的的达成,并对不适合本校目的或效果不佳的措施给予必要的改进建议。

4. 评价活动及结果透明、公开

这可以说是世界范围内大学评价活动的一个基本原则。在资源匮乏的时代,大学作为国家财政投入的重要部分,它必须向纳税人说明责任,另外,这样做也有利于大学的各利益相关者(学生、捐资者、企业的雇佣者等)及时地了解大学状况。

(二) NIAD-UE 认证评价的意义

NIAD-UE 的评价活动对教育改革及质量保证发挥了重要作用,主要体现在其对"教育学"标准的强调上。从上述评价标准(见表6.3)可以看出,NIAD-UE 的评价标准涉及12个项目。那么,为什么只有这些项目作为质量标准被确定下来呢?这归根结底体现为一种价值选择的过程。目前,关于质量标准的价值取向,国内学者主要有三种观点:第一种观点认为质量标准有两个非常重要的基本取向(①根据高等教育本身的学术规范和基本价值来建立质量标准;②强调高等教育的质量应该满足劳动力市场的要求、接受客户的要求的质量标准)。第二种观点认为高等教育质量应该兼顾学术性、社会需要、受教育者意愿和能力等多方面的因素。第三种观点认为高等教育质量标准的价值取向有内适性取向、外适性取向、个适性取向三种。① 如果从 NIAD-UE 的评价标准是控制教育内部要素(教师、教学资源、学生)、预测教育内部效果(学生的学力、素质、能力)来说,它完全是按照教育自身的发展逻辑,通过控制教育教学活动各要素来实现价值增殖,在此我们称之为内在价值取向。而与之相反,还有一种通过控制教育内部要素来预测教育外部效果(消费者、出资者、雇佣者等的需要)的取向,我们将其称为外在价值取向。与遵循企业逻辑的"外在动机"(external motivation)相比,大学人也更为重视基于学术逻辑的"内在动机"(internal motivation)。② 不难发现,NIAD-UE 的评价标准具有很强的内在动机和内在价值取向,正是这

---

① 周泉兴.高等教育质量标准:特征、价值取向及结构体系[J].江苏高教,2004(3).8-9.
② 有本章.二十一世纪の大学改革と戦略のマネジメントの比較研究——6カ国学長サミットの枠組み[J].大学論集(第30集),1999.4.

种内在价值取向是其生成"教育学"标准的逻辑起点。同时也正是因为这种内在价值取向使得 NIAD－UE 的大学评价对目前日本各个大学的多样化入学考试及其学力保证、课程改革以及教师教学能力的改善等改革措施具有重要的质量监控作用。

第三节 国立大学法人评价

2003 年 7 月 9 日，日本国会通过了《国立大学法人法》，从 2004 年 4 月 1 日起，国立大学以及大学共同利用机构，成为国立大学法人及大学共同利用机构法人。这一法令的出台，标志着日本政府讨论了近 10 年的国立大学法人化最终形成。它是日本自 1886 年东京帝国大学成立以来"第一次改变国立大学设置形态"。可以说，国立大学法人化的目的就是要在大学自治的理念下，由各个国立大学自己承担管理责任、适应社会的需要改善教育研究水平，进而实现大学的个性化。为了对各国立大学法人进行质量保证，日本政府在认证评价的基础上又确立了国立大学法人评价。其中有关教育研究方面的评价仍然由 NIAD－UE 来承担，称为国立大学法人教育研究评价。

一、国立大学法人化

20 世纪 90 年代初，日本泡沫经济正式崩溃，财政赤字、失业率居高不下以及持续的经济不景气，使日本政府把国立大学的改革与发展作为提高日本经济和国际竞争力的希望。1996 年 11 月，桥本内阁成立了"行政改革会议"，开始了压缩行政机构数目、减少公务员数量的行政改革。由此，以国立大学教师身份的转变为首，作为行政改革重要一环的国立大学法人化改革也正式拉开序幕。

按照《国立大学法人法》的规定，国立大学法人制度主要体现在以下五个方面：①大学必须法人化，以保证自主管理。大学由国家行政机构的一部分转变为拥有独立法人资格的实体，减少政府对大学预算、组织等方面的限制。②导入民间的经营方式。通过"董事会制"实现校长自上而下的领导，设置"经营协议会"，从全校的实际情况出发，最大限度地利用资源。③设立社会参与制度。董事会、运营协议会以及校长遴选会议必须有校外人士参加。将校外人士参与制度作为学校经营系统的一部分，加强大学与社会之间的联系。④向"非公务员型"的弹性的人事系统过渡。积极导入教师的公开招聘制度和任期制度。教师的任用、晋升等由各大学自行决定,同时将教师的工资与其能力、业绩相挂钩,实行多样化的工资体系。⑤通过引入"第三方评价",向事后评价方式过渡。由第三方机构对大学的教育研究进行评价,并将评价结果反映在资源的分配上,同时广泛公开评价结果、财务状况、教育研究等信息。①

国立大学法人化使各国立大学在身份、经营方式、人事制度、资源分配等方面发生了很大的变化,也给日本高等教育带来了深刻的影响。日本自战后新制大学成立以来,国立大学一直处于政府的规制和保护之下,设置形态的变革以及整体规模的削减是从未有过的事情,这对很多人来说都是始料未及的,也给国立大学相关人士带来了很大的冲击。②《国立大学法人法》进一步规定,国立大学法人必须每6年制定中期目标和中期计划,这个目标和计划由文部科学省的国立大学法人评价委员会(以下简称"法人评价委员会")定期进行评价,根据评价结果,确定对各个国立大学法人的拨款数额。于是,就产生了目前对国立大学法人进行质量保证的国立大学法人评价(见图6.1)。

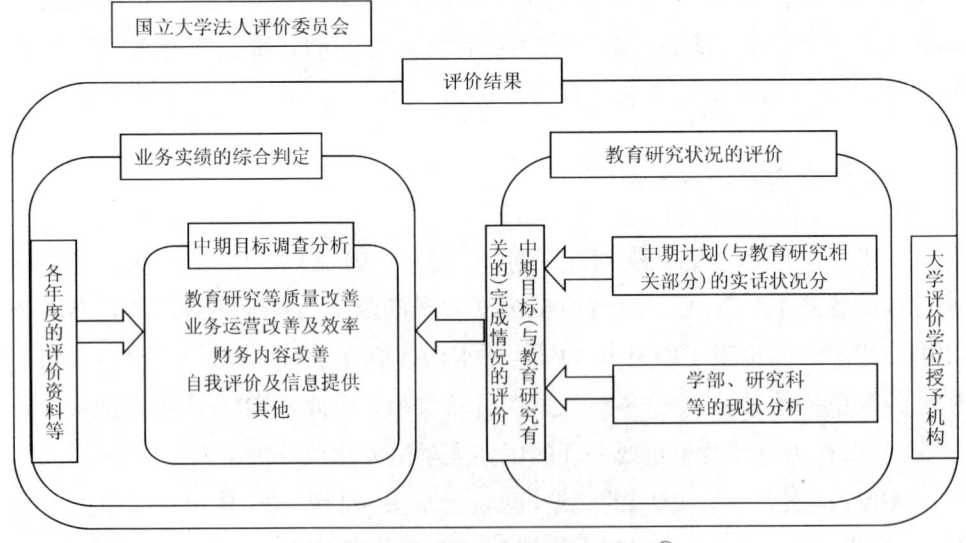

图 6.1 国立大学法人评价示意图③

---

① 国立大学法人法の概要[EB/OL]. http://www. mext. go. jp/b_menu/houan/kakutei/. [2003 - 04 - 24].

② 喜多村和之. 大学は生まれ変われるか[M]. 東京:中央公論新社,2002. 32.

③ 評価実施要項——国立大学法人及び大学共同利用機関法人における教育研究の状況についての評価[R]. 独立行政法人 大学評価・学位授予機構,http://www. niad. ac. jp/. [2008 - 04].

二、国立大学法人评价的实施

按照《国立大学法人法》的要求,国立大学法人自行设定目标与计划,改善教育研究,但每 6 年必须向文部科学大臣提交中期目标和中期计划。中期目标主要包括五个方面的内容:教育研究等质量改善;业务运营改善及效率;财务内容改善;自我评价及信息提供;其他业务运营的有关事项。中期计划是为了完成中期目标而由各个大学自行确定的需要采取的措施。从图 6.1 中可以看出,法人评价委员会在评价国立大学法人时,主要依据两项评价结果:一是根据各年度评价资料做出的业绩综合判定;二是由大学评价学位授予机构(NIAD-UE)进行的教育研究状况的评价。法人评价委员会之所以委托 NIAD-UE 来承担有关教育研究方面中期目标的评价,主要是由于一直以来国立大学的认证评价是由 NIAD-UE 承担的,作为文部科学省的附属机构 NIAD-UE 已经具备一定的评价经验。2004 年 9 月,在 NIAD-UE 下,又设立了国立大学法人教育研究评价委员会(以下简称"教育研究评价委员会")。

法人评价委员会不干预 NIAD-UE 的教育研究评价工作,并充分尊重该机构的评价结果,只对 NIAD-UE 提出如下三项要求:

(1) NIAD-UE 的教育研究评价主要从如下三个视角出发:①为"中期目标完成情况评价"提供参考;②便于下一期中期目标和中期计划的讨论;③向社会说明责任。同时,为法人评价委员会分析大学法人的教育研究组织提供参考,进而确定大学法人的中期目标完成情况。

(2) 评价结果用于下一期中期目标、中期计划的制定,并反映在拨款数额的计算上。

(3) 大学法人教育研究评价在中期目标确定的第 5 年进行。[①] 也就是说,所有国立大学于 2004 年成为国立大学法人,那么,首次的国立大学法人教育研究评价从 2008 年开始。

这样我们就会发现,NIAD-UE 同时承担了认证评价和国立大学法人教育研究评价。分析起来,虽然这两种评价由同一机构负责实施,但仍然存在很大的

---

① 評価実施要項——国立大学法人及び大学共同利用機関法人における教育研究の状況についての評価[R]. 独立行政法人大学評価・学位授予機構, http://www.niad.ac.jp/ICSFiles/afieldfile/2007/04/10/1_no6_3_190406youkou.pdf. [2007-04-06].

差异。首先,认证评价依据《学校教育法》进行,以保证大学教育科研质量为第一目的;国立大学法人评价则依据《国立大学法人法》进行,以评价法人的中期目标完成情况为首要目的。其次,认证评价依据认证评价机构自行制定的标准,评价大学的教育研究等活动状况;国立大学法人评价则是评价教育研究活动的中期目标,具有业绩评价的性质。但从根本上讲,两项评价活动均以改善教育科研水平、张扬大学个性为根本目的,并以大学的自我评价为基础,充分保证评价的透明性、公正性,向社会说明责任。

三、国立大学教育研究评价的实施

按照法人评价委员会的要求,NIAD-UE 的教育研究评价委员会自行设计了国立大学法人教育研究评价的详细评价项目(见表 6.4)。

表 6.4　国立大学法人教育研究评价的基本项目[①]

大项目	中项目	小项目
教育的目标	①关于教育成果的目标 ②关于教育内容的目标 ③关于教育实施体制的目标 ④关于学生援助的目标	在各"中项目"下制定具体的小目标
研究的目标	①关于研究水平及研究成果的目标 ②关于完善研究体制的目标	同上
社会合作、国际交流的目标	①关于社会合作、国际交流的目标	同上

教育研究评价委员会结合各大学法人提交的自我评价报告书,经过一系列书面审查、访问调查等评价活动之后,最终要形成"教育研究评价实绩报告书",向各国立大学法人以及法人评价委员会提供,同时向社会公开。"教育研究评价实绩报告书"由"学部、研究科现状调查表"和"中期目标完成情况报告书"两部分构成,"学部、研究科现状调查表"以大学法人的各学部、研究科为对象,评价其教育研究水平,以及在中期目标设定时和实施评价这段时间内,教

---

① 評価実施要項——国立大学法人及び大学共同利用機関法人における教育研究の状況についての評価[R].独立行政法人大学評価・学位授与機構,http://www.niad.ac.jp/ICSFiles/afieldfile/2007/04/10/1_no6_3_190406youkou.pdf.[2007-04-06].

育研究活动的成果及改善状况。对学部、研究科的分析要参照其大学法人的教育、研究目标。"中期目标完成情况报告书"以整个大学法人为对象,对大学法人中期目标所列出的各项(如关于学生援助的目标、关于研究成果的目标等)内容进行评价。评价该大学法人中期计划所设定的各项措施是否发挥了职能,中期目标期间该大学法人的教育研究是否有所改善,或者是否保持了高质量状态等等。

  首届教育研究评价委员会由丹保宪仁(北海道大学名誉教授)任委员长,北原保雄(日本学生支援机构理事长)任副委员长,包括国立、公立、私立大学的相关者以及社会、经济、文化等各方面的人士共30人。评价委员会在进行教育研究评价时,由于需要对学部、研究科进行现状调查以及对中期目标完成情况进行评价,所以在评价委员会下设有完成情况判定会议、现状分析部会和研究业绩水平判定组织(见图6.2)。

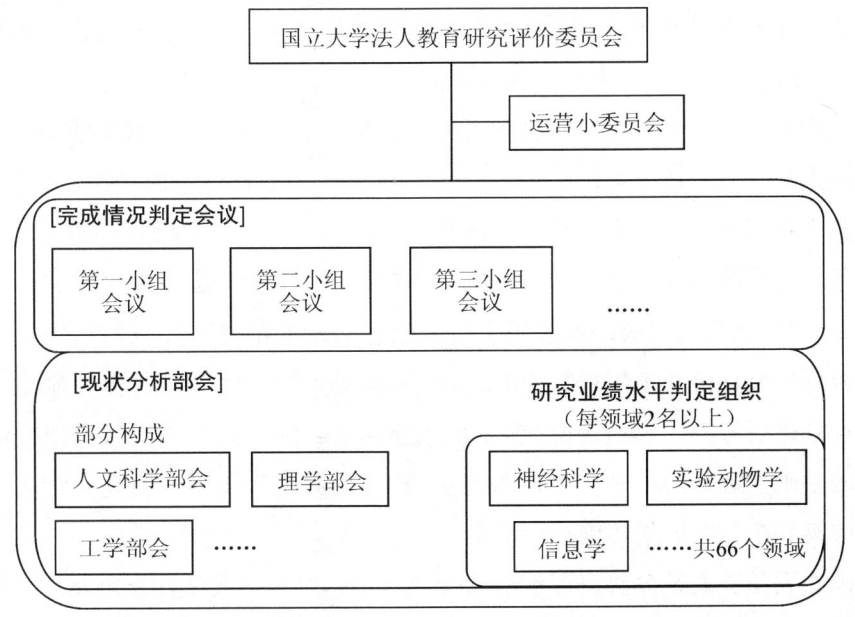

图 6.2 国立大学法人教育研究评价委员会评价活动示意图

  2008年,教育研究评价委员会开始实施首次的国立大学法人教育研究评价,并制定了详细的日程安排(见表6.5)。

表 6.5 2008 年度国立大学法人教育研究评价日程安排①

时　间	主　要　活　动
2008 年 6 月末	接受各大学法人的实际成绩报告书
2008 年 7—12 月	实施教育研究评价（书面调查及访问调查）
2009 年 1 月	形成评价报告书草案，送各国立大学法人
2009 年 2 月	对意见申诉进行处理
2009 年 2 月	确定评价报告书，向各大学法人以及法人评价委员会提供，同时向社会公开

四、国立大学法人评价的意义

　　国立大学法人化给国立大学带来的最大变化就是其设置形态的改变，以及由此引发的国立大学在人事、预算、组织等方面更大的自主权。也就是说，国立大学法人化的重要变化主要体现在组织运营领域。文部科学省希望通过教育研究评价，使各国立大学法人意识到，虽然国立大学在很多方面都发生了变化，但作为大学最基本的职能——教育和研究仍然是国立大学法人的基本活动。国立大学法人教育研究评价不仅考查各个大学法人的中期目标完成情况，同时也是评价其教育研究水平的重要措施。国立大学法人承担了日本教育科研发展的重要责任，"科学技术创造立国"归根结底要依赖于国立大学法人高水平的教育和研究。而且，教育研究成果能够用定量或数量表示的部分很少，所以，国立大学法人教育研究评价并不依据特定的标准，而是对各国立大学法人自行制定的目标和计划进行考查。也就是说，它是在充分尊重各国立大学法人教育研究的独特性的基础上进行的。站在中长期的立场上，为促进和支援各国立大学法人的质量改善和个性发展来实施评价活动。

　　国立大学法人教育研究评价与认证评价一起对保证大学教育研究活动的质量发挥着重要的作用。但却存在着两个不可忽视的问题：一是加重了国立大学法人的负担。国立大学法人既要进行认证评价，又要进行国立大学法人教育研究评价。虽然两个评价存在一定的差异，但对于大学来说，如何对待由同一个机

---

　　① 評価実施要項——国立大学法人及び大学共同利用機関法人における教育研究の状況についての評価[R]．独立行政法人大学評価・学位授与機構，http://www.niad.ac.jp/ICSFiles/afieldfile/2007/04/10/1_no6_3_190406youkou.pdf.[2007-04-06]．

构实施的两项不同的评价活动、如何准备资料,对于评价机构来说,如何调整和储备评价人员等都存在很多协调问题。二是对于国立大学法人教育研究评价来说,其所需要的评价项目非常繁杂,不仅需要评价业绩完成情况,而且需要各个领域的专家、学者对教育、研究的成果进行鉴定。如何保证鉴定结果的科学性、公正性,这也是目前此项评价活动所面临和需要解决的重要问题。

第七章 经济激励

各国根据国情发展出不同的高等教育财政策略,并且不断在教育财政领域进行着创新。以美国为例,20世纪50年代政府拨款是为了追求高等教育资源的充足;60年代是为了达到分配的增长;70年代是为了保证再分配的公平;80年代是为了达到预算的稳定和确保教育质量;到了90年代,公共高等教育投入是为了寻求预算的稳定和满足外部问责的要求。[1] 从20世纪70年代末期开始,各国政府开始在两年制和四年制大学中实施以绩效为基础的资源分配,在研究型大学和高等职业教育机构中采用绩效配置,在联邦和州/地方政府层次的高等教育分配中使用绩效指标作为预算的基础。绩效配置包括绩效拨款和绩效预算。[2] 日本是在20世纪90年代开始将绩效作为经费分配的重要参考,并逐渐在高等教育领域中引入竞争性经费,以激励各个大学的教育改革。

世界银行最新的研究对绩效拨款进行了新的分类,现存的绩效拨款项目可以分为四大类:①绩效合同,政府和高等院校通过规制性的合约确定双方同意的绩效表现目标。②绩效专项,政府将一部分公共资金作为专项,根据高等院校的绩效指标来分配。③竞争性资金,该项目利用同行评议的提案来分配资源,这些提案旨在提高高校的表现或者国家的政策目标。④根据结果支付,政府根据结果或成果,通过公式或专项拨款,来决定全部或者部分的高校预算。[3] 日本在高等教育

---

[1] 杨钋.以绩效为基础的高等教育资源分配:比较视角的分析[J/OL]. http://ciefr.pku.edu.cn/publishsinfo_1629.html,北京大学中国教育财政科学研究所简报,2008(1).

[2] 杨钋.以绩效为基础的高等教育资源分配:比较视角的分析[J/OL]. http://ciefr.pku.edu.cn/publishsinfo_1629.html,北京大学中国教育财政科学研究所简报,2008(1).

[3] 杨钋.以绩效为基础的高等教育资源分配:比较视角的分析[J/OL]. http://ciefr.pku.edu.cn/publishsinfo_1629.html,北京大学中国教育财政科学研究所简报,2008(1).

领域的经济激励主要表现为竞争性资金的利用。具体的竞争性资金项目包括"21世纪COE""高质量大学教育推进计划"和"专业研究生院高级专业人才培养推进计划"。

第一节 21世纪COE计划

COE是英文Center Of Excellence的缩写。在日本,一般用它来指称拥有卓越的研究指导者、最新的研究信息、先进的设施设备、强有力的研究支援体制的高水平研究机构。至于大学的COE,依照学术审议会的界定,则是指富于创造性的、卓越的世界最尖端学术研究基地。[①] "21世纪COE计划"即日本政府通过竞争机制,对核心研究机构进行重点资助的计划。

一、"21世纪COE计划"的提出背景

2001年6月,日本文部科学省按照内阁会议确立的"国立大学民营化"构想,提出了对99所国立大学的结构改革方针。该方针是由时任文部科学大臣的远山敦子提出的,所以又被称为"远山计划"。该计划具体包括三项内容:①大胆地推进国立大学的整合、重组(以拆旧造新的方式促进大学活性化);②在国立大学中引入民营方式(尽早向国立大学法人过渡);③在大学中引入第三方评价的竞争机制(培养世界高水平的国立、公立、私立顶尖30所大学,即"TOP30")。第3项改革从2002年开始具体化为"21世纪COE计划",即建立世界高水平的研究基地。"21世纪COE计划"是以专业领域为单位,通过第三方机构客观地、公正地评价,在一定的期限内,对某些高水平的研究基地进行研究经费、设施设备等资源的重点分配。[②]

2002年,日本成立了"21世纪COE计划委员会",该委员会由日本学术振兴会、大学评价·学位授予机构、日本私立学校振兴·共济事业团、大学基准协会四大机构共同组成。委员会本部设在日本学术振兴会,并由其具体负责日常工作。委员长由著名专家、诺贝尔物理学奖获得者江崎玲于奈担任。委员会的工

---

① 聂长顺.日本高校COE建设述评[J].外国教育研究,1998(4).44.
② 日本高等教育研究会.大学審議会全28答申·報告集——大学審議会14年間の活動の軌跡と大学改革(上)[M].東京:ぎょうせい,2002.103.

作职责是负责评审大学或机构提出的 COE 申请、监督和评价 COE 实施效果。

在资源有限的情况下,将有限的资源运用到最需要、能获得最大收益的地方,这是目前各个国家高等教育政策的一个普遍趋势,中国高校"985 工程"建设亦是如此。其实,远山计划提出的"TOP30"也是想建设一批国际高水平大学,但在后期不断的审议过程中,尤其是当一些科学家介入审议过程,资助的重点变成了国际领先的高水平研究基地,而不是对一所大学的盲目资助。这也正是"21 世纪 COE 计划"和中国"985 工程"的主要区别。"985 工程"是为建设若干所世界一流大学和一批国际知名的高水平研究型大学而实施的高等教育建设工程。而"21 世纪 COE 计划"直接面向研究领域,试图挖掘出那些最能冲进国际前沿的研究项目。

二、COE 的申请和审批

"21 世纪 COE 计划"原则上规定必须是具有博士课程水平的国立、公立和私立大学,在研究方面具有巨大潜力的学科方向,并且在获得资助金后能够跻身世界最高水平的 COE。申请主体一般有三种形式:第一种形式是大学研究院某学科群单独提出申请或者大学研究院多个学科群联合提出申请;第二种形式是大学附属研究所或研究中心的研究组织单独提出申请或者多个研究组织联合提出申请;第三种形式是以第一、第二种形式的某种组合形式提出申请。当然,对于 COE 的具体人员,也有明确的规定。具体来说,主要有四个方面的要求:(1)申请者一般应该是大学的校长;(2)COE 领导者必须是该研究方向的专职研究人员;(3)推进 COE 建设的研究人员,除领导者必须是专职人员外,其他研究人员可以是专职人员,也可以是兼职人员、其他机构或大学的研究人员;(4)作为 COE 建设的推进者不能同时提出两项以上的 COE 申请。

"21 世纪 COE 计划"的审查体制实行三级管理制度:第一级是"21 世纪 COE 计划委员会",第二级是"综合评价分会",第三级是"各学科领域审查·评价分会"。由大约 20 人组成的"各学科领域审查·评价分会"专门负责审查 COE 的申请、监督以及中期评价工作。每一学科群成立大约 20 人的"审查·评价部门分会"进行审查评价。通过审查评价的研究基地每年能获得 1 亿～5 亿日元的资助,以 5 年为一个资助期,在资金投入的第二年将开始中期评价。对在中期评价中未能获得通过者,将取消资助。由于资助金额比较大,所以,COE 的申请和审批竞争非常激烈(见表 7.1)。

表 7.1 "21 世纪 COE 计划"申请及审批情况(2003—2005)[①]

		2003 年	2004 年	2005 年
国立大学	申请件数(个)	283	337	156
	审批件数(个)	84	97	23
公立大学	申请件数(个)	38	55	34
	审批件数(个)	4	5	1
私立大学	申请件数(个)	143	219	130
	审批件数(个)	25	31	4
合计	申请件数(个)	464	611	320
	审批件数(个)	113	133	28

三、"21 世纪 COE 计划"的意义

"21 世纪 COE 计划"是日本推进大学教育研究改革的重要举措,也是日本首次在研究机构层面上引入竞争性经费的尝试计划,在日本社会产生了广泛影响。长期以来,竞争性科研经费在研究者个人层面上进行分配是司空见惯的,但以研究机构为主体,通过机构之间的竞争来获得资助经费,进而建设国际最尖端的研究基地,这在日本是第一次尝试。

首先,它有利于提高大学科研水平和国家的科研实力。COE 评审委员会负责人江崎玲于奈指出:"日本的大学在科研方面虽然有战术,但缺乏战略,'21 世纪 COE 计划'与大学的战略密切相关。为此,各大学派出最强阵容以获得更多的 COE 建设立项权,并实行强强联合选择最尖端的领域。目前,已有很多项目取得了卓越的成果,如东京大学的生命科学、青山学院的超导材料、名城大学的纳米技术等。计划的实施不仅能使大学自身在科研方面更具战略性,而且还有助于进一步提高日本科研的整体实力,使一些优势项目继续保持世界领先水平,推进科技创造立国战略的实现。

其次,它可以促进大学进行合理的目标定位。COE 计划在国立、公立和私立大学之间引入竞争机制,选择科研力量雄厚的学校及其优势科研项目进行资

---

① 平成 16 年度「21 世紀 COE プログラム」申請·採択状況一覧[EB/OL]. http://www.mext.go.jp/a_menu/koutou/coe/04072101/001.htm. [2004-07-21].

助,最终通过审批的绝大多数是科研力量雄厚的国立大学。政府给予巨额资助势必使一些本已是一流的学校其科研更加突出,进而更容易成为世界最高水平科研基地。另外,对于那些没有获得政府资助的学校,本来在科研方面就有差距,今后差距将越来越大,因此,这也使一部分大学将自己定位为教育基地,以普遍提高国民的素质为己任。从这个意义上说,"21世纪COE计划"有助于日本大学在激烈的竞争中找到自己的定位,或偏重科研或偏重教育,最终办出自己的特色。不得不说,办学个性化不可能仅仅依靠大学的努力,还需要政府乃至整个社会提供更多的诱致性条件。

再次,它有利于顶尖科研人才的脱颖而出。如何培养具有国际竞争力的人才,成为各国大学共同关注的课题。日本为实现人才大国目标,在2003年初表示要在未来50年培养30名诺贝尔奖获得者。随着时间的推移,这种人才战略应该说变得逐渐清晰。2003年7月,文部科学省提出要培养综合型人才,具体培养措施包括参加国际学术会议、到"21世纪COE计划"卓越研究基地参加培训等。众所周知,人才培养不单是主观努力就可以造就的,还需有一定的硬件、软件环境做支撑。COE拥有某个研究领域世界一流的研究人员,拥有现代化的设施和设备,学术交流活动频繁,研究人员流动性大,研究氛围浓厚,是该研究领域的国内情报信息中心,这些都有利于世界水平研究成果的产出和具有国际竞争能力的科研人员的培养。因此,COE的建设为培养高水平人才提供了有利环境。

最后,它间接增强了国家的产业竞争力。虽然各国产业发展竞争优势各有差异,但各国无不为形成自己的竞争优势而全力以赴,日本也不例外。日本政府制定的经济改革计划都蕴含着教育改革计划,教育改革计划也同样蕴含着经济改革计划。"21世纪COE计划"就是一个比较典型的教育与经济改革计划。为使大学在基础研究中发挥先导作用,在COE计划实施过程中无论是从前沿性学科群考虑还是具体的COE审批,评审委员会都在对大学学术研究在整个国民经济建设中的重要作用予以充分考虑。目前,许多COE立项项目已经引起了产业界的广泛关注。如大阪大学川全知二教授的纳米技术研究、名城大学饭岛澄男教授的碳纳米管研究等。随着时间的推移,很多COE项目将逐渐与产业联合,把尖端技术转化为产品,占领国际市场,提升产业竞争力。

第二节　高质量大学教育推进计划（教育 GP）

高质量大学教育推进计划，又称教育 GP（Good Practice），即日本文部科学省从各个大学、短期大学为提高教育质量所进行的改革活动中，选出优秀的项目，给予资金援助，同时把这个优秀的做法向社会广泛公开，为其他大学提供参考，进而推进整个大学教育改革。这个"优秀的做法"就叫做 GP（Good Practice），它包括特色 GP（有特色的大学教育援助计划）和现代 GP（现代性教育需求活动援助计划）。特色 GP 是 2003 年开始实施的，旨在刺激各个大学及教师的教育教学改善活动，并为其他大学提供参考。现代 GP 是 2004 年开始实施的，旨在对各个大学所进行的社会要求强烈的改革项目（如对当地社会的贡献、知识产权相关的教育等）进行援助。2008 年起，特色 GP 和现代 GP 整合为高质量大学教育推进计划（教育 GP）。

一、教育 GP 的提出背景

如果说，招生改革、课程改革和 FD 制度的实施在很大程度上是大学自身生存的选择，并依赖于各个大学自我改革的努力，那么，与经费分配制度相关的"21 世纪 COE 计划""GP 计划"的引入，则在很大程度上体现着国家的发展战略。20 世纪 90 年代中期，日本文部科学省明确提出了"科学技术创造立国"的总战略，1995 年制定《科学技术基本法》、1998 年制定《关于促进大学等机构的技术研究成果向民间、企事业单位（个人）转移的法律》。在"科学技术创造立国"的政策下，日本政府开始了在大学领域的竞争性资金分配制度。当然，如果在分配资金方面对所有院校一视同仁，势必造成人才和资金的分散，那就无法促进现代科学的进步。最杰出的学者想要在高等教育系统内部受到保护和支持，那就必须把人才和资源加以集中，并且给较强的专业，尤其是较强的院校以优惠的待遇。[①] 事实上，不只是日本，包括中国在内的很多国家都在采用这种重点资助制度。就在"21 世纪 COE 计划"发起的两年后，日本政府开始意识到，在"研究基地"之外也要重点建设"教学基地"，于是，GP 计划开始提上政府的议事日程。

[①] [美]伯顿·R.克拉克.高等教育系统——学术组织的跨国研究[M].王承绪，等，译.杭州：杭州大学出版社，1994.289-290.

文部科学省官房审议官德永保在谈到 GP 的意义时指出:"以往公共财政支出的竞争性分配主要用于研究活动上,大学人士以所谓的研究型大学为目标,往往有研究至上主义的倾向。可是,大学的本质是在自主管理下,进行高深的教育研究,并拥有学位授予职能的机构。在法制上,大学的第一要义是以《学校教育法》为依据的教育机构,所以在大学行政和大学运营上必须重视教育活动。"[①]也就是说,"21 世纪 COE 计划"在制度上是研究至上主义的进一步蔓延,而 GP 计划的导入,则是使教育和研究取得平衡的一种尝试。同时,从"21 世纪 COE 计划"和"教育 GP"所资助的项目数量来看,2002—2004 年"21 世纪 COE"审批的项目数为 274 件,其中国立 204(申请数为 776)件、公立 10(申请数为 127)件、私立 60(申请数为 492)件,[②]有特别偏重国立大学的倾向。而与此相比,在"教育 GP"所选定的大学中,私立大学数量超过了国立大学。所以,有学者认为,"教育 GP"对于重视教育的私立大学而言,具有超过金钱之外的意义。[③] 在日本学界也将 GP 计划看作是"教育版的 COE"。

二、教育 GP 的发展历程

教育 GP 是由 2003 年开始实施的"特色 GP"和 2004 年开始实施的"现代 GP"整合而成,整合后的教育 GP 从 2008 年开始正式实施。在此,我们分别介绍特色 GP、现代 GP 以及整合之后的教育 GP。

(一)特色 GP

特色 GP 即日本文部科学省从各个大学、短期大学已经取得一定成效的教育方法、教育课程等为提高教育质量而进行的改革活动中选出有特色的、优秀的项目,给予资助,并把选定的项目及做法向社会广泛公开,以促进整个高等教育的活性化。关于特色 GP 的主旨及目标,大学基准学会明确指出:①在不断追求大学的个性化、增强国际竞争力以及充实教养教育的过程中,提高大学教育质

[①] 広島大学高等教育研究開発センター.21 世紀型高等教育システム構築と質の保証——FD・SD・教育班の報告[M].広島:広島大学高等教育研究開発センター,2007.160.

[②] 平成 16 年度「21 世紀 COE プログラム」申請・採択状況一覧[EB/OL]. http://www.mext.go.jp/a_menu/koutou/coe/04072101/001.htm.[2015-09-21].

[③] 広島大学高等教育研究開発センター.21 世紀型高等教育システム構築と質の保証——FD・SD・教育班の報告[M].広島:広島大学高等教育研究開発センター,2007.161.

量,培养能够活跃在国际舞台上的人才,必须进一步推进各个大学在教育层面的改革;②本计划是在改善大学教育的种种活动中,选出有特色的、优秀的案例,并把选出的案例的信息向社会广泛公开,以利于今后高等教育的改善;③本计划面向所有的国立、公立、私立大学,利用巨额资金刺激各个大学及教师的教育改善活动,以此成为其他大学的参考,促进高等教育的活性化。①

特色 GP 的援助主要涉及"教育课程改善方面""教育方法改善方面"和"除此以外的教育改善方面"三个领域。同时,三个领域又具体细分为学士阶段、短期大学士阶段和硕士阶段。"特色 GP"以财团法人大学基准协会为主,组成"特色 GP"实施委员会,统一负责申请及审批工作。申请的项目一般具有如下两个特点:①为完成大学的目的而实施的有组织的、持续的、已取得一定成效的活动;②各大学、短期大学授予学位的课程要有明确的教育目的及作用,对学生进行了系统的教育,并希望进一步充实、改善的活动。② 原则上,一所大学只能在一个领域申请一项。申请时,必须按照文部科学省所制定的申请书,详细写明活动的目的、特色、实施状况、今后的计划、将来的展望、实际成绩等。资助的经费均从"大学改革推进补助金"中支出,每所大学一年的资助金额一般为 1 600 万~2 700 万,财政援助的期限为 2~3 年。

(二) 现代 GP

现代 GP 即现代性教育需求活动援助计划。它是根据各个审议会的建议,设定社会需求强烈的政策课题(如对地区的活性化作出贡献、针对知识产权的教育等),并从各个大学、短期大学、高等专门学校的计划性活动中选择与上述社会需求相关的项目给予资助,同时,将优秀的活动和做法向社会广泛公开,以促进整个高等教育的活性化。各大学的申请项目由相关领域的专家及有识之士组成现代 GP 审批委员会,通过严格的审查,最终确定资助的大学及活动项目。

对于日本社会来说,不同时期带有社会强烈需求的政策课题显然是不一样的,所以,现代 GP 的资助领域及项目每年都有一定的差异。例如 2004 年的资

---

① 特色ある大学教育支援プログラム[EB/OL]. http://www.tokushoku-gp.jp/index.html. [2009-01-22].

② 文部科学省. 平成 16 年度特色ある大学教育支援プログラム公募要領[EB/OL]. http://www.mext.go.jp/a_menu/koutou/tokushoku/04022701/002.pdf. [2004-02].

助领域分别为：①为地区的活性化作出贡献；②推进与知识产权相关的教育；③培养能在工作中熟练使用英语的日本人；④通过和其他大学的交流、合作强化教育职能；⑤在人才交流上的产、学合作教育；⑥利用 IT 的实践性远程教育。而 2007 年的资助领域则为：①为地区的活性化作出贡献（本地型）；②为地区的活性化作出贡献（广域型）；③推进与知识产权相关的教育；④可持续发展社会的环境教育；⑤实践性的综合经验教育；⑥为提高教育效果的信息技术教育。从这些申请项目可以看出，虽然具体资助领域不尽相同，但其都是与现代社会发展息息相关的重要课题。而且，要求各项目带有很强的实践性，即项目并不是停留在理念层面，而必须开展实实在在的行动。

与特色 GP 实施委员会以大学基准协会为主体不同，现代 GP 审批委员会主要由相关领域的专家、学者临时组成，除委员长和副委员长外，委员带有很大的变动性，而且从 2006 年开始，发展起大量的编外咨询委员。例如，2006 年现代 GP 审批委员会由委员长荻上紘一（大学评价、学位授予机构教授）、副委员长永田真三郎（关西大学法学部教授）以及其余 12 名委员组成，除此以外，还拥有 83 名编外咨询委员。大量编外咨询委员的存在，一方面，由于现代 GP 项目涉及的领域非常广泛，而且仍然处于不断变化之中；另一方面，也间接促进了社会各界对现代 GP 项目的了解和认可。

（三）教育 GP

2007 年 6 月，文部科学大臣伊吹文明向中央教育审议提交咨询请求："提高大学本科阶段的'教育力'，以明确的标准保证教育质量，对《大学设置基准》做出必要的修改。"中央教育审议会根据这一观点直接修改了《大学设置基准》。修改后的《大学设置基准》特别强调提高本科阶段的"教育力"以及以明确的标准保证大学教育质量的基本要求。① 由此，原本就是从不同角度保证大学教育质量的特色 GP 与现代 GP 便合二为一，成为"高质量大学教育推进计划"，简称教育GP。正如日本学术振兴会指出的："高质量大学教育推进计划是为积极地应对《大学设置基准》的修改，而从各大学、短期大学和高等专门学校中为提高教育质量而进行的活动中选出特别优秀的项目，在向社会广泛公开信息的同时，进行财

---

① 文科省、大学の"教育力向上""質保証"の観点から、「大学設置基準」等を改正［EB/OL］. http://passnavi.evidus.com/teachers/topics/0707/0705.pdf.［2007-07］.

政支援,以保证我国高等教育质量、增强国际竞争力为目的。"①

整合之后的教育 GP 基本沿袭了特色 GP 的援助领域及审批流程,即按照高等教育机构的类型(大学、短期大学、高等专门学校),分别资助"教育课程改善方面""教育方法改善方面"和"上述以外的教育改善活动"三个领域。

三、教育 GP 的审批机制

不论是特色 GP、现代 GP 还是整合之后的教育 GP,具体审批流程主要按照三个步骤来进行:①在公平的竞争环境中,各个大学、短期大学就自己旨在改善教育教学的重要举措向文部科学省提交申请;②由大学教育援助计划实施委员会对各个大学进行书面审查和实地调查;③确定大学及其改革举措,给予资金援助。以 2007 年为例,具体申请及审批流程如下。

表 7.2　2007 年度教育 GP 的申请及审批流程②

时　间	主要活动
2 月	向各大学、短期大学公布要领
2 月 23 日、2 月 28 日	在大阪、东京举办 2007 年度公开申请说明会
3 月 12 日、16 日、19 日	关于申请举行咨询会
4 月 16—18 日	受理申请
5—7 月	由实施委员会进行审查
8 月上旬	公布选定结果

从各年度申请教育 GP 的学校数量来看(见表 7.3),各高等教育机构对教育 GP 表现出了很强的参与性。在首次实施教育 GP 的 2003 年,就有一半以上的学校提交申请,进而 2007 年时,申请教育 GP 的学校数占高等教育机构(大学、短大、高等专门学校)总数的 74.2%。

---

①　質の高い大学教育推進プログラム[EB/OL]. http://www.jsps.go.jp/j-goodpractice/index.html.
②　特色ある大学教育支援プログラム(特色 GP)[EB/OL]. http://www.mext.go.jp/a_menu/koutou/kaikaku/gp/002.htm.

表 7.3　申请教育 GP 的学校数（2003—2007）①

	2003 年	2004 年	2005 年	2006 年	2007 年
特色 GP(个)	664	534	410	331	331
现代 GP(个)	—	559	509	565	600
合计(个)	664	1 093	919	896	931
高等教育机构总数(个)	1 290	1 280	1 277	1 276	1 254
申请率(%)	51.5	85.3	72.0	70.2	74.2

由于参与院校之多，使得教育 GP 的竞争非常激烈，从各年度教育 GP 选定的项目数来看（见表 7.4），竞争率一般保持在 11%～20% 之间。

表 7.4　教育 GP 选定的项目数（2003—2007）

		2003 年	2004 年	2005 年	2006 年	2007 年	合计
特色 GP②	选定数(个)	80	58	47	48	52	285
	申请数(个)	664	534	410	331	331	2 270
	百分比(%)	12	11	11	15	16	13
现代 GP③	选定数(个)		86	84	112	119	401
	申请数(个)		559	509	565	600	2 233
	百分比(%)		15	17	20	20	18

四、教育 GP 的特征与意义

（一）教育 GP 的特征

教育 GP 的引入与实施，除具有广泛的参与性、激烈的竞争性以外，在内容上，还有如下两个明显的特征：

（1）教育 GP 项目主要集中在教育内容及教育方法的改善方面。如前所述，我们将"教育课程改善方面""教育方法改善方面"和"上述以外的教育改善活动"分别称为课题一、课题二、课题三。那么，从 2008 年教育 GP 选定的项目数

---

① 広島大学高等教育研究開発センター競争的な教育資金の効果の検証及び今後のあり方に関する調査研究月日[M].2007.90.

② 特色 GP の審査と選定[EB/OL]. http://www.mext.go.jp/a_menu/koutou/kaikaku/gp/003.htm.

③ 現代 GP の審査と選定[EB/OL]. http://www.mext.go.jp/a_menu/koutou/kaikaku/gp/005.htm.

来看(见表7.5),各高等教育机构的申请项目主要集中在课题一和课题二两个领域。这进一步体现了教育内容与方法的改善在大学教育中的重要地位,由此可见,大学审议会将义务化的 FD 确定为"为改善教育内容与方法进行组织性的研修"也是有其深刻的意义的。

表 7.5 2008 年教育 GP 选定项目数①

	课题一		课题二		课题三		合计	
大学	申请数(个)	210	申请数(个)	452	申请数(个)	83	申请数(个)	745
	选定数(个)	36	选定数(个)	68	选定数(个)	13	选定数(个)	117
	比率(%)	17	比率(%)	15	比率(%)	16	比率(%)	16
短期大学	申请数(个)	20	申请数(个)	60	申请数(个)	11	申请数(个)	91
	选定数(个)	6	选定数(个)	11	选定数(个)	0	选定数(个)	17
	比率(%)	30	比率(%)	18	比率(%)	0	比率(%)	19
高等专门学校	申请数(个)	17	申请数(个)	54	申请数(个)	9	申请数(个)	80
	选定数(个)	1	选定数(个)	11	选定数(个)	1	选定数(个)	13
	比率(%)	6	比率(%)	28	比率(%)	11	比率(%)	16

(2) 私立院校的选定数多于国立院校,但私立院校的审批率却低于国立院校。从国立、公立、私立院校各年度教育 GP 的申请数与选定数来看(见表7.6),从 2003—2008 年的 6 年中,国立院校共申请教育 GP 1 435 件,其中获得审批 311 件,审批率为 21.7%。与此同时,私立院校的申请数要比国立院校多得多,为 3 253 件,其中获得审批 424 件,虽然这一数字多于国立院校,但审批率却不及国立院校。这表明:日本政府虽然继"21 世纪 COE 计划"之后,希望将竞争性分配的资金由"研究"向"教育"转移,但国立院校在这方面仍然有强大的优势。

表 7.6 国立、公立、私立院校教育 GP 的申请及选定数(2003—2008)②

年份	国立院校	公立院校	私立院校
2003 年	95(24)	59(7)	474(45)
2004 年	232(52)	115(14)	669(69)
2005 年	247(48)	101(12)	535(67)
2006 年	292(61)	85(17)	505(78)

---

① 平成 20 年度質の高い大学教育推進プログラム審査結果について[R]. http://www.jsps.go.jp/j-goodpractice/data/houkoku_h20.pdf. [2008-09-13].

② 根据各年度教育 GP 项目计算而来,大学教育の充実——Good Practice[EB/OL]. http://www.mext.go.jp/a_menu/koutou/kaikaku/gp.htm.

续表

年份	国立院校	公立院校	私立院校
2007 年	273(59)	89(19)	544(88)
2008 年	296(67)	102(13)	526(67)
合计(件)	1435(311)	551(82)	3253(424)
审批率(%)	21.7	14.9	13.0

注：( )中为教育 GP 的选定数

在形式上，教育 GP 也有如下四个特征：(1)以大学的自由、自愿为基础。对教育 GP 是否申请、何时申请以及申请什么，由各大学根据实际情况自行确定。(2)所有高等教育机构的机会平等。"教育"是所有高等教育机构的基本职能和主要活动，在这个意义上，各个大学都可以凭借自己的资源进行竞争。(3)由第三方机构公正地审查。即原则上，各个大学拥有同等的自由权，但它绝不意味着各个大学都同样幸运地在竞争中获得同等的结果。(4)信息广泛公开。不仅各个大学的优秀的活动和做法要公开，而且包括选定理由在内的第三方机构的审查过程也要公开，这样就使教育 GP 置于整个高等教育系统及国民的监督之下，同时，也使每个大学的个性和特色被更多的人了解。

(二) 教育 GP 的意义

1. 高等教育大众化的选择

日本高等教育在 20 世纪 60 年代中期完成从精英化向大众化的过渡，之后经过大众化的发展，目前已经进入普及化阶段。在精英化阶段向大众化阶段的过渡期，大学教育内容、教育方法没有适应学生的需要进行改革，并间接导致了 20 世纪 60 年代的"大学纷争"。随着高等教育进入普及化阶段，大学教育的"量"的发展和"质"的发展之间的矛盾也不断增大。日本政府一方面通过"设置基准大纲化"给予大学更多的自由权，另一方面则通过教育 GP，鼓励大学在教育教学方面应对各种变化，解决好"质"和"量"的矛盾以及自身发展的问题。

2. 教学学术的实践尝试

大学一直被认为也自诩为学术重镇，在博耶((Ernest L. Boyer))看来，学术包括相互联系的四个方面：即探究的学术、整合的学术、应用的学术和教学的学术。然而现实的情况是，对于一个大学教师来说，从事学术研究、著书立说才被认为是在进行学术活动,而向学生传授知识或者将知识应用于实践则不被认为是学术的范畴。几乎所有的表面上都打着教学、科研和服务三面大旗,但在对教师的工作进行评价时,却总是强调科研这一方面。① 同样的倾向在日本更为强烈,教育 GP 的引入,在一定程度上证明了什么是值得奖励的教学,什么是教学领域优秀的学术成果。

3. 对教育改革成果的检验

构成教学活动的基本要素是学生、课程和教师,广而言之也包括教育环境、评价,等等。对于日本而言,课程改革在 20 世纪 90 年代初通过学部、学科的重组而实施了;对学生的改革,以保证高等教育的普遍参与以及学力的提高为主线;对教师的改革,以促进教师各种能力、素质的发展为指向。教育 GP 的引入无疑在更高的层次上将学生、课程和教师紧密地联系起来,在一定程度上发挥了对教育整体改革效果的评价和检验作用。

4. 事后评价方式的运用

日本自 1956 年制定《大学设置基准》以来,已经建立起完善的事前评价机制,即校舍面积、图书册数、教师人数等所有的评价都是在大学、学部设立之初进行。目前的认证评价也是通过考查各个大学是否符合评价机构的评价标准来进行,这种评价方式在日本学界被称为"事前评价"。而与此相反,目前对教育 GP 项目的评价则主要以已经取得一定成效并希望进一步充实、发展的活动为对象。也就是说,教育 GP 不是对理念或计划的评价,而是对活动成果的评价,我们将之称为"事后评价"。正是这种"事后评价",使各个大学不仅在理念上而且在实践上为实现大学的个性化展开行动。

第三节 专业研究生院及其高级专业人才培养推进计划

2002 年 8 月 5 日,中央教育审议会发表《研究生院培养高级专业人才》以及《法科研究生院设置标准》。次年,日本修改了《学校教育法》,正式建立起专业研究生院制度。此后的 10 年里,日本的专业学位研究生教育发展迅速,已经有 131 所大学开设了 186 个专业。而且,专业学位研究生教育已经由早期的强调

---

① 张斌贤.西方高等教育哲学[M].北京:北京师范大学出版社,2007.332.

专业化向高质量、重实践的目标迈进,形成了政府政策激励、产学合作培养的专业人才培养机制。

一、专业研究生院制度的设立

中央教育审议会提出研究生院培养高级专业人才。这主要基于两点认识:一是研究生院的人才培养职能主要包括培养研究者和培养具有高级专业能力的人才。二是社会对高级专业人才的期待。近年来,随着科学技术的迅猛发展、社会经济的急剧变化以及多样化、复杂化、高度化、全球化的挑战,人们对在研究生院培养社会上、国际上通用的高级专业人才的期待迅速升温。[①] 当然,专业研究生院的设立,也是日本政府为提高国际经济竞争力积极推行的"科学技术研究开发政策"的扩展和延续。

2005年,中央教育审议会在《新时代的研究生教育》中,再一次重申了研究生院的人才培养职能——"在知识经济社会,研究生院的人才培养职能包括四个方面,每项职能都要实施相应的教育:①培养具有创造性研究、开发能力的研究者。②培养拥有高级专业知识、能力的高级专业人才。③培养兼具教育能力和研究能力的大学教师。④培养适应知识社会多样化需求、拥有高级知识素养的人才。"[②]也就是说,研究生院的人才培养职能被细分和强化,由高级专业人才变成了高级人才专业化。高级人才专业化要求不同类型的研究生院具有不同的培养职能,实施不同的教育,培养不同的高级人才。而专业研究生院当然是实现这种高级人才专业化的重要机构。

按照文部科学省的解释,专业研究生院就是为培养高级专业人才提供特殊课程(又称专业学位课程)的机构。它的基本特征有三:第一,它不是培养研究者,而是培养具有高级专业能力的人;第二,它不是研究中心,而是联结理论与实际的实践性教育;第三,它不只是由研究者充当教师,还要配备一定比例的实践型教师。[③]

---

① 中央教育審議会.大学院における高度専門職業人養成について(答申)[R]. http://www.mext.go.jp/b_menu/shingi/chukyo/chukyo0/toushin/020802.htm.[2002-08-02].
② 中央教育審議会.新時代の大学院教育——国際的に魅力ある大学院教育の構築に向けて(答申)[R]. http://www.mext.go.jp/b_menu/shingi/chukyo/chukyo0/toushin/05090501.htm.[2005-09-05].
③ 文部科学省専門職大学院室.専門職大学院制度の概要[EB/OL]. http://www.mext.go.jp/a_menu/koutou/senmonshoku/__icsFiles/afieldfile/2011/06/23/1236743_1.pdf.[2011-06-23].

目前各个大学的专业研究生院主要依托原有的研究科,在培养原有的学术型研究生的基础上,增加专业型研究生的培养。比如北海道大学的法科研究生院(法学研究科)既培养学术型研究生又培养专业型研究生。北海道大学的公共政策学专业研究生由其公共政策学教育部培养,但公共政策学教育部同时又是公共政策研究生院和公共政策产学合作研究部。[①] 另外,与传统学术学位课程相比,专业学位课程的特征还表现在对教育课程、教学方法、实践型教师等方面的要求上(见表 7.7)。

表 7.7　专业学位课程与学术学位课程的区别[②]

	学术学位课程	专业学位课程		
		专业研究生院（专业硕士）	法科研究生院（法律博士）	教职研究生院（教职硕士）
修业年限	2 年	2 年	3 年	2 年
毕业条件	30 学分以上、完成毕业论文	30 学分以上	93 学分以上	45 学分以上(其中 10 学分为在学校实习)
实践型教师	—	3 成以上	2 成以上	4 成以上
		除实践型教师外,每个专业必须配备的专任教师数比学术学位课程多,原则上禁止其他课程的专任教师兼任		
具体的教学方法	—	①案例研究、实地考察、双方以及多方的讨论答疑	①同左②以小班教学为基础(法律基础课以 50 人为准)	①同左②必须进行学校实习及公共科目的学习
学位	硕士(××)	××硕士(专业)	法律博士(专业)	教职硕士(专业)
认证评价		教育课程、教师组织等教育研究活动情况,每 5 年必须接受由文部科学大臣认证的评价团体的评价		

注:"—"指文部科学省不作特殊要求;专业研究生院是指除法科、教职之外的其他如经营、会计等的专业研究生院

专业研究生院的发展和指导理念,在 2002 年的报告出台之前,就有过类似

---

① 北海道大学-学部・大学院・センター等[EB/OL]. http://www.hokudai.ac.jp/introduction/dept/♯grad.[2012-10-23].

② 文部科学省専門職大学院室.専門職大学院制度の概要[EB/OL]. http://www.mext.go.jp/a_menu/koutou/senmonshoku/__icsFiles/afieldfile/2011/06/23/1236743_1.pdf. [2011-06-23].

的表述,1998年中央教育审议会曾在《21世纪的大学形象和今后的改革方向》中建议:"为培养特定职业所需要的高级专业知识、能力,设置一些实践性的硕士课程"。所以,在《研究生院培养高级专业人才》和《法科研究生院设置标准》出台的时刻,关于"专业研究生院"的问题,已经远远走出了理念探讨或制度设想的阶段,而开始进入到实质性的机构设立阶段,而且各个大学似乎也已经为此做好了准备。就在两份咨询报告出台的同一年,在管理、会计、金融、公共卫生、医疗领域,6所大学设置了6个专业。① 目前的专业学位研究生教育,无论从大学数、专业数还是入学规定人数来看,都可谓蔚为壮观、遍地开花(见表7.8)。

表7.8 专业学位各领域的大学数、专业数及入学规定人数②

领域	国立		公立		私立		株式会社大学		合计		入学规定人数(个)
	大学(所)	专业(个)	大学(所)	专业(个)	大学(所)	专业(个)	大学(所)	专业(个)	大学(所)	专业(个)	
经营	12	12	2	2	15	16	1	2	30	32	2 361
会计	2	2	1	1	13	13	1	1	17	17	915
公共政策	5	5	3	3					8	8	375
公共卫生	3	3			1	1			4	4	104
知识产权					3	3			3	3	140
临床心理	2	2			4	4			6	6	125
法科	23	23	2	2	49	49			74	74	4 571
教职	19	19			6	6			25	25	830
其他	1	1	3	4	9	10	2	2	15	17	800
合计(个)									131	186	10 221

二、专业研究生院的认证评价

专业学位课程不断开设,接受专业学位研究生教育的人越来越多,文部科学省也开始着手专业研究生院的质量保证和评价事宜。其实早在2002年的报告

---

① 天野郁夫.専門職業教育と大学院政策[J].大学財務経営研究,2004年,第1号.36.
② 文部科学省専門職大学院室.専門職大学院制度の概要[EB/OL].http://www.mext.go.jp/a_menu/koutou/senmonshoku/__icsFiles/afieldfile/2011/06/23/1236743_1.pdf.[2011-06-23].

《研究生院培养高级专业人才》就已经提到了第三方评价:"专业研究生院以培养专业人才为目的,为了提高其教育水准,有义务接受外部客观的评价。"[①]后来,这一建议被写入了《学校教育法》:"设置专业研究生院的大学,该专业研究生院的教育课程、教师组织等教育研究活动状况,每 5 年必须接受认证评价(《学校教育法》第 109 条第 3 项)"。从 2004 年开始,文部科学省陆续认证了一些评价机构,授权其对相关专业研究生院进行评价(见表 7.9)。

表 7.9 专业学位各领域的认证评价机构[②]

领　域	认证评价机构	获得认证时间
法科研究生院	财团法人日辩联法务研究财团	2004-8-31
	独立行政法人大学评价学位授予机构	2005-1-14
	财团法人大学基准协会	2007-2-16
经营	特定非营利活动法人 ABEST21	2007-10-12
	财团法人大学基准协会	2008-4-8
会计	特定非营利活动法人国际会计教育协会	2007-10-12
助产	特定非营利活动法人日本助产评价机构	2008-4-8
临床心理	财团法人日本临床心理士资格认定协会	2009-9-4
教师培养	教师培养评价机构	2010-3-31
公共政策	财团法人大学基准协会	2010-3-31
情报、创造技术、嵌入技术、原子力	一般社团法人日本技术者教育认定机构	2010-3-31
时尚商务	财团法人日本高等教育评价机构	2010-3-31

各个评价机构在制定了各自的评价标准之后,相应的评价工作也随即开展。在认证评价不断向前推进的过程中,2008 年,日本政府实施了"专业研究生院高级专业人才培养推进计划"。该计划主要是在竞争的环境中,重点资助那些产学

---

① 中央教育審議会.大学院における高度専門職業人養成について(答申)[R]. http://www.mext.go.jp/b_menu/shingi/chukyo/chukyo0/toushin/020802.htm.[2002-08-02].

② 文部科学省.専門職大学院[EB/OL]. http://www.mext.go.jp/a_menu/koutou/senmonshoku/ninshou.htm.[2012-03-19].

合作取得成效的大学,以进一步强化在高等教育机构中培养高级专业人才的目的。[①] 这一计划的出台实际上也是 21 世纪以来日本政府以"高质量""个性化"为目标的重点资助政策的延续。换句话说,这是继"21 世纪 COE 计划"[②]和"高质量大学教育推进计划"[③]之后,日本政府试图将资助的重点由研究基地、本科教育教学向专业学位研究生教育延伸。

制度改革的目标只有一个,即保证专业研究生院的质量,这一点也体现在了《法科研究生院质量改善方案(报告)》(2009 年)以及《专业研究生院的现状和今后的方向》(2010 年)中,为提高专业人才培养质量,文部科学省将在以下六个方面做出努力:①充实教育内容方法。②强化教师组织。③关注毕业生的出路及就职单位的评价。④与博士课程的衔接问题。⑤建立认证评价系统。⑥促进教育信息公开。[④] 如果说"专业化"是专业研究生院设立的目的,那么,"高质量"可能将一直伴随着专业研究生院的发展。但要真正实现各利益相关者所期待的高质量,对于日本政府和大学来说,将任重而道远。

三、高级专业人才培养推进计划的实施

用经济手段激励和刺激大学进行改革,这已经发展成为一种常规性政策工具,在教学领域、在科学研究领域自是毋庸赘言,所以,当这种经济激励再次运用于专业人才培养领域时,似乎并没有经历太多的论证和讨价还价,而直接获得了大学的认可和接受。

（一）计划的启动

随着专业研究生院的建立以及伴随而来的认证评价,专业研究生院获得了

---

① 文部科学省. 平成 20 年度「専門職大学院等における高度専門職業人養成教育推進プログラム」の申請状況について[EB/OL]. http://www.mext.go.jp/b_menu/houdou/20/06/08062008.htm. [2008 - 06 - 20].

② "21 世纪 COE 计划"始于 2002 年,它是以专业领域为单位,通过第三方机构客观地、公正地评价,在一定的期限内,对某些高水平的研究基地进行研究经费、设施设备等资源的重点分配。

③ "高质量大学教育推进计划"又称教育 GP(Good Practice),即文部科学省从各个大学、短期大学为提高教育质量所进行的改革活动中,选出优秀的项目,给予资金援助,资金援助的项目主要包括三个方面:"教育课程改善方面""教育方法改善方面"和"上述以外的教育改善活动"。

④ 中央教育審議会. 専門職大学院の現状と今後の在り方について[R]. http://www.mext.go.jp/a_menu/koutou/senmonshoku/1299301.htm. [2010 - 08 - 29].

巨大的发展。2007年4月,文部科学省预算131亿日元,实施"专业研究生院教育推进计划",用以推进专业研究生院的建设和发展,实则也是鼓励研究生培养单位在传统学位研究生培养之外,更多地关注专业学位研究生培养。很明显,与美国相比,日本的专业学位研究生教育几乎处于起步阶段。文部科学省指出,"专业研究生院教育推进计划"是在国家政策课题提出的,培养律师、教师以及国际通用的高级专业人才的基础上,以培养更多国民期待的高质量人才为目的,在专业研究生院以及具有教师培养课程认定的大学中,对在教育方法的开发、教育质量的改善方面表现优秀的活动进行重点资助。资助项目在45项左右,资助上限为3亿日元,基本资助费为2亿日元。①

文部科学省对"专业研究生院教育推进计划"只提出了预算、项目数以及资助额,但就如何具体实施这一计划,并没有给出明确的要求。2008年4月,文部科学省成立专业研究生院高级专业人才培养推进计划选定委员会,用以对专业研究生院教育推进计划的相关事宜进行调查审议。从这里可以看出,专业研究生院推进计划实际上已经具体到了人才培养领域。

专业研究生院高级专业人才培养推进计划选定委员会以关西学院大学商学部教授平松一夫为委员长、以明治大学理工学部长向殿政男为副委员长,同时设有"专业研究生院项目审查部会"(委员10人)、"产学合作项目审查部会",分别对专业研究生院申请项目以及产学合作申请项目进行审查和批准。② 从这里也可以看出,专业研究生培养实则分为两种类型:一类是由专业研究生院培养的,一类是由产学合作培养的。

(二) 计划的申请及审批

"专业研究生院高级专业人才培养推进计划"在进行申请时,具体分为两类项目,一类是以设置专业研究生院的国、公、私立大学为对象,主要征集的内容包括应对全球化,提高国际竞争力的活动以及为保证教育质量,应对多个或所有专业研究生院共同面临的教育课题的活动,我们将此类申请项目称为"专业研究生

---

① 専門職大学院等教育推進プログラム[EB/OL]. http://www.mext.go.jp/a_menu/koutou/kaikaku/senmonshoku/sentei/shiryo/07052421/004.htm. [2007-05-24].
② 専門職大学院等における高度専門職業人養成教育推進プログラム 委員名簿[EB/OL]. http://www.mext.go.jp/a_menu/koutou/kaikaku/senmonshoku/sentei/h20/08052704.htm. [2008-08-05].

院项目"。一类是以国、公、私立大学为对象(包括研究生院、专业研究生院)为对象,主要征集的内容是在产学合作的"化学""机械""材料""电子电气""信息处理""资源""原子力""经营、管理"各个领域,大学和产业界之间,建立广泛的合作,有效利用大学的自身特色,同时根据产业界的要求进行人才培养的活动,我们将此类项目称为"产学合作项目"。

表7.10 2008年度"高级专业人才培养推进计划"选定情况①

	专业研究生院项目			产学合作项目		
	申请数(件)	选定数(件)	大学数(所)	申请数(件)	选定数(件)	大学数(所)
国立	26(7)	13(2)	41	11(2)	5(2)	12
公立	1(0)	1(0)	2	2(1)	1(0)	2
私立	13(7)	4(1)	8	6(3)	2(0)	7
合计	40(14)	18(3)	51	19(6)	8(2)	21

注:大学数包括共同申请的大学数

申请件数的()中的数字指单独由大学申请的数量

从表7.10可以看出,不论是专业研究生院项目还是产学合作项目,其更多是通过大学与企业/其他组织机构的合作来进行的,单独由大学进行申请的项目只占到申请总数的1/3左右。由此可见,大学已经在刻意区别学术型研究生培养方式,而在专业学位研究生培养中加强与产业界的联系。不同领域的申请数和选定数(见表7.11)是与该领域的成熟程度有关的,比较法科和教职专业研究生院是设立比较早的培养律师和教师的,而且其机构数量也比较多。

表7.11 "专业研究生院项目"和"产学合作项目"的申请及选定情况

专业研究生院项目			产学合作项目		
领域	申请数(件)	选定数(件)	领域	申请数(件)	选定数(件)
法科研究生院	12	4	化学	5	1
教职研究生院	10	5	机械	5	2
商务	7	4	材料	4	1

---

① 平成20年度「専門職大学院等における高度専門職業人養成教育推進プログラム」選定状況[EB/OL]. http://www.mext.go.jp/b_menu/houdou/20/07/08072909/001.htm. [2008-07-28].

续表

专业研究生院项目			产学合作项目		
领域	申请数(件)	选定数(件)	领域	申请数(件)	选定数(件)
公共政策	3	0	电气电子	4	1
会计	2	1	信息处理	5	2
知识产权	2	1	资源	2	1
信息技术等	2	1	原子力	1	1
医疗经营	1	1	经营、管理	10	3
临床心理	1	1	其他	5	2

（三）计划的意义与影响

对于高级专业人才培养而言，最重要的也许就是区别与传统的学术型人才培养模式，而在各个培养环节上加强实践取向。不管对于大学还是接受专业学位研究生教育的入学者来说，实践能力的培养是其最重要的目标。据 2006 年广瀬幸子、松下由美子等学者对在职护理人员的调查[1]，有 1/4 以上的护理人员希望接受研究生教育，而最主要的理由是"提高专业领域的能力""扩大视野""人格成长"。[2] "专业研究生院高级专业人才培养推进计划"的实施，无疑刺激了大学和专业研究生培养机构以"实践"为导向进行人才培养。

据文部科学省的统计，为了培养这种实践能力，各个大学开始在实践型教师以及教学内容、方法方面下工夫。(1)在实践型教师方面，目前从事专业学位研究生教育的专任教师总数 1 315 人，其中实践型教师 651 人，占专任教师总数的 49.5%。(2)在教学内容、方法方面，各个领域都非常注重与产业界的联系，例如商务领域的主要措施包括，由来自企业的教师授课、大学教师参与企业的研修、与其他大学合作制定教育研修计划、开发教材、开发海外实习计划、基础课程通

---

[1] 该调查于 2006 年 11 月进行，向 148 个机构的 3 066 人发放问卷，回收 2 573 份，有效回收率 83.9%。

[2] 廣瀬幸美、松下由美子等. 山梨県内看護職者の大学院（専門看護師教育課程）への進学に関するニーズ実態調査（その1）：看護職者への調査[J]. 山梨県立大学看護学部（紀要），VOL10，2008.

过研讨、讲座等方式进行。① 当然,各个领域的产学合作程度及效果不尽相同,商务经营、会计领域与其他领域相比,产学合作措施比较充分。

将政府的制度设想落实到教育实践要比想象的复杂得多,而且也最易暴露出在制度设计时无所预料的问题。总体来说,由于社会对专业学位研究生认识的匮乏以及大学与外部机构联系的不足,专业研究生院培养的人才以及教育内容等的社会评价和社会认知度不高,进而也影响到毕业生的出路。②

中央教育审议会在2011年的报告——《全球化社会的研究生教育》中提出,为了培养在社会经济各领域发挥指导性作用,同时,能够活跃在国际舞台上的高级专业人才,必须充实教育内容,提高教育质量,具体在以下五个方面做出努力:(1)在教师组织方面,结束专任教师兼职的临时措施,推进跨课程、跨专业的教师合作、构建高流动性的教师组织。(2)不存在认证评价机构的领域,要开展自我评价以及代替外部评价的特殊措施。(3)要明确实践型教师的定义及比例。(4)建立理论与实践平衡的课程体系,对实践型教师以及视不同领域特色不满2年修业年限的专业进行灵活处理。(5)通过与产业界和相关团体的合作,设定基础知识能力方面的目标,促进教材开发,形成有特色的教育基地。③ 这为专业研究生教育的发展指明了目标和发展路径,即通过增加专任教师、开展认证评价、明确实践型教师标准、建立课程体系、深化产学合作等措施,在社会经济的各个领域培养具有国际水平的高级专业人才。

第四节 教育 GP 的个案研究

教育 GP 自 2003 年启动以来,已经有越来越多的大学参与申请并获得批准。它不仅是日本文部科学省对各个大学教育教学改善活动的经济激励,而且也成为各个大学为建设个性化大学而开展的实实在在的教学实践行动。在此,

---

① 文部科学省.専門職大学院の実態調査の結果概要[EB/OL]. http://www.mext.go.jp/component/a_menu/education/micro_detail/_icsFiles/afieldfile/2010/11/22/1299335_5.pdf. [2010 - 11 - 22].

② 中央教育審議会.専門職大学院の現状と今後の在り方について[R]. http://www.mext.go.jp/a_menu/koutou/senmonshoku/1299301.htm. [2010 - 08 - 29].

③ 中央教育審議会.グローバル化社会の大学院教育〜世界の多様な分野で大学院修了者が活躍するために〜[R]. http://www.mext.go.jp/b_menu/shingi/chukyo/chukyo0/toushin/1301929.htm. [2011 - 01 - 31].

为了更好地理解教育 GP 是如何在大学层面实施,我们分别选取"教育课程改善方面"和"教育方法改善方面"的教育 GP 项目进行详细介绍。

一、教育课程改善方面:以玉川大学为例

玉川大学是由倡导"全人教育"的小原国芳于 1929 年建立的,拥有八十多年历史的一所私立大学。在小原国芳看来,教育的内容必须包含人类的全部文化,因此,教育必须是绝对的"全人教育"。所谓的全人教育,是指完全人格亦即和谐人格而言,人在文化上欠缺了多少,作为人就残缺了多少。人类文化有六个方面,即学问、道德、艺术、宗教、身体、生活。学问的理想是真、道德的理想是善、艺术的理想是美、宗教的理想是圣、身体的理想是健、生活的理想是富。教育的理想就是创造真、善、美、圣、健、富这六种价值。[①] 所以,玉川大学自建校以来就一直秉承这种"全人教育"的理念。为了落实这一理念,现任校长小原芳明[②]提出了"12 教育信条"[③](全人教育、个性尊重、自学自律、高效率的教育、站在学术根基上的教育、尊重自然、三位一体的教育、劳作教育、对立的合一、行者和人生的开拓者、24 小时的教育、国际教育)作为指导具体教育实践的指针。

2006 年,玉川大学以"所有新生参加的一年级教育实践——'一年级习明纳'的组织性展开"而获得 2006 年度教育 GP 项目。教育 GP 实施委员会在其选定理由中指出:"一年级习明纳在很多大学都有开设,可是该校的活动以跨学部的方式,把全校 1 800 名新生,按 30 人为一个班级编成 60～65 个班,并制作特殊的教科书作为'学习记录',同时,频繁地开展教师研修活动,已经形成全校性的大规模的组织性实践。在这一点上,它是可以成为其他大学参考的优秀的案例。"[④]

20 世纪 90 年代初,以"设置基准大纲化"为契机,玉川大学开始本科课程改

[①] 小原国芳. 小原国芳教育论著选(下)[M]. 北京:人民教育出版社,1993.1 - 2.
[②] 小原国芳的孙子,1946 年生于东京,1980 年斯坦福大学教育政策分析专业硕士毕业,1987 年为玉川大学文学部教授,1994 年任玉川大学校长至今。
[③] 玉川学园 K - 12[EB/OL]. 玉川大学・玉川学園ホームページ,http://www.tamagawa.jp/. [2009 - 04 - 13].
[④] 平成 18 年度「特色ある大学教育支援プログラム」選定取組の概要および選定理由[R]. 文部科学省ホームページ, http://www.mext.go.jp/b_menu/houdou/18/08/06073108/004/007.pdf. [2006 - 07 - 31].

革,以培养具有教养丰富的知识、扎实的基础学力和高度的专业能力的人才为目标。新的课程由全校通识基础科目群和学科独特的学科科目群组成。具体来说,课程具有如下三个特征:(1)全体学生必须履修体现"玉川教育"的科目,这些科目以必修的形式进行,在全校通识基础科目群中称为"基础Ⅰ科目";(2)在专业教育之外,还有作为社会人、作为市民所必需的东西,把这些体现教养的科目称为"基础Ⅱ科目",以学生选修为主;(3)各学部、各学科的专业科目也基本上是选修制,在专业科目的设置上,从基础到最尖端领域分成导入科目群、发展科目群和专业科目群三个层次。① 入选教育 GP 项目的"一年级习明纳"正是全校通识基础科目群中,体现"玉川教育"科目的重要组成部分。

玉川大学全校通识基础科目群由全人教育-FYE(First Year Experience,初学年教育)科目群、语言表现科目群、社会文化科目群、自然科学科目群、生活相关科目群组成。其中,全人教育-FYE 科目群是全校通识基础科目群的核心,以涵养丰富的人性为目的,也是真正体现玉川大学"全人教育"理念的科目群,它包括"全人教育论""宗教、讲话""一年级习明纳"。② "全人教育论"与"宗教、讲话"已经实施了多年,与其相比,"一年级习明纳"可以说是最近才引入的。随着大学入学率超过 50%,玉川大学开始认识到"大学大众化""大学全入时代"已经到来。在这种情况下,大学新生中低学力、低学习积极性的学生越来越多。于是,针对如何让学生顺利地、积极地开始大学生活,玉川大学于 2005 年开始将"一年级习明纳"作为所有新生的必修课。同时,玉川大学将"一年级习明纳"的目标定位为:①使大学生理解学问的重要性,养成正确的、有计划的学习习惯;②在大学学习的基础上,掌握学术技艺;③制定 4 年的学习计划以及毕业后的未来设计;④掌握作为成人的健全的生活习惯。③

为了实现上述目标,该活动把习明纳具体分成 3 部分内容(见表 7.12),并于 2006 年出版了教科书——《大学生活导航》,该教科书是教师们在和学生的充分接触,并结合指导过程中的苦恼、经验写成的。内容包括"有效地学习""时间管理""记忆信息""健康生活""电脑利用"等,全面而系统地介绍了大学新生生活

---

① 天野郁夫.大学を語る22人学長[M].町田:玉川大学出版部,1997.215.
② 2005 自己点検・評価報告書[R].玉川大学・玉川学園ホームページ,http://www.tamagawa.jp/introduction/self_assessment/report.html.[2006-03-20].
③ 玉川大学「特色ある大学教育支援プログラム」[EB/OL].玉川大学・玉川学園ホームページ,http://www.tamagawa.ac.jp/gp/tokusyoku/index.html.[2008-10-10].

所面临的各种问题及应对办法。

表 7.12　玉川大学"一年级习明纳"计划的内容①

学术技艺	·对大学生活的积极适应和同化 ·激发学习动机 ·培养作为大学生基本的阅读能力、写作能力、交流能力
大学生技艺	·学习关于成人的自由和责任
交流技艺	·制定大学 4 年的学习战略和生涯发展规划

在教学方法上,"一年级习明纳"力争改变以往单纯由教师讲授的做法,而是把教室变成学生自由地思考、发言的地方。它使学生在倾听别人意见、比较自己想法的过程中获得人格的成长。但由于大多数教师对这种教学方法感到困惑,教师之间在教学方法上也难以达成统一,所以,玉川大学定期举行"教学方法研讨会"。同时,为了让学生养成预习和复习的习惯,在"一年级习明纳"开设之际,学校专门为一年级学生发放"学习记录簿",让学生将课前预习、当日的教学内容以及学习成果等全部记录在"学习记录簿"上。这是一项硬性规定,学期结束时由任课教师回收,作为学生成绩评价的要素之一。这样做,虽然增加了教师的负担,但却成为了教师教学和学生学习的最原始的记录。据 2007 年玉川大学对全人教育-FYE 科目群的学生评教结果显示,整体来说,有近 6 成的学生表示,这个教学好(29.9%)或"有点好"(29.5%)②,而且,与前一年相比,提高了 6.4 个百分点。③

玉川大学"一年级习明纳"的教学目的是培养具有明确学习积极性的学生,但同时对教师的 FD 也产生了积极的影响作用,使教师更多地思考教育内容、教学方法的改善,同时也会对其他教学以及专业教育产生波及的效果。当然,正如教育 GP 实施委员会所指出的:"由于该活动开始不久,并没有进行充分的验证,所以希望玉川大学针对效果的测定方法进一步讨论。"而玉川大学也打算进一步努力改善教学方法、指导方法,进而和高中教师以及其他大学教师一起,为有效

---

① 玉川大学「特色ある大学教育支援プログラム」[EB/OL].玉川大学・玉川学園ホームページ,http://www.tamagawa.ac.jp/gp/tokusyoku/index.html,[2008-10-10].
② 平成 19 年度ファカルティディベロップメント活動報告書[R].玉川大学・玉川学園ホームページ,http://www.tamagawa.ac.jp/u-fd/report/19report.pdf.[2008-05-20].
③ 平成 18 年度ファカルティディベロップメント活動報告書[R].玉川大学・玉川学園ホームページ,http://www.tamagawa.ac.jp/u-fd/report/19report.pdf.[2008-05-20].

地开展初学年教育进行广泛的交流和合作。

二、教育方法改善方面:以京都精华大学为例

京都精华大学是由1968年成立的京都精华短期大学发展而来,仅拥有40多年办学历史的一所私立大学。1966年,京都精华学园理事会计划在京福铁路沿线创设短期大学,时任同志社大学教授的冈本清一提出以"自由自治、国际主义、人格培养、凝集教育"作为创办短期大学的指导理念,该理念得到了学园理事会的认可,同时也使冈本清一成为了京都精华大学首任校长。

20世纪90年代初,伴随着"设置基准大纲化"以及文部科学省对各个大学必须开展自我评价的要求,1994年,京都精华大学制定《自我评价规程》、成立运营委员会,开始有组织地开展自我评价工作。通过对本校教育理念、教学实践的反思,2003年,京都精华大学确定了新的大学使命:①京都精华大学以尊重人、珍惜人作为教育的基本,通过学问、学术的训练,培养自立于人类社会的人;②京都精华大学为培养对社会负责、并自立于社会的人,从社会的视野出发,广泛地开展为社会作贡献的行动;③京都精华大学由教师、职员、学生构成有机的社会,在这个大学社会中,以人与人之间的交流为基础进行教育。① 事实上,培养"自立的人"的这一新的使命,正是其传统的教育理念在新的时代背景下的具体化,也是京都精华大学在激烈的生存竞争中的选择。京都精华大学校园主页上清楚地写着"高举'自由自治'之旗——这是京都精华大学教育的原点"。

目前,京都精华大学共有三个教育 GP 项目,这在日本所有获准教育 GP 项目的高等院校中是绝无仅有的。而且对于一所只有40年历史的私立大学来说,其在个性化办学以及在教育教学领域所取得的成绩显然也是值得学习和借鉴的。2004年,京都精华大学以"自立的学习者为社会作贡献的实践教育——环境管理系统的构筑",成为"教育方法改善方面"的教育 GP 项目。2005年,京都精华大学艺术学部以"与京都的传统产业相结合的教育实践计划",成为"大学与地区合作方面"的教育 GP 项目。2006年,京都精华大学人文学部又以"引发思考的日语素养教育",成为"教育方法改善方面"的教育 GP 项目。也就是说,除了2005年的教育 GP 项目是适应现代性教育需求的活动(现代 GP),其余两项

---

① 京都精華大学の使命[EB/OL]. http://www.kyoto-seika.ac.jp/about/idea/index.html. [2015 - 10 - 11].

均为教育方法改善方面的优秀案例。

（一）环境管理系统的构筑

1997年12月，为了使人类免受气候变暖的威胁，149个国家和地区的代表在日本京都召开了《联合国气候变化框架公约》缔约方第三次会议，通过了旨在限制发达国家温室气体排放量，以抑制全球变暖的《京都议定书》。与此同时，位于会议召开城市——京都西北部的京都精华大学也开始了保护环境的思考和实践。1998年9月，该校制定环境方针，同年12月设立环境委员会。1999年9月，确立京都精华大学环境管理系统（Environmental Management System，EMS）。2000年3月，该系统获得ISO14001认证①，同年4月在人文学部设环境社会学科。2002年，作为环境社会学科的体验学习，开始"内部环境监查"。2004年，开设环境解决方案研究机构，也是在同一年，成为文部科学省教育GP项目。② 文部科学省在其选定理由中指出，京都精华大学为实现"培养自立的人"的目标，重视体验和跨学科的学习，开展了4年的环境管理系统教育，同时在内部环境监查及为地区社会做贡献方面取得了优秀的成果。特别是该活动不仅让学生在校内，而且在校外也进行了得到社会好评的实习，这是值得其他大学、短期大学学习的。③ 一直以来，环境教育实践的通常操作模式是"环境污染是多么严重""资源是多么短资""物种消失得多么快""地球的负载已近极限"，等等，是指向环境问题的环境教育。④ 而京都精华大学对学生的环境教育是与学科、研究机构以及环境管理系统的建立一起发展起来的，也是与作为体验学习的校内、外环境监查机制紧密结合在一起的。它是在研究、体验的基础上，将环境教育指向环境系统的构筑。这已经远远超越了传统的、体现在教学科目以及教材上的教育内容的框架，而且也是单一的教育方法所无法涵盖的，由此，为京都精华大学赢得了文部科学省的资助。

---

① ISO（International Organization for Standardization）是国际标准化机构的简写。而ISO14001是环境管理系统的国际标准。该标准制定于1996年。

② 京都精華大学・人文学部・環境社会学科.京都精華大学における府立高校へのEMS構築支援高大連携プロジェクトの報告書シナリオ[R]. http://www.kyoto-seika.ac.jp/gp/ems/images/nakanishi.pdf.[2015-10-09].

③ 平成16年度「特色ある大学教育支援プログラム」採択取組の概要および採択理由[R]. http://www.mext.go.jp/a_menu/koutou/tokushoku/04072801/004/034.pdf.[2004-07-28].

④ 高德胜.找回失落的人性——论环境教育的转向[J].高等教育研究，2008(2).1.

（二）日语素养教育

随着考试方法多样化政策的引入，以"AO 入学""推荐入学"等不经过学力考试进入大学的人越来越多，尤其像京都精华大学这样的私立大学常常陷入两难境地。如果单方面强调学生的学力，则有可能使大学难以招收到合适的学生而面临生存危机，如果为了生存忽视学生的学力，则又使大学新生难以适应大学教育。以至于日本人常常抱怨，现在的年轻人"远离活字"成为一种时尚，能够用自己的语言写东西的人也越来越少，大学生的读写能力不断下降，对于以日语为主要专业工具的京都精华大学人文学部来说，如何加强学生的日语能力成为最重要的课题。

在京都精华大学看来，"读"就是在将别人的想法和自己的想法进行交流，"写"则是把自己固有的想法准确地传达给别人，毫无疑问这二者又都离不开语言的表达，而语言是思维的外壳，最终又必须依赖于深入的思考。正是基于这样的理念，其人文学部开始致力于日语素养教育。从大学一年级培养最基础的"阅读""思考"和"写作"能力开始，最终把学生培养成为自立的学习者。教育 GP 实施委员会选定京都精华大学人文学部的"引发思考的日语素养教育"作为特色GP 项目，其给出的理由如下："这个活动作为一年级教育的一环，以提高学生的阅读能力、思考能力、写作能力为主要目的。虽然对每个学生进行细致的作文指导、修改，时日尚浅，但整个活动确实取得了很好的效果。"①

该活动以人文学部所有一年级学生为对象，首先在学生入学时利用标准化测试，判定学生的日语能力水平，根据学生能力的不同编成不同的班级。目前是 100 人左右编成 4 个班级，每个班级配 1 名教师和 2 名辅助人员，以对学生的个别指导为主。教学主要以课题作文的形式进行：首先，由辅助人员与学生进行多次对话，了解学生想说的、想写的，并要求学生及时将所思、所想记成笔记，让学生真实感受到书面语言的丰富性和重要性；然后，进一步推进学生读、写、思考的行为，将所读、所思、所想形成作文；最后，由教师仔细地对作文进行修改。目前的日语素养教育每学期进行 5 次，全年共进行 10 次。作文的主题范围由教师确定，教师在确定学生的作文选题时本着由浅入深的原则，即最初从学生自己最关

---

① 平成 18 年度「特色ある大学教育支援プログラム」選定取組の概要および選定理由[R]. 文部科学省ホームページ，http://www.mext.go.jp/b_menu/houdou/18/08/06073108/004/026.pdf. [2006-07-31].

心的课题出发,让学生把离自己最近的、具体的经验接下来,或者选取处理与他人的关系方面的课题,在学期即将结束时,让学生从具体的现象来观察周围的社会,最终把学生带到"学术性思考"的路上。

从这两个有关教育方法的 GP 项目可以看出,"环境管理系统的构筑"的可贵之处在于其教育、研究、体验学习以及外部评价机构的协同作用,而"日语素养教育"则主要在对学生具体指导方法上下功夫。虽然具体做法不同,但二者的最终目的都是培养"自立的人",这正是京都精华大学所强调的大学之使命。

三、比较与分析

在天野郁夫的高等教育分类中,玉川大学为大学院大学,即在所有或几乎所有的学部之上都有大学院博士课程研究科。而京都精华大学则是完全没有大学院研究科的学部大学。如果说玉川大学相当于研究型大学,那么京都精华大学充其量只能算作教学型大学。而且玉川大学和京都精华大学均为私立大学。之所以选择两所私立大学作为研究的个案,主要出于两点考虑:①教育 GP 项目大部分由私立大学承担。截至 2008 年,共有 489 所次(国立 189、公立 50、私立 250)的大学获得教育 GP 项目,[①]而其中私立大学占一半以上。②私立大学对变化反应灵敏。由于私立大学规模较小,在变革之前需要顾及和说服的支持者的数量有限,因而反应灵敏。与国立大学相比,能够更为及时地根据社会的变化及学生的需要进行改革。

一直以来,包括中国在内的很多国家的大学都以研究论文、出版物等作为衡量大学教育质量和效果的重要尺度,偏重研究和出版物的一个原因是,出版了的文章相对来说较易衡量,至少在数量上是如此,大多数都存在杂志的相当明确的等级和公认的同行评审过程。书籍也用来进行评价,虽然不同专业做法不一致。[②] 日益复杂的计算机程序企图测量出学术成果,以便提升问责制,但是到目前为止,还没有一种方法能够精确地测量出教育教学效果。[③] 日本文部科学省也充分意识到,要在短时期内衡量包括玉川大学和京都精华大学在内的所有教

---

① 根据各年度教育 GP 项目计算而来,大学教育の充実——Good Practice[EB/OL]. http://www.mext.go.jp/a_menu/koutou/kaikaku/gp.htm.[2009-01-11].
② 吕达,等.当代外国教育改革著名文献[M].北京:人民教育出版社,2004.27.
③ [美]菲利普·G.阿特巴赫,等.21世纪的美国高等教育——社会、政治、经济的挑战[M].施晓光,蒋凯,主译.青岛:中国海洋大学出版社,2007.224.

育 GP 项目的效果都是比较困难的。这不仅由于评价手段自身的局限性，也由于教育效果的呈现具有迟滞性。也许由第三方机构通过各种评价而选定的教育 GP 这一活动本身并不能解决教育评价的科学性、公正性等问题。但它却开始了对大学的教育职能进行评价的尝试，同时也激发了各个大学为追求办学个性化而在教育教学活动上不断改善。

第八章 日本大学办学个性化的特征与启示

日本在特定的历史时期提出"办学个性化",并为创建个性化大学提供了诸多政策支持。院校层面改革和政府层面改革,更是双管齐下,使"办学个性化"不仅是理念的更是实践的。在院校层面,这些改革主要围绕着学生、课程和教师而展开,在政府层面,主要是利用政策工具来推进改革。整体来说,这些改革具有怎样的特征与经验呢?这就是本章所要解决的问题。

第一节 改革的"倾向性"特征

自中世纪大学产生以来,"改革"就一直伴随着大学始终,20世纪90年代以来的为实现办学个性化的改革对于日本大学而言,既不是第一次也不可能是最后一次,这就决定了20世纪90年代的这次改革既具有历次改革的共通性,也具有特定历史条件下改革的特殊性。共通性就表现在日本的大学改革是建立在"审议会行政"基础上的"利害调整型"改革,而特殊性则是日本大学在新的历史条件下,在改革目的、改革内容和改革方式方面的倾向性。

从20世纪初开始,日本建立起"审议会行政"的政策制定方式,90年代日本大学各种改革政策和举措也是按照这一方式进行的。具体来说,临时教育审议会和大学审议会在政策的启动阶段发挥了重要作用,甚至在一定程度上决定了改革的方向和举措。由于临时教育审议会和大学审议会的组成人员包括大学校长、政府官员以及各个领域的专家、学者。这种特殊的组合方式构成了大学和政府的博弈场,在这个博弈场中存在着复杂的"讨价还价"和谈判过程。如前所述,在临时教育审议会内部关于教育改革的基本方向就曾展开了激烈的争论,但日本人惯有的"协调一致、避免冲突"的解决问题的方式,使改革向着大学和政府都能够接受的方向发展着。

亚瑟·莱文(Arthur Levine)以完全体制化和改革失败为两极,对各种改革结果进行了排序,并从整个序列中归纳出四种模式:①弥漫型,即从事改革的单位的方法在整个寄生组织(the host organization)中得到普及;②飞地型,即从事改革的单位保住了改革成果,但是它在整个寄生组织内则处于孤立境地;③复辟型,即改革者重新捡起传统的观念,从事传统的实践;④失败型,即改革遭到扼杀。① 因为"利害调整型"超越了单纯的"政府主导型"改革或"大学主导型"改革的限制,所以,它在改革效果上避免了失败型或飞地型,而更多地体现为弥漫型。这是日本历次大学改革中具有共通性的特征,这种特征与其说是直接源于审议会行政,不如说它与日本的政治体制、民主制度等有很深的渊源。当然,就20世纪90年代为实现办学个性化而进行的各项改革而言,最重要的还是体现在改革目的、改革内容与改革方式方面的倾向性。

一、改革目的:对能力与自由的追求

改革目的,依据不同的标准可以进行不同的分类:从目的制定者来说,有大学的目的和政府的目的;从目的的来源来说,有来自大学内部的目的和来自大学外部的目的;从目的内容的性质来说,有学术性目的和社会性目的。② 显然,围绕着"办学个性化"而进行的改革更为集中地体现了大学的目的和政府的目的之间的博弈。

20世纪70年代的"石油危机"使日本政府意识到必须摆脱对"物质资源"的依附,转而充分利用本国的"头脑资源",于是,取代以往的"加工贸易立国"战略,新的"科学技术立国"战略在80年代正式提出。进入20世纪90年代以后,这一战略得到了新的法律支持,1996年通过的《科学技术基本法》,在"科学技术立国"战略上又加上了"创造"二字。日本政府深深地意识到这一战略的重要支撑在大学,必须建设高水平的大学、培养高质量的人才。这种使高等教育服务于国家发展战略目的的背后,反映了一种对"能力"的价值追求。一般来讲,对高等教

---

① [美]伯顿·R.克拉克.高等教育系统——学术组织的跨国研究[M].王承绪,等,译.杭州:杭州大学出版社,1994.251.
② 胡建华,等.大学制度改革论[M].南京:南京师范大学出版社,2006.16-17.

育的价值追求主要有四种：①正义，即实现社会正义——让每个人都受到公正的待遇，如入学机会均等，入学后受到平等的待遇等；②能力，指高等教育系统作为一个高效率的组织既能创造、批判和传播知识，又能源源不断地培养出有一技之长并懂得为人处世的人才；③自由，它包括科研自由、教学自由和学习自由三大学术思想，而保障这些自由的一个前提就是选择的自由；④忠诚，它包括对批判的限制以及对高等教育系统如何服务于民族大业的要求。①

与政府的目的与价值追求不同，在面对大学改革时，大学也有其自身的目的。所谓大学的目的主要指作为大学主要成员的大学校长、管理者或教授的目的，他们在考虑大学制度改革时，往往首先从大学自身的需要出发，以建立起更加适合教师、学生进行教学、研究、学习活动的制度作为改革的主要目的。② 而在这种目的背后所体现的价值追求就是"自由"。政府和大学在目的与价值追求上的分歧，必将导致大学改革在大学和政府的博弈中向前发展。而博弈的结果就是日本政府和大学在"能力"与"自由"之间找到一个平衡点，这就是"个性化"。大学利用教育的个性化，力争在各种资源（学生、资金等）的竞争中获胜；政府利用大学的个性化，实现经济的腾飞和国际竞争力的增强。

"个性化"作为日本政府和大学的共同追求，又具体表现在教育研究质量的提高和改善上，但是显然，这里的"质量"已经摆脱了传统的"合规定性"质量观，而是一种"合需要性"、"合发展性"质量观，即对大学质量的衡量不再以统一的标准进行，而是以大学能够在多大程度上满足国家、社会、用人单位、学生个人等的需要和期望以及每所大学能够在多大程度上发展起自己的个性和特色作为判断"质量"的标准。从20世纪90年代的各项改革中，可以发现，"办学个性化"不是单一的政策和改革，更不可能通过一项改革获得实现，而必须通过多个政策、多项改革的合力来实现。日本政府围绕"办学个性化"这一目标，在出台和制定各项改革政策和制度时，给大学预留了更多"选择的自由"，"自由"是大学永恒的追求，这一点中外大学概莫能外。在入学考试改革、本科课程改革以及FD制度等各项改革中，政府并没有明确限制各个大学改革的操作程序和实施细节。当然，这些策略一方面是政府和大学达到博弈均衡的要求，另一方面也是受到新自由

---

① ［美］伯顿·克拉克.高等教育系统——学术组织的跨国研究［M］.王承绪，等，译.杭州：杭州大学出版社，1994.272－281.

② 胡建华，等.大学制度改革论［M］.南京：南京师范大学出版社，2006.17.

主义思潮的影响。新自由主义要求最大可能地排除国家管理而敢于将问题交由市场来解决,将教育的公共领域私事化,将所有自由选择还原为"由自己负责任"的教育。也就是说,与选择的自由同时产生的是"问责制",所谓"问责制"就是需要能够向外界团体展示负责的行为。① 对于大学而言,要展示"负责的行为",首要的问题在于明确是什么构成这些行为。事实上,日本大学 20 世纪 90 年代以后,对学生的学力保证、以教养为目标的课程改革以及 FD 制度的引入等也是用实际行动来回答这一问题。

二、改革内容:强烈的市场化倾向

临时教育审议会和大学审议会的改革建议既涉及整个高等教育系统也涉及一所大学改革与发展的问题,整个高等教育系统的问题必须由作为政府代表的文部科学省来实施,而对一所大学的发展问题则必须由各个大学自行实施。这样我们就看到,在大学层面上,改革的主要内容围绕着构成教育活动的基本要素——学生、课程和教师来展开。从具体的改革内容来说,每一项改革又都充分借鉴和参考了相应的"美国模式",也正因为这一点,天野郁夫将 20 世纪 90 年代称为"美国模式的时代",美国模式的大学制度的显著特征在于自由竞争以及由此产生的多样性、弹性和开放性。② 日本政府也意识到了这一点,所以,首先采取的改革策略是放宽政府对大学的限制,即"设置基准大纲化"。

第二次世界大战结束之后,美国占领军对包括大学在内的一切教育机构以及管理运行体制进行全面改革,这是日本历史上的第一次"美国化",它始于对日本高等教育中"德国模式"的改造,因为改革是由外部力量强制推行的,所以,在日本学者们看来,此次改革留下了很多"后遗症"和"负遗产"。正如杉山彻宗所言,"如果不能清楚地认识到儒家的日本文化和自由竞争的美国文化之间的差异,那么,大学改革就会产生形式化的问题"③。所以今天,当日本将改革的方向再次指向"美国模式"时,更多地注意到了如何将"美国模式"日本化以及将体现

---

① [美]菲利普·G.阿特巴赫,等.21 世纪的美国高等教育——社会、政治、经济的挑战(第 2 版)[M].施晓光,蒋凯,主译.青岛:中国海洋大学出版社,2007.4.
② 天野郁夫.日本的大学改革——在美国化和市场化的中间[J].有色金属高教研究,2000(3).41.
③ 杉山彻宗,山岸勝榮.未来をめざす大学改革——大学の危機を救うために[M].東京:鷹書房弓プレス,1996.247.

美国特征的市场机制引入大学。

关于在"美国模式"中融入日本特色的问题,我们在 20 世纪 90 年代开始的各项改革中已经看到:日本借鉴美国的 AO 入学考试,但其内容和形式又不注重学力考试的成绩;比如,日本借鉴美国的认证制度,而发展起日本特色的官民结合的大学评价制度;比如,日本充分借鉴美国的通识教育课程模式,发展起自己的教养教育,等等。事实上,当这些具有深刻的内在逻辑和丰富的时代烙印的美国制度,以别样的形式出现在日本时,这本身就体现了一种特色,一种对"办学个性化"的追求。日本学者关正夫说:"日本是一个擅长于融合外来文化、吸收他人之长而不照搬,坚持民族性又不保守的民族,在高等教育制度的建立、高等教育改革的措施等问题上,也充分体现了这一特点。"[1]

美国模式的大学制度最显著的特征在于自由竞争以及由此产生的多样性、弹性和开放性。要想真正地向美国模式转换,必须把"市场主义"或"市场机制"引入大学的教学与科研甚至是管理中来。20 世纪 90 年代以来,在日本政府和大学为实现"办学个性化"的改革努力中,我们至少可以看到四个市场化行为:①资金的市场化。经济的不景气和财政紧缩,使大学不仅向学生收取学费,而且也从政府、企业等方面筹措资金。②经营的市场化。通过资金的倾斜性分配和各种质量监控措施刺激大学改善经营效率,并以此向政府及社会说明责任。③"出口"也就是就业的市场化。大学毕业生就业难和非正规雇用现象增加,大学教育开始考虑学生的"学习成果"以及对学生的就业有所帮助。④"入口"也就是入学的市场化。适龄人口的减少,不能确保足额招生的大学增加,为了生存,大学卷入了确保生源的竞争。[2]

一直以来,日本的国立大学处于政府的政策保护之下,没有发展起以竞争为基础的市场机制。但 20 世纪 90 年代以来,国立大学对文部科学省所诱导的个性化改革,与其说是躲在大学自治的盾牌下试图抵抗,不如说以此为契机抓住了提高大学质量的时机,积极地参与到获得资源的竞争中。[3] 当然,也有学者认为,将竞争作为调控工具更多地加强了高等教育机构间的等级层次,而非促进了

---

[1] [日]关正夫.日本高等教育的改革动向[M].陈武元,译.厦门:厦门大学出版社,1991.前言.

[2] [日]矢野真和.高等教育的经济分析与政策[M].张晓鹏,译.北京:北京大学出版社,2006.259.

[3] 有本章,山本真一.大学改革の现在[M].东京:东信堂,2003.56-58.

全国高等教育系统的多样性。因而本来想促进分化的政策就变成了促进分层的政策。分层指的是"高等教育机构间目的、地位和资源在层次上的差别"。可能的结果是,那些宣称在发放科研经费过程中更加有选择性地保证质量和高效的国家并没有看到,或者说并不想看到,它们最有可能在最后促进和造成了高等教育系统的分层化。[①] 但毫无疑问,在资源匮乏的时代,竞争是效用最大化的有效手段。

三、改革方式:政策指导与自主实施相结合

"在过去的 20 年中,高等教育机构的环境发生了巨大的变化,大大改变了高等教育机构和它们所处的环境之间的关系。在这个变化中,最重要的环境因素就是高等教育系统的大众化。然而,我们不能机械地把这种大众化认为是高等教育机构、学生、教职员工数量的增加,而应当从文化的角度把它看作是一系列的多元现代化……在这种大众化高等教育系统中,社会(政府作为其代表)作为高等教育的主要投资者,无论是从政治的角度或是经济的角度,还是从道德的角度讲,都有理由通过自己的权力来指导国家高等教育系统的发展。"[②]1991 年以《大学设置基准》的全面修改为首,日本政府在高等教育领域出台了一系列的改革政策,用以指导高等教育由大众化向普及化的发展,但这些改革政策更多地体现为"系统性计划"而非"指令性计划"。

所谓"指令性计划"是指政府对高等教育领域的一切活动作出详细而明确的规定,比如规定教什么、教谁、教多少、在什么类型的教育机构以及多少费用等。而"系统性计划"则以加强高等教育的多样化为目标,例如努力扩大高等教育发挥功能以及服务全体公民的范围,它将捍卫大众化高等教育中的精英高等教育机构,同时不允许原有的精英高等教育机构把自己的形式、标准以及费用强加给新的机构或整个系统。[③] 正因为如此,办学个性化的一系列改革举措扩大了各个大学在具体执行政策方面的选择性。比如多样化入学考试政策,日本政府建

---

① [英]玛丽·亨克尔,布瑞达·里特.国家、高等教育与市场[M].谷贤林,等,译.北京:教育科学出版社,2005.23.
② [英]玛丽·亨克尔,布瑞达·里特.国家、高等教育与市场[M].谷贤林,等,译.北京:教育科学出版社,2005.15.
③ [美]马丁·特罗.从精英向大众高等教育转变中的问题[J].外国高等教育资料,1998(1).4.

议各个大学通过入学考试中心考试、推荐入学、AO 入学考试等多种方式来选择学生,但每所大学具体以何种方式来选拔学生则由各个大学自行决定。再如2008 年日本修改《大学设置基准》,要求各个大学必须实施 FD 制度,而 FD 活动的类型、内容、方式等则由各个大学自行决定。这种政策指导与各个大学自主实施相结合,在很大程度上促进了大学的个性化。

"历史上,大学利用各种机制实现变革:①用额外的资源换取改革;②为获得大众对变革的支持,建立必要的意见认同基础;③更换关键人员;④采取计谋,秘密行动;⑤一个尽管去做的方式——组织管理严密的决议作出以后,迅速执行。"①而日本政府为"创建个性化大学",采取了系统性计划而非指令性计划。因为当政策制定者靠指导具体行动的方式从上而下协调重要事务时,他们的知识问题常常会在"意外的、未预见到的负效应"中反映出来。政策干预的直接作用是促进预期目标,但在一个复杂的开放系统中,别的效应可能随之变成主导因素,从而初始的干预最终产生出违背初衷的不良效应。② 政策指导与自主实施相结合的改革方式既有效避免了不良效应的产生,同时又进一步扩大了各个大学选择的自由。

从 1984 年临时教育审议会将改革的基本方向确定为"个性化"到 1991 年大学审议会将本科教育的基本理念确定为"个性化",目前,日本大学已经在这一理念指导下进行了十几年的改革与发展,很难说这一理念是否获得了实现。一方面,创建个性化大学的探索和努力仍在进行中;另一方面,判断一所大学是否是"个性化"的,也许只能交由时间来回答,但至少可以看到,日本各个大学已经在"个性化"之路上向前迈进了一大步。

第二节　对中国大学办学个性化的启示

20 世纪 90 年代以来,日本将"个性化"作为高等教育改革的基本理念,"个性化"归根结底就是促使各个大学采用企业的"差异化战略"来发展大学。"差异化战略"又称别具一格战略,是将产品或服务差异化,以此在同行业或竞争者中形成具有独特性的东西,它是企业在生存竞争中的主要战略选择。日本政府和大学利用类似于"差异

---

① [美]詹姆斯·杜德斯达.21 世纪的大学[M].刘彤,屈书杰,刘向荣,译.北京:北京大学出版社,2005.227.

② [德]柯武刚,史漫飞.制度经济学——社会秩序与公共政策[M].韩朝华,译.北京:商务印书馆,2000.176.

化战略"的"个性化"来推进改革,至少为我们提供了以下几点经验。

一、个性化是大学发展的战略选择

当今这个时代是需要个性化的时代,也是为大学个性化提供了充分前提的时代。大学作为法人组织,保证大学的自主权成为世界范围内的普遍共识。传统上,受国家干预较多的国家,如日本、法国、意大利等,最近20多年纷纷采取各种措施增强大学自主权,如中国1998年《中华人民共和国高等教育法》明确指出高等学校7个方面的自主权、2004年日本启动了大学法人化改革、2007年法国通过了《大学自治法》。大学自主权的充分保障,为大学办学个性化提供了前提和基础。

（一）个性化并不是简单的差异化

不论是中国还是在其他各国,各个大学之间都是存在巨大差异的,它最初表现为大学的所在地,大学的历史,大学的设置形态、学科构成等的不同。这种差异不可能使人们对大学的高低贵贱作出区分,所以这种差异是原初状态的,并不具有实际意义。然而,由于不同的发展境遇、不同的政治的某些作为加剧了大学的差异,使得今天各国的大学都有所谓的"一流大学"和"三流大学"之分。"创建个性化大学"并不是原初意义上的各个大学因所在地、历史、设置形态、学科构成等的不同而导致的差异化,而是在承认各个大学原初差异基础上的,为改善教育教学质量选择适合大学自身发展的路径,即大学发展战略的差异化。

（二）个性化以保障大学的办学自主权为前提

一般来讲,大学的自主权可以分为三个层次:最高层次表现在整个高等教育管理与政府控制之间的关系上,教育管理所具有的自主权;第二个层次表现在一所大学的内部管理与政府控制之间的关系上,大学所具有的管理自主权;第三个层次表现在高等学校的整体管理与校内学者的自我管理关系上,学者们在开展教学与研究活动时所具有的自主权。① 这里的"办学自主权"主要指第二层次和第三层次的自主权。1991年,"设置基准大纲化"使各个大学在课程设置、学分规定、教学时间等方面拥有完全的自主权。1998年,大学审议会的报告《21世纪的大学形象和今后的改革方向》,在明确提出"创建个性化大学"的目标时,特别强调"通过教育研究体系的软结构化,保证大学自治"。2004年,国立大学法人

---

① 王修娥,熊庆年.高等学校办学自主权问题研究的综述[J].江苏高教,2001(2).39.

化使国立大学摆脱了政府的控制,能够对自己的行为承担独立责任。正是这一系列的对大学自主权的保障和回归,为办学个性化铺平了道路。

(三)个性化是建立在高等教育多样化基础之上的

高等教育多样化主要体现为高等教育机构在类型上和职能上的差异。日本虽然在第二次世界大战结束之后的改革中将所有高等教育机构统一为大学,但从1950年第二次美国教育使节团对"高等教育机构一元化"的批判开始,关于高等教育多样化的呼声从未停止过。[①] 20世纪60年代以后,日本使短期大学合法化,并建立了高等专门学校以及专修学校,从而使高等教育机构在类型上趋于多样化。另外,设置形态(国立、公立、私立)的分化,使国立大学发展成为以培养精英为己任的"研究型"大学,而私立大学则发展成为大众高等教育的主要承担者。2005年,中央教育审议会的报告《我国高等教育的未来》进一步指出,大学可以承担的职能主要有:①世界性的研究、教育基地;②培养高级专门职业人才;③培养广博型的职业人才;④提供综合性的教养教育;⑤特定的专业领域(艺术、体育等)的教育、研究;⑥地区的终身学习基地;⑦社会贡献职能(地区贡献、产学官联合、国际交流等)。各个大学可以选择一项或几项作为本校的主要职能。正是这种高等教育机构类型及职能的多样化,为每所大学的个性化建设提供了广阔的选择空间。

二、学生、课程和教师是大学办学个性化的落脚点

学生、课程和教师是教育活动的基本构成要素,也是变革大学教育的落脚点。改革对于大学来讲,既有无条件的、绝对的、强制性的、不得不进行的,也有建立在大学(不管是一般意义上的大学还是个别的大学)自主的、自发的、自己判断、自己负责、自己决定基础上的。前者可以称为他律的改革,后者可以称为自律的改革。[②] 然而,不管是他律的改革还是自律的改革,归根结底都要落实到具体的对学生、课程和教师的相应变革上。

"大学被认为是教育和研究机构,但大学存在的理由并不是为教师提供研究机会,而是向学生供给知识。当然,如果单就供给知识而言,自15世纪印刷术发明以来,大学已经失去了它存在的理由,然而,大学存在的理由是在学问的创造

---

① 小林雅之.高等教育の多様化政策[J].大学财务经营研究,2004年,第1号.55.
② 有本章、山本真一.大学改革の现在[M].东京:东信堂,2003.39.

性研究中,联结起青年人的想象和老年人的经验。"①由此,课程将教师和学生紧紧地联系在一起,大学改革或者说一个成功的教育改革,是学生、课程与教师协同作用的结果。在企业中,差异化战略在类型上,一般包括产品差异化、服务差异化、人事差异化和形象差异化。日本在实践"办学个性化"中也是在试图追求学生的个性化、课程的个性化以及教师的个性化。

促进学生、课程和教师个性化的前提就是要有明确的大学发展理念,并根据特定的大学发展理念决定学生、课程及教师改革的具体内容和方式。换句话说,个性化的大学发展理念需要有个性化的学生、课程和教师,同时个性化的学生、课程和教师又表征着个性化的大学发展理念。日本大学审议会将本科教育改革的理念确定为"个性化",并要求各个大学根据本校的教育理念、目标,编制课程、制定招生政策等。当然,也有学者对这种"个性化"提出自己的担忧:"今天的本科教育改革源于1991年以来大学审议会的各种审议报告,其改革的基本要求就是大学个性化。全国的大学,以'护送船团'的方式,撤销教养部,导入自我评价,可是,越是按照这一路线推进改革越是把所有大学纳入到全国性的竞争之中,只有胜者才能获得生存,这一现实一定是各个大学的脱个性化,没有和其他大学的比较,而陷入到不能判断自己大学状况的境地。"②当然,这种状况能否发生的关键在于各个大学如何运用政府所赋予的"选择的自由"。如果大学没有准确把握自己的个性与特色,而是按照一个"伯克利"(Berkeley)或一个"阿姆赫斯特"(Amherst)模式来发展自己,那么,这种亦步亦趋的结果必然是使大学成为改革的失败者。反之,如果大学能够认识到自己的个性与特色,并在此基础上发展和强化自己,那么,其结果必将是在差异化竞争中获得生存。

不得不承认,今天的大学正在面临着"理念危机",日本学者市川昭午在其著作《未来的大学》中深有感触地写道:"现代思想集大成者尼采在1882年宣布'神死了',成为整个近代社会最大的事件,100多年后的今天,我痛心地认为'大学死了',这更是现代高等教育最大的事件……说'大学死了',并不是说被称为大学的这个机构或组织消失了,而是说大学的理念消失了。"③代替这种理念的是人们对"现代大学制度"的渴求、对"世界一流大学"的追随,但这种良好的初衷首

---

① 市川昭午.未来形の大学[M].町田:玉川大学出版部,2001.34.
② 山下興亜.卷頭言:手作りの大学教育改革のために[J].中部大学教育研究,2006,第6号.卷首.
③ 市川昭午.未来形の大学[M].町田:玉川大学出版部,2001.13.

先应该始于独特的大学理念的确立。具体来说,这种理念就是对"建立一所什么样的大学"的思考。1995年,联合国教科文组织在《高等教育变革与发展的政策性文件》中指出:"所有有远见的高等教育体制和机构应该在确定自己的使命时牢记这样一种远景(broader vision),即建立最好称之为'进取型大学'(proactive university)的新型大学。"①这种"进取型大学"是特定高等教育机构在对本校的理念、目标进而包括学生、课程和教师的创造性调整中形成的。

三、政府适度参与是大学办学个性化的保障源

大学与政府的关系一直是高等教育研究的重要课题,同时也是大学改革不可回避的一个问题。一般来说,大学与政府之间的关系,主要有三种类型:①集中型。在这种体制下,高等教育活动的管理与决策权在中央政府,中央政府以计划、命令、法律、拨款、监督等手段直接调控高等教育活动,20世纪90年代以前的中国以及法国等欧洲大陆国家是这方面的典型。②分散型。在这种体制下,高等教育的管理决策权不在中央政府,而在地方政府或其他集团手中,各种分散力量按照自己的意愿和方式支配高等教育的运行,教育活动呈现出极大的市场性,美国是这方面的典型。③复合型。这种体制介于集中型和分散型之间,决策和管理的权力部分在中央政府,部分属于其他组织或利益集团。在国家与高等教育之间存在一个中间缓冲组织,这种组织协调国家与大学的关系,协调计划与市场以及高等教育资源的配置。日本正是这种类型的典型代表,而大学审议会则充当了政府与大学关系的缓冲器。

日本大学与政府之间特有的混合型的关系类型,使大学审议会拥有合法权力推进文部科学省以及各个大学按照其建议实施改革。而且,由于具体改革内容达至政治权力层面,而使办学个性化改革具有了更多的社会意义。当然,大学与政府的关系并不是偶然的,它们是在很长一段时间内建立起来的,并反映了有着特定连续性的不同实体之间的平衡点。它们仿佛是过去的积累和沉淀,并且是建立在系统化的相互依存的基础上。② 所以,关键的问题并不是日本大学和政府的关系类

---

① 赵中建.全球教育发展的研究热点——90年代来自联合国教科文组织的报告[M]. 北京:教育科学出版社,1999.181.
② [英]玛丽·亨克尔,布瑞达·里特.国家、高等教育与市场[M].谷贤林,等,译.北京:教育科学出版社,2005.43.

型以及在此基础之上进行了什么样的改革,而是在大学改革中,政府如何促进大学的个性化改革以及政府在其中应该承担什么样的责任和义务。

与企业的差异化战略相似,大学的个性化也是存在一定风险的,这种风险主要表现在四个方面:(1)有可能丧失部分人的信任。"个性化"的大学因为改革了既有的入学招生、课程结构、教学方式等,有可能不被学生及家长认可,进而又使他们选择其他没有采取"个性化"策略的大学。(2)个性化特征不突出。当人们已经习惯了传统上被认可的一流大学或高质量的标准时,一些不知名的大学的个性化选择有可能被人们忽略。(3)大量的模仿缩小了人们感觉到的"个性"。很多大学往往通过逼真的模仿来发展自己,以拉近与所谓的一流大学的差距,但这恰恰又使自己失去了个性。(4)个性化需要成本补偿。实现个性化的过程是一个不断探索和尝试的过程,如果没有大量的资金援助,有可能使改革中途夭折。实际上,日本政府的某些改革措施正是为了减少上述风险,最大可能地做到了以下四点:①确保充足的资源投入以及资源供应,从而确保学校能够为改革作出中长期规划;②引导公众意愿,这不仅有助于学校的改革,并且还有助于维持纳税人纳税的积极性;③确定优先考虑的事项以及优先发展的战略,服务于国家眼前及长远利益;④通过第三方机构的公正的评价,确定并奖励优秀的改革成果。① 也就是说,在围绕着"办学个性化"而进行的一系列改革中,如果大学可以看作是比赛的参与者,那么,政府则充当了场地、设施的提供者以及比赛规则的制定者。

今天的大学已经不可能回归到"象牙塔",更不可能成为和政府或社会完全格格不入的独立机构。大学独立自主办学是大学知识活动的高深性以及知识活动所需要的客观性所决定的,但同时政府对大学的干预也有其合理性,这种合理性建立在知识的重要性以及知识与公共利益的关联性的基础上。② 所以说,要实现办学个性化必须要有政府的适度参与,但政府的参与是建立在大学自立、自治的基础上的,反过来说,只有大学拥有自立、自治、自主管理的能力,政府对大学的"放权"才会有实际意义。

---

① [加]迈克尔·富兰.教育变革新意义[M].赵中建,陈霞,李敏,译.北京:教育科学出版社,2005.250.
② [美]爱德华·希尔斯.学术的秩序——当代大学论文集[M].李家永,译.北京:商务印书馆,2007.212.

四、从模仿走向创造是大学办学个性化的关键

最后需要强调的是,不论是日本对美国高等教育的学习,还是中国对包括日本在内的其他国家高等教育的学习和参考,都必须从模仿走向创造。当然,从世界大学发展史来看,每一次大学改革在很大程度上都是从模仿开始的。例如 19 世纪中叶至 20 世纪初,德国处于世界学术中心的位置,其高等教育理念和结构对美国、法国、英国、日本和中国均产生了重要影响。德国对美国的影响主要体现在研究型大学、研究所制度以及学术自由的理念等方面;1870 年后,法国教育部提供奖学金鼓励大学生留学德国,这些留德学生后来成为鼓吹学习德国的主要力量;1917 年,英国仿照德国引入哲学博士(ph. D.)学位,主要目的是和德国争夺生源,吸引外国留学生尤其是美国留学生赴英攻读学位。① 从 20 世纪 20 年代开始,美国开始取代德国成为新的世界学术中心。随着以"美国化"为代表的全球化的发展,美国高等教育已经成为包括中国、日本等很多国家争相模仿的对象。但正如马丁·特罗的警告:"我们有必要事先充分知道美国高等教育系统里有着特定的历史的、结构的特征,如果无视这种差异,可能会犯把美国的特殊制度原封不动地移植到其他国家的系统这样的重大错误。美国的经验或许值得学习,但是很有限,同时也存在着从美国经验的不适当结论中学到错误的经验的危险性。"②对美国高等教育模式的学习和模仿不仅存在于高等教育系统层面也存在于各个大学层面。在高等教育系统层面,过分地模仿会使一个国家的高等教育失去个性,进而只能依附发展(dependent development);在大学层面,过度地模仿会使一所大学失去个性,进而在竞争中败下阵来。

高等教育系统层面的模仿,永远不可避免地存在"文化适应"问题。而关于大学层面的模仿,正如迈克尔·富兰(Michael Fullan)指出的:"教育者往往在没有详细思考如何使改革模式适合各种学校的目标、文化、教师或学生的情况下,就采纳了这些改革模式……即使有收集信息的机会,教育者也是在知之甚少的情况下对改革的设计做出选择。"③所以,模仿的前提是对高等教育系统甚至是

---

① 沈文钦,王东芳.世界高等教育体系的五大梯队与中国的战略抉择[J].高等教育研究,2014(1).7.
② 有本章.日本的大学改革——在美国化和市场化的中间[J].有色金属高教研究,2000(3).40.
③ [加]迈克尔·富兰.教育变革新意义[M].赵中建,陈霞,李敏,译.北京:教育科学出版社,2005.69.

每所大学的特殊性以及特殊问题做出分析,从而使模仿不再是简单的手段、方法的全盘照搬,而是充分结合本国文化传统、教育制度甚至是每所大学的教育理念,进行创造性地选择和借鉴。不同的国家的大学之间的差别与其说是关于大学本身,不如说是关于各个国家本身。①

日本在 20 世纪 90 年代开始的办学个性化探索,充分参考和借鉴了相应的"美国模式",如:借鉴美国的 AO 入学考试,发展起与美国不同的运行体制;借鉴美国的通识教育课程建立自己的教养教育课程体系;借鉴美国的教师发展制度,形成自己的 FD 制度;等等。正是在这个意义上说,日本的大学改革是"个性化"的。世界上没有千篇一律的大学,不同类型的大学,其所承担的使命和服务的对象是有所不同的。没有独特使命的大学,就没有自己的个性可言。② 今天的日本大学之所以强调办学个性化,实际上也是第二次世界大战结束之后第一次"美国化"失败,留给日本政府及大学的深刻教训。

"差异化战略"是在残酷的竞争时代,企业在市场中生存和发展的必然选择,同样地,"个性化"是高等教育大众化发展到一定阶段的产物,也是各个大学在竞争的环境中获得生存和发展的必然选择。本书介绍和分析了日本为实现"个性化"而进行的入学招生改革、本科课程改革、任期制及 FD 制度等方面,这些改革仅仅提供了一种"办学个性化"的路径,一种符合日本特色的路径。而对于我们而言,重要的是寻找到符合中国大学特色的发展之路。马金森等学者提出关于高等教育影响因素的"全球(global)—国家(national)—地方(local)模型"。该理论指出:第一,当今世界各国高等教育受到全球经济、文化、教育理论以及高校自身的影响;第二,各国政治、经济、文化、教育受到区域贸易组织以及其他组织的影响;第三,体现民族文化的高等教育受到保存和促进本土文化认同和独立性的挑战。③ 因此,要建设有特色的、个性化的中国大学,实现中国大学的个性化不能限于模仿日本的模式和途径,而应在学习国外制度优势的同时,注重结合本国高等教育的经济社会发展的实际,彰显本土文化认同和独立性,探索"个性化"的中国模式。

---

① [美]克拉克·克尔.高等教育不能回避历史——21世纪的问题[M].王承绪,译.杭州:浙江教育出版社,2001.100.
② 李姝辄,张蔚,柳礼泉.大学个性化生存与发展之路[J].清华大学教育研究,2013(6).121.
③ 蒋凯.全球化时代的高等教育:市场的挑战[M].北京:北京大学出版社,2013.259.

主要参考文献

一、日文部分

1. A. I. Vroeijenstijn. 大学評価ハンドブック（大学评价手册）. 米澤彰純,福留東土,译. 町田：玉川大学出版部,2002.

2. Martin Trow. 高学歴社会の大学（高学历社会的大学）. 天野郁夫,喜多村和之,译. 東京：東京大学出版会,1976.

3. 伊藤彰浩. ファカルティ・デベコップメントに関する文献目録および主要文献紹介（关于 FD 的主要文献目录及主要文献介绍）. 広島：広島大学高等教育研究開発センター,1990.

4. 関正夫. 日本の大学教育の現状と課題——歴史的国際的観点からの考察（日本大学教育的现状与课题——历史的国际的视角）. 広島：広島大学高等教育研究開発センター,1995.

5. 関正夫. 日本の大学教育改革——歴史・現状・展望（日本的大学教育改革——历史、现状、展望）. 町田：玉川大学出版部,1988.

6. 喜多村和之. 現代大学の変革と政策：歴史的・比較的考察（现代大学的变革与政策：历史的、比较的考察）. 町田：玉川大学出版部,2001.

7. 喜多村和之. 大学は生まれ変われるか（大学是生而变化的吗）. 東京：中央公論新社,2002.

8. 喜多村和之. 大学評価とはなにか：自己点検・評価と基準認定（アクレディテーション）（什么是大学评价：自我检查、评价与标准设定（designer））. 東京：東信堂,1993.

9. 京都大学高等教育研究開発推進センター編. 大学教育の改善に関する京大教官の意識（关于改善大学教育的京都大学教职员的想法）. 京都：京都大学高等教育研究開発推進センター,1999.

10. 金子元久,小林雅之. 教育の政治経済学（教育政治经济学）. 東京：放送大学教育振興会,2000.

11. 慶伊富長. 大学評価の研究（大学评价研究）. 東京：東京大学出版会,1984.

12. 絹川正吉,舘昭編. 学士課程教育の改革（学士课程教育改革）. 東京：東信堂,2004.

13. 広島大学高等教育研究開発センター編. 21 世紀型高等教育システム構築と質的保証——COE 最終報告書（第 1 部，上）［21 世纪高等教育系统构筑和质量保证——COE 最終報告(第1部,上)]. 広島:広島大学高等教育研究開発センター,2007.

14. 広島大学高等教育研究開発センター編.21世紀型高等教育システム構築と質的保証:FD・SD・教育班の報告(21世纪高等教育系统构建和质量保证:FD/SD教育班报告). 広島:広島大学高等教育研究開発センター,2007.

15. 広島大学高等教育研究開発センター編.FDの制度化に関する研究(1)——2003年大学長調査報告[FD制度化研究(1)——2003年大学校长调查报告]. 広島:広島大学高等教育研究開発センター,2004.

16. 広島大学高等教育研究開発センター編.競争的な教育資金の効果の検証及び今後のあり方に関する調査研究(关于竞争性教育经费的效果检查及今后举措的调查研究). 広島:広島大学高等教育研究開発センター,2007.

17. 広島大学高等教育研究開発センター編.高等教育の質的保証に関する国際比較研究(高等教育质量保证的国际比较). 広島:広島大学高等教育研究開発センター,2005.

18. 荒井克弘.大学のリディアル教育(大学的多媒体教育). 広島:広島大学大学教育研究センター,1996.

19. 黒羽亮一.大学政策改革への軌跡(追寻大学政策改革的轨迹). 町田:玉川大学出版部,2002.

20. 山岸駿介.大学改革の現場へ(大学改革的现场). 町田:玉川大学出版部,2001.

21. 山本眞一.大学の構造転換と戦略(大学结构转换与财政). 東京:ジアース教育新社,2002.

22. 市川昭午.高等教育の変貌と財政(高等教育的变化与财政). 町田:玉川大学出版部,2000.

23. 市川昭午.未来形の大学(未来的大学). 町田:玉川大学出版部,2001.

24. 小野博,村木英治,等.日本の大学生の基礎学力構造とリメディアル教育(日本大学生的基础学力构成和多媒体教育). 千葉:独立行政法人メディア教育開発センター,2005.

25. 杉山徹宗,山岸勝榮.未来をめざす大学改革——大学の危機を救うために(以未来为目标的大学改革:拯救大学危机). 東京:鷹書房弓プレス,1996.

26. 清水一彦.平成の大学改革を転る(平成的大学改革). 東京:協同出版,1999.

27. 青木宗也.大学論:大学「改革」から「大学」改革へ(从大学"改革"到"大学"改革). 東京:大学基準協会,1996.

28. 川口昭彦.大学評価文化の展開(大学评价的展开). 東京:ぎょうせい,2006.

29. 久保田賢一編.高等教育におけるつながり協働する学習環境デザイン(高等教育中合作、协同的学习环境设计). 東京:晃洋書房,2013.

30. 中島直忠編.日本・中国高等教育と入試——二十一世紀の課題と展望(日本、中国高等教育与入学考试——21世纪的课题与展望). 町田:玉川大学出版部,2000.

31. 天野郁夫. かわる社会かわる教育——成熟化日本の学習社会像(变化的社会变化的教育——成熟化的日本学习社会像). 東京:東信堂,1989.

32. 天野郁夫. 教育のいまを読む(解读教育的现在). 東京:有信堂,1992.

33. 天野郁夫. 教育改革を考える(思考教育改革). 東京:東京大学出版会,1985.

34. 天野郁夫. 大学を語る22人学長(寄语大学的22位校长). 町田:玉川大学出版部,1997.

35. 天野郁夫. 大学改革:秩序の崩壊と再編(大学改革:秩序的山崩溃与再建). 東京:東京大学出版会,2004.

36. 天野郁夫. 大学改革のゆくえ:模倣から創造へ(大学改革的方向:从模仿走向创造). 町田:玉川大学出版部,2006.

37. 天野郁夫. 日本の高等教育システム:変革と創造(日本的高等教育系统:变革与创造). 東京:東京大学出版会,2003.

38. 内田健三. 臨教審の軌跡——教育改革1100日(临时教育审议会的轨迹——教育改革1100天). 東京:第一法規出版株式会社,1987.

39. 日下公人,等. 今,日本の大学をどうするか(现在,日本的大学要怎么做?). 東京:自由国民社,2003.

40. 日本教育制度学会编. 教育改革への提言集(教育改革的建议集). 東京:東信堂,2002.

41. 日本高等教育学会编. 高等教育改革の10年(高等教育改革的10年). 町田:玉川大学出版部,2003.

42. 日本高等教育学会编. 高等教育研究の10年(高等教育研究的10年). 町田:玉川大学出版部,2007.

43. 日本高等教育学会编. 大学の組織、経営再考(大学组织、经营再考). 町田:玉川大学出版部,2002.

44. 日本高等教育学会编. 連携する大学(合作的大学). 町田:玉川大学出版部,2006.

45. 日本高等教育研究会编. 大学審議会全28答申・報告集——大学審議会14年間の活動の軌跡と大学改革(上・下)[大学审议会全部28份审议报告集——大学审议会14年的活动轨迹与大学改革(上、下)]. 東京:ぎょうせい,2002.

46. 牟田博光. 高等教育論(高等教育论). 東京:放送大学教育振興会,1993.

47. 名古屋大学高等教育研究センター编. 大学における教養教育カリキュラムの比較研究(大学教养教育课程的比较研究). 名古屋大学高等教育研究センター,2006.

48. 有本章编. FDの制度化と質の保証〔後編〕(FD制度化与质量保证). 広島:広島大学

高等教育研究開発センター,2007.

49. 有本章编.FD制度化に関する研究(1)——2003年大学長調査報告(FD制度化的研究(1)——2003年大学校长调查报告).広島:広島大学高等教育研究開発センター,2004.

50. 有本章编.FD制度化に関する研究(3)——最終報告書(FD制度化的研究(3)——终结报告).広島:広島大学高等教育研究開発センター,2004.

51. 有本章编.学部教育改革の展開(学部教育改革的展开).広島:広島大学高等教育研究開発センター,2000.

52. 有本章编.教養的教育からみた学部教育改革——広島大学の学部教育に関する基礎的研究(4)(从教养教育看学部教育改革——关于广岛大学学部教育的基础研究).広島:広島大学高等教育研究開発センター,1998.

53. 有本章编.諸外国のFD/SDに関する比較研究(外国FD/SD的比较研究).広島:広島大学大学教育研究センター,1991.

54. 有本章编.大学のカリキュラム改革(大学课程改革).町田:玉川大学出版部,2003.

55. 有本章编.大綱化以降のカリキュラム改革——国立大学の事例報告(大纲化以后的课程改革).広島大学高等教育研究開発センター,2004.

56. 有本章,山本真一编著.大学改革の現在(大学改革的现在).東京:東信堂,2003.

57. 臨時教育審議会编.教育改革に関する答申(关于教育改革的审议报告).東京:大蔵省印刷局,1988.

58. 山上浩二郎著.検証大学改革——混迷の先を診る(检证大学改革:混乱之地).東京:岩波書店,2013.

二、中文部分

59. [法]埃德加·莫兰.复杂性理论与教育问题[M].陈一壮,译.北京:北京大学出版社,2004.

60. [美]爱德华·希尔斯.学术的秩序——当代大学论文集[M].李家永,译.北京:商务印书馆,2007.

61. [美]伯顿·克拉克.探究的场所——现代大学的科研和研究生教育[M].王承绪,译.杭州:浙江教育出版社,2001.

62. 巴玺维.日本大学的教师任期制[M].北京:华夏出版社,2007.

63. 丁学良.什么是世界一流大学[M].北京:北京大学出版社,2004.

64. [美]菲利普·G.阿特巴赫,[日]马越彻主编.亚洲的大学——历史与未来[M].邓红风,译.青岛:中国海洋大学出版社,2006.

65. [美]菲利普·G.阿特巴赫,罗伯特·O.波达尔,帕崔凯·J.甘波特.21世纪的美国高等教育——社会、政治、经济的挑战(第2版)[M].施晓光,蒋凯,主译.青岛:中国海洋大学出版社,2007.

66. [日]关正夫.日本高等教育的改革动向[M].陈武元,译.厦门:厦门大学出版社,1991.

67. 胡建华.战后日本大学史[M].南京:南京大学出版社,2001.

68. 胡建华,等.大学制度改革论[M].南京:南京师范大学出版社,2006.

69. [日]金子元久.高等教育的社会经济学[M].刘文君,编译.北京:北京大学出版社,2007.

70. [德]卡尔·曼海姆.重建时代的人与社会——现代社会结构研究[M].张旅平,译.南京:译林出版社,2011.

71. [德]卡尔·雅斯贝尔斯.大学之理念[M].邱立波,译.上海:上海人民出版社,2007.

72. [美]哈瑞·刘易斯.失去灵魂的卓越——哈佛是如何忘记教育宗旨的[M].侯定凯,等,译.上海:华东师范大学出版社,2012.

73. [德]柯武刚,史漫飞.制度经济学——社会秩序与公共政策[M].韩朝华,译.北京:商务印书馆,2000.

74. [美]克拉克·克尔.高等教育不能回避历史——21世纪的问题[M].王承绪,译.杭州:浙江教育出版社,2001.

75. 联合国教科文组织国际教育发展委员会编著.学会生存——教育世界的今天和明天[M].北京:教育科学出版社,1996.

76. 吕达,周满生主编.当代外国教育改革著名文献[M].北京:人民教育出版社,2004.

77. [英]玛丽·亨克尔,布瑞达·里特主编.国家、高等教育与市场[M].谷贤林,等,译.北京:教育科学出版社,2005.

78. [加]迈克尔·富兰.教育变革新意义[M].赵中建,陈霞,李敏,译.北京:教育科学出版社,2005.

79. 马万华.全球化时代的研究型大学——美英日德四国的政策与实践[M].北京:教育科学出版社,2013.

80. [日]矢野真和.高等教育的经济分析与政策[M].张晓鹏,等,译.北京:北京大学出版社,2006.

81. [日]藤田英典.走出教育改革的误区[M].张琼华,许敏,译.北京:人民教育出版社,2001.

82. 王洪才.大众高等教育论[M].广州:广东教育出版社,2004.

83. [日]小原国芳.小原国芳教育论著选[M].由其民,等,译.北京:人民教育出版社,1993.

84.［美］谢尔顿·罗斯布莱特.现代大学及其图新——纽曼遗产在英国和美国的命运[M].别敦荣,译.北京:北京大学出版社,2013.

85.［加］许美德.中国大学1895—1995:一个文化冲突的世纪[M].许洁英,主译.北京:教育科学出版社,1999.

86.叶澜.教育概论[M].北京:人民教育出版社,1991.

87.OECD(经合组织).OECD展望:高等教育至2030(第一卷:人口)[M].杨天平,王宪平,译.重庆:重庆大学出版社,2011.

88.［美］约翰·布伦南.高等教育质量管理——一个关于高等院校评估和改革的国际性的观点[M].陆爱华,译.上海:华东师范大学出版社,2005.

89.［加］约翰·范德格拉夫等编著.学术权力——七国高等教育管理体制比较研究[M].王承绪,张维平,徐辉,译.杭州:浙江教育出版社,1989.

90.［美］詹姆斯·杜德斯达.21世纪的大学[M].刘彤,屈书杰,刘向荣,译.北京:北京大学出版社,2005.

91.赵中建主编.全球教育发展的研究热点——90年代来自联合国教科文组织的报告[M].北京:教育科学出版社,1999.

后　记

本书的完成是一种"痛苦并快乐"的经历，她凝聚了老师、同学、朋友和亲人的莫大帮助，也见证了我人生中最重要的身份转变，从学生到教师、从妻子到母亲，其间的酸甜可能要比这本书厚重得多。

2003年9月，一个农村女孩儿从东北来到南京师大教科院开始硕士研究生的学习，就在我刚刚入校，还对周围的环境充满陌生和好奇的某一天里，在教科院的走廊，我听到一位老师用日语流利地与日本学者交流，这对于以日语作为第一外语的我触动很大，但那时，我不知道他就是胡建华教授，甚至不太确定他是教科院的老师。就这样，带着一份崇拜与尊敬，三年后，我成为了胡老师的博士研究生。三年里，胡老师对我的学习和研究给予了最大的指导帮助与经费支持，并以踏实严谨的学术风范、平易谦和的做人态度，为我树立了一生学习的典范。博士论文的完成过程——从论题的选定到结构的安排甚至是外文的翻译，也无不浸透着老师的心血。所以在此，我要对老师致以最诚挚的谢意！

在素有"东方最美丽的校园"之称的南京师大随园校区生活的六年，我收获了沉甸甸的博士学位证书和一份美丽的爱情。在此，我要感谢南京师大教科院的所有老师、同学，他们给予了我一个"大家庭"所能提供的各种关心、爱护和教育；感谢周采教授、张新平教授、王建华教授给予的指导和宝贵建议；感谢张乐天教授、吴康宁教授在其精彩的课程中，为我打开了看待教育的另一个视角；感谢我的硕士导师程晓樵教授一直以来对我学业的关心；感谢南京大学龚放教授和苏州大学周川教授对我的关心和指点；感谢广岛大学黄福涛教授对内容框架的指导以及为我寄回的日文资料。最近获悉，胡建华教授、龚放教授、周川教授同时当选"江苏高教30年重要影响人物"提名，作为学生，我深为三位老师感到高兴，也为自己能够得其教诲而庆幸。

本书的写作源于最初对日本高等教育的关注，从硕士阶段对"日本初任教师研修"的探讨到博士阶段对"日本大学本科教育改革"的研究，随着资料的整理、研究的深入，"个性化"逐渐成为一个关键词，甚至是影响一场"教育革命"的魁首。结合中国特色世界一流大学的建设需要，《日本大学办学个性化研究》最终酝酿成书。感谢南京师范大学出版社崔兰编辑的精心指点和仔细校阅。

我还要郑重地感谢我的爱人和女儿,他们让我体会到了人间最美的爱情和亲情,还要感谢我的父亲、母亲以及耄耋之年的公公、婆婆,他们作为中国普普通通教师中的一员,虽然不能著书立说,但却用自己最质朴的语言和行动,诠释了教书育人的使命。

仅以此书献给我最爱的人们!

李　昕

于东南大学四牌楼

2015 年 12 月